닥터 쿡, 직장을 요리하다

닥터 쿡, 직장을 요리하다

초판 인쇄 2019년 2월 13일 **초판 1쇄** 2019년 2월 20일
지은이 허병민 **북디자인** 김정환 **마케팅** 최관호, 최문섭, 신성웅 **펴낸이** 조용재
펴낸곳 (도서출판) 북퀘이크 **출판등록** 제2018-000111호(2018년 6월 27일)
주소 (10449) 경기도 고양시 일산동구 장백로 8 넥스빌 704호
전화 031-925-5366~7 **팩스** 031-925-5368 **메일** yongjae1110@naver.com

ISBN 979-11-964289-0-7(03320)

닥터 쿡,
직장을
요리하다

BOOKQUAKE

세계적인 미식가들의 추천평

✻✻✻

우리는 상대에게 기운내라며 건네는 말 한마디가 그에게 별로 도움이
되지 않는다는 것을 안다. 그런 조언을 따르는 것 자체가 어렵기 때문이다.
같은 맥락에서, 대부분의 사람들이 비판이 중요한 덕목이라는 건 알지만 건설적인
비판을 수용하는 것은 또 다른 문제다. 그게 얼마나 어려운 일인지 잘 알지 않는가.
이 책은 그런 건설적인 비판이 반영된 전략들로 잘 채워져 있다.
당신이 이 책을 수용하고 소화할 수 있을 만큼 현명하길 바란다.

솔 레브모어 | 시카고대 로스쿨 석좌교수, 前 시카고대 로스쿨 학장

✻✻✻

자신에게 딱 맞는 커리어 조언을 얻는다는 건 생각만큼 쉬운 일이 아니다.
이 책은 직장에서 성공할 수 있는 열한 가지 전략을 담고 있는데,
허병민은 그것을 굉장히 단도직입적으로 풀어낸다. 당신이 현재 커리어의
어떤 단계에 있든, 직급이 어떻든 관계없이 이 책은 많은 도움이 될 것이다.

프레이저 도허티 | 슈퍼잼 창업자 겸 CEO

✻✻✻

이 책은 멋진 인생을 만들어나가고 싶어 하는 사람들에게 기본을 멀리해서는
안 된다는 사실을 상기시켜 준다. 태도, 열정, 스킬, 그리고 일에 최선을 다하는 것.
당연한 애기 같지만, 이것은 여전히 성공의 중요한 조건이자 성공의 핵심 레시피다.
이것을 충분히 익히고, 실행하고, 주변에 널리 알리길 바란다.

리 코커렐 | 前 월트 디즈니 월드 리조트 부사장, 『타임 매직』의 저자

✻✻✻

이 매력적인 책 속에는 당신의 커리어를 더 높은 단계로 끌어올릴 수 있는
열한 개의 도구들이 있다. 성공을 원한다면, 꼭 읽어볼 것을 권한다.

비카스 스와루프 | 외교관, 인도의 캐나다 고등판무관, 『슬럼독 밀리어네어』의 저자

✻✻✻

당신에게 필요한 열한 가지의 성공 재료가 이 책 안에 다 있다.

마셜 골드스미스 | 세계적인 리더십 코치, 『트리거』 『라이프스토밍』의 저자

❆❆❆

허병민은 스마트한 사람이다.
커리어 전략에 관한 한, 그의 책은 필히 읽어볼 만한 가치가 있다.
알란 더쇼비치 | 하버드대 로스쿨 교수, 변호사, 하버드대 로스쿨 역사상 최연소 정교수

❆❆❆

성공적인 커리어를 위한 가장 중요한 요소는 당신 자신이 아닌, 당신의 곁에서
함께 일하고 있는 사람들이다. 이 책의 가치가 바로 이 한 문장에 담겨 있다.
로리 서덜랜드 | 광고업계의 구루, 오길비 그룹 부회장

❆❆❆

우리는 모두 멋진 커리어를 쌓고 싶어 한다.
하지만 그 방법을 알고 있는 사람들은 극소수다. 허병민은 이 책에
당신이 만들고자 하는 커리어에 직접적인 도움을 주는
열한 개의 팁을 잘 차려놓았다. 열심히 음미해보길 바란다.
알 리스 | 마케팅 전략가, 『포지셔닝』『마케팅 불변의 법칙』의 저자

❆❆❆

이 책은 직장에서 성공하기 위한 쉽고 바로 실행 가능한 방법들과
단계들을 식욕이 돋을 정도로, 맛깔스럽게 요리해 보여준다.
알리자 리히트 | 前 도나 카란 글로벌 커뮤니케이션 부문 수석부사장

❆❆❆

허병민은 직장인들에게 커리어를 잘 만들어나가기 위해 필요한
구체적인 방법들을 제시하는 데 재주를 갖고 있다. 이 책은 직장인들에게
각자 자신의 커리어를 어떻게 책임져야 하는지, 그 방법을 알려준다.
데이브 울리히 | 리더십의 대가, 미시간대 경영대학원 교수, RBL Group 파트너

❆❆❆

허병민은 사람들의 커리어와 인생에 도움을 주는 것으로 성공적인 커리어를 쌓아왔다.
그는 강력한 인사이트를 쉽고 간결하게 전달하는 데 보기 드문 재능을 갖고 있는데,
그 대표적인 예가 바로 이 책이다. 당신이 직장인이라면
열한 개의 필수적인 커리어 전략을 담고 있는 이 책을 한 번쯤 읽어봐야 한다.
케빈 레인 켈러 | 세계 3대 브랜드 석학, 다트머스대 경영학과 교수

MENU

애피타이저

Appetizer

배부른 사람
+
똑똑한 사람

관계의 기준
① 사람들에게 어떻게 인식되고 싶은가
② 사람들 사이에서 얼만큼의 비중을 차지하고 싶은가

"위기 때 당신을 위해 달려올 수
있는 사람이 몇이나 있는가?"

자의식이 있는 바보
vs
자의식이 없는 천재

회사는 실력을 보지 않는다

DR. COOK'S RECIPE

0

직장생활 불변의 법칙

기본이 없는 응용은 무의미하다

에고가 강하다고 해서, 재주가 많다고 해서 더 많은 성과를 내는 게 아니다. 사람들이 나하고 일하는 게 좋도록 만드는 것이 오래 가는 비결이다. —최인아(최인아책방 대표, 前 제일기획 부사장)

가벼운 퀴즈 하나 내겠습니다. 회사가 구성원을 평가할 때 가장 중요하게 보는 요소가 무엇일까요? 실무능력? 외국어 구사능력? 컴퓨터 활용능력? PT 능력? 종합적인 커뮤니케이션 능력? 아부의 기술 혹은 정치의 기술? 이것들이 하나같이 중요한 역량이라는 데 이의를 제기할 사람은 없을 겁니다. 하지만 이 중에서 가장 중요한 정답은 없는 것 같습니다. CEO의 자리에 오른 사람들이 갖추고 있는 공통적인 특징을 면밀하게 살펴보면 답은 의외로 쉽게 나옵니다. 물론 전문경영인과 오너 혹은 오너가의 자제 사이에는 약간의 갭이 있을 테니, 일단 전자의 경우로 한정해서 생각해볼까 합니다.

회사를 어느 정도 일정한 기간 동안 재직해온 분이라면 회사가 '정말로' 중시하는 것이 앞서 언급한 요소들이 아니라는 것을 잘 아실 거라 봅니다. 너무나 큰 비중을 차지할 것처럼 보이는 이러한 요소들은 회사가 원하는 가장 중요한, 첫 번째 요건이 아니지요. 회사가 구성원들이 갖췄으면 하는 제1의 조건은 다름 아닌 '됨됨이'입니다. 그리고 이 됨됨이를 구성하고 있는 세 가지 요소가 바로 성실성, 인내심, 그리고 인간성이지요.

저는 이 사실을 깨닫는 데 꽤 오랜 시간이 걸렸습니다. 결론적으로는 다행이긴 합니다만 그 과정이 저에겐 불행이었지요. 저만의 고민이나 노력을 거쳐 스스로의 힘으로 자발적으로 깨닫게 된 게 아닌, 저와 친한 전 직장 상사의 도움으로 가까스로 깨닫게 되었으니 말입니다. 자기 자신의 힘과 의지로 깨달아야 하는 것들은 최대한 빨리 깨달아 즉시 행동으로 옮기는 것(그래서 성과로 연결시키는 것), 이것이 모든 직장인들의 희망사항이라면 시행착오를 최소화해야 한다는 것은 하나의 좋은 전제조건이지요.

저는 직장생활을 광고대행사 제일기획에서 시작했습니다. 그때가 2001년이었는데 제 기억이 맞다면 당시는 취업 현실이 지금처럼 전쟁이나 지옥 같지는 않았던 것 같습니다. 선택의 폭도 넓은 편이었고, 경쟁률도 어이없을 정도로 높진 않아서 취업 자체가 하나의 '고시' 같진 않았지요. 게다가 저 개인적으로는 사회에 발을 갓 내딛은 시기다 보니 스스로에 대한 자신감이 하늘을 찌르고 있었던 때입니다. 그렇다 보니 마음속으로 '일류든 최고든 그 어디든 간에 내 마음에 안 들기만 해봐, 뒤도 안 돌아보고 나간다' 식의 거만한 마인드를 갖고 있었지요. 그야말로 보이는 것도, 아쉬움도 없었던 때입니다. 그런 저에게 광고업계 넘버원이라는 타이틀쯤은 아무것도 아니었지요.

이런 지나칠 정도의 자만심과 오만함을 고스란히 반영해주듯, 저는 정확히 8개월 만에 제일기획에서 퇴사했습니다. 조직이라는 곳, 그 안에 세팅된 답답하고 보수적이고 고루하고 위계질서 중심의 문화가 저에게는 맞지 않았습니다. 정확히 짜인 틀에 적응해야 하고, 위아래, 옆을 축구공 드리블하듯이 요리조리 조심스럽게 요령껏 잘 피해가야 하며, 무슨 일이 있어도 개인적이고 주관적인 감정은 드러내면 안 되는 등 다 제 스타일은 아니었습니다. 입사할 당시에 갖고 있었던 마음이 조금씩 다시 도지더군요. '내가 나 정도의 능력에 계속 여기에 남아 있어야 하는 이유가 뭔가' '능력을 발휘할 수 있는 곳이 천지로 널려있을 텐데 굳이 여기를 고집할 거 없잖아' 솔직한 마음으로 제가 정말 좋아하고 원하는 일을 할 수 있는 곳은 제일기획을 제외하고 어디에든 널려 있을 것 같았던 거지요. 커리어를 넓고 길게 볼 여유 따위는 없었습니다.

그런데 제일기획에서 퇴사를 하기 며칠 전에 저는 희한한 경험을 했습니다. 팀장님께서 새벽에 전화를 거시더니 이런 말을 하시는 겁니다. "병민아. 다른 말은 안 하겠다. 여러 말 한다 해서 네가 고집을 꺾을 애도 아니고. 다 좋으니까 더도 덜도 말고 딱 1년만 채우고 나가라. 그 이상은 바라지 않는다. 알겠지? 꼭이다. 딸깍."

결과만 말씀드린다면 저는 팀장님의 말씀을 따르지 않았습니다. 이 한마디를 당시의 제 높은 콧대를 꺾어줄 말로 여기기엔 너무나 설득력이 약해 보였습니다. 솔직히 까놓고 얘기해서 전혀 와 닿지 않았던 거지요. '1년이라는 기간이 대체 뭐기에? 내 귀한 시간과 재능을 낭비하기엔 8개월도 충분히 아까웠거든?' 정확히 이런 마음이 아니었나 싶습니다.

사실 팀장이라는 직급도 직급이지만, 무엇보다도 직장생활 거의 20년 차에 접어드는 대선배가 던지는 조언이라면 분명 거기에는 제 직장생활에 덕지덕지 끼어있던 문제점들을 풀어줄 해법이 담겨 있을 것 같은데, 당시에는 도저히 답이 나오지 않더군요. 뭐, 문제가 정확히 뭔지도 모르고 있었고, 설사 문제를 알았다 해도 문제를 풀어나갈 생각이 별로 없었으니 그럴 만도 합니다.

팀장님께서는 왜 저에게 1년이라는 시간을 강조하셨던 걸까요? 왜 2년, 3년도 아닌 딱 1년만 채우라고 했던 걸까요? 어차피 1년을 채우기까지 4개월밖에 남지 않아서? 1년이 직장생활을 하는 데 있어 최소한의 기준이기 때문에?

1년이라는 기간이 중요한 이유는 단순히 그것이 '경력관리'에 큰 영향을 미치기 때문만은 아닙니다. 그보다는 더 본질적인 관점에서 그것이 개인이 직장생활 자체를 계속 해나갈 수 있는지 여부를 판가름해주는 하나의 중요한 잣대이기 때문입니다. 쉽게 말해 여러분이 회사에서 1년을 버티지 못한다면 회사가 아닌 그 어디를 가더라도 얼마 버티지 못할 확률이 꽤 높다는 거지요. '회사는 사회의 축소판'이란 말이 있듯이, 어딜 가나 그곳이 사람이 만들고, 사람으로 이루어져 있는 만큼 이러한 예상은 크게 틀리지 않을 겁니다.

흥미로운 것은 1년 내에 한 사람의 직장생활의 향방이 결정된다는 것인데, 여기에서 말하는 '향방'이 실무능력 차원의 향방을 말하는 게 아니라는 겁니다. 잘 알다시피 업무나 실무와 관련된 능력은 2년, 3년 연수가 늘어갈수록 개인이 노력을 하면, 정말 구제불능이 아닌 한 충분히 업데이트하고 업그레이드할 수 있는 거지요. 1년 안에 결판이 나는 것은 사람의 힘에 의해서는 어쩔 수 없는, 개인 안에 내재되어 있는 본질적인 요소와 직결되어 있습니다. 그것은 다름 아닌 성격(성향, 개성, 스타일 등 포함)입니다.

앞서 말씀드린 성실성, 인내심, 그리고 인간성을 테스트할 수 있는 기간은 사실상 1년입니다. 보통 그 기간이 넘어가면 성격이 안 좋고, 조직에 맞지 않다고 판명된 사람들의 경우 대부분 스스로 알아서 퇴사를 하지요. 쉽게 말해 더 이상 견디지 못하는 겁니다. 이와는 반대로 회사 쪽에서 다양한 우회적인 방법들을 통해 당사자를 서서히 놓아줄 수도 있습니다. 둘 다 아닌 경우 '회색인'으로서 그는 회사 내에서 소외된 거나 마찬가지인 채로, 특별한 비중 없이 그냥저냥 직장생활을 해나갈 가능성이 높습니다.

여기서 하나의 구체적인 예를 살펴봄으로써 이야기를 좀 더 진전시켜볼까 합니다. 과연 여러분은 어떤 부류에 속하는지 곰곰이 한번 따져보셨으면 합니다. 스스로 '당연히 어느 쪽이다'라고 자신 있게 단정 내릴 수 있는지 생각해볼 일입니다.

두 명의 회사원이 있습니다. A는 소위 직장인이 갖춰야 하는 조건들을 다 갖춘 그야말로 퍼펙트한 직장인의 롤모델입니다. 실무적으로는 완벽하기에 여기저기서 존경도 많이 받고 동시에 그만큼 욕도 많이 얻어먹습니다. 배우고 본받을 점들이 넘쳐나기에 주변에서 도움을 많이 청하지만, 스스로 잘났다는 것을 잘 알기에 사람들을 무시하기 일쑤입니다. 못하는 게 별로 없다 보니 자기 입맛과 취향에 맞는 일들에만 주로 집중하고, 자신이 반드시 모든 걸 혼자 다

해내야 하며, 롤러코스터처럼 쉽게 싫증이나 짜증을 내면서 자신의 기분에 충실하게 행동하지요. A는 회사 내에서의 뒷담화 대상 1순위인 '왕따형' 직장인의 표본입니다.

B는 A가 갖고 있는 만큼의 조건들은 갖추고 있지 않습니다. 다고만고만, 남이 하는 만큼만 하는 지극히 평범한 직장인이지요. 주변에서 흔히 볼 수 있는 사람입니다. B는 잘하는 게 별로 없기에 주변에서 도움을 청하는 일은 적지만, 적어도 자신이 뭔가를 모를 때면 항상 주변에 도움을 청합니다. 그는 특별한 일이 없는 한 거의 불평불만을 제기하지 않고, 가급적 시키면 시키는 대로 자기 할 일만 묵묵히 합니다. 더더군다나 소위 '잘난(자칭이든 타칭이든)' 인간들이 득시글대는 회사에서 자신이 그다지 살나지도 튀지도 않는, 그야말로 무난하고 흔한 사람이란 걸 잘 알기에 주변 사람들에 대해서는 말을 아끼지요. B는 별 탈 없이 그럭저럭 잘 지내는 '무색무취형' 직장인의 표본입니다.

야박한 질문처럼 들릴지도 모르겠습니다만, 이 두 사람 중 누가 1년을 못 버티고 쫓겨나게 될까요? 자기 발로 나가는 것까지 포함한다고 쳐봅시다. 다들 별 고민 없이 A라고 할 겁니다. 왜일까요?

이유는 간단합니다. A에게서는 성실성과 인내심, 인간성을 찾아볼 수 없기 때문입니다. 모든 게 좌충우돌, 오락가락 그야말로 자기 멋대로의 기분파로서 사람 자체가 안정되어 있지 않아 보입니다. 반면 B는 어떤가요? 비록 능력은 평균 혹은 그 이하지만, 그는 A에게서는 찾아볼 수 없는 요소들을 그대로 다 갖고 있습니다. 자신이 잘나지 않았다는 것을 스스로 제대로 인식하고 있는 데다가 그것을 있는 그대로 인정하고 있기에 소위 '묻어가는 길'을 택하고 있지요. 결국 이것저것 다 계산해보면 떵떵거릴 만한 실력을 갖고 있는 A는 좀 더 자신의 이름값에 맞는 지혜로움을 발휘할 필요가 있다는 결론이 나옵니다. 마치 이솝우화에 나오는 토끼와 거북이의 경주가 떠오르지 않나요?

현재 자신이 몸담고 있는 조직에서는 배울 게 없다고 생각하는 오만방자함, 남과 함께 무언가를 해내고 싶다거나 해내야 한다는 생각 자체가 없는 독불장군·유아독존식 행동양식, 남에 대한 배려나 양보, 나아가서 남과의 조화 혹은 윈-윈을 위한 고민 따위는 눈곱만큼도 하지 않는 철저한 자기중심적 사고방식, 그야말로 직장인이 갖추지 말아야 하는 조건들은 종합선물세트로 다 갖추고 있는 직장인인 A. 이러한 부류의 사람들은 다른 곳으로 이직을 한다 해도 해당 조직에서 살아남을 수 있을지 의심스럽습니다. '배부른 천재'는 배고픔에 대한 깨달음을 스스로 자발적으로 얻어내기 전까지는 천재로 인정을 받는 게 아니라 그냥 '배부른 돼지'로 취급받을 뿐이니까요.

여러분이 각자 직장인으로서 누구보다도 진지하게 갖춰야 하는 것은 실무 능력이나 커뮤니케이션 능력, 보고서 작성·PT 능력 등이 아닙니다. 사실 이것들을 갖추고 안 갖추고는 엄연히 둘째 문제이지요. 설사 이런 요건들을 갖추지 못했다 하더라도 여러분이 회사생활을 해나가는데 심각할 정도로 큰 문제가 벌어지진 않습니다. 아니, 오히려 아무런 문제도 발생하지 않는다고 보는 게 정확할지도 모르겠습니다.

이러한 요건들이 중요하다는 건 누구도 부인할 수 없지만, 직장생활을 관통하는 가장 중요한 핵심 요건이 아닌 것은 분명합니다. 이상한 말처럼 들릴 수도 있겠습니다만, 회사는 회사와 같은 부류의 사람을 원합니다. 비유하자면 회사는 굼뜨지만 성실하고, 느리지만 일관되고, 보수적이지만 합리적이지요. 게다가 사람들로 이루어진 곳인 만큼 통일성과 보편성, 나아가서 조화 등의 원칙을 절대적으로 숭배합니다. 이러한 속성들을 갖고 있지 않거나, 앞으로도 갖출 생각이 없는 분이라면 애당초 회사와 사이좋게 지내기를 포기하는 게 더 마음 편할 것 같습니다.

솔직하게 고백하자면, 제가 팀장님께서 말씀하신 '1년만 채우고 나가라'의 진의를 알게 된 건 5년이 지나고 나서야였습니다. 제가 경제시정 때문에 평론가 활동을 중단하고 한 외국계 대기업으로 들어가려던 시기가 2006년 초였는데, 마침 그때 오랜만에 인사도 드릴 겸 팀장님께 메일을 보냈었지요. 메일에는 제가 그동안 해온 일들, 다녔던 직장에 대한 이야기 등을 담았습니다. 저는 그야말로 그간의 소식을 전하기 위해 편안한 마음으로 쓴 건데, 팀장님은 반대 분위기의 메일 답변을 보내오셨지요. 그것도 저에 대한 매우 냉정하고 정확한 진단이 담긴 메일을요.

머쓱하긴 합니다만, 몇 마디 담기지 않은 이 편지가 저의 직장생활에 대한 관점을 많은 부분 바꿔놓았습니다. 물론 모든 분들이 다 저 같을 거라고 생각하진 않습니다. 하지만 적어도 그동안 직장생활을 해오면서 적지 않은 난관에 계속 부딪쳐온 분이라면, 이 편지가 자그마한 반성과 공감의 기회를 드리지 않을까 싶습니다. 그런 마음으로 이것을 여러분과 공유하고자 합니다.

다재다능한 후배에게,

병민아. 어느 조직이건 참을성 없는 사람은 필요로 하지 않는다는 걸 알아야 한다. 내가 형으로서 하는 이야기인데 나도 사람을 뽑을 때 실력을 보지 않는다. 인간성이나 성실함을 먼저 보고 나서 실력을 본 단다. 다재다능하면 뭐하니? 뭐 하나 제대로 붙어 있지도 못하는데.

병민아. 너의 만족 못하는 성격을 이제는 좀 고쳤으면 하는 바람이다. 새로운 □□□라는 회사도 좋은 회사 같은데 넌 거기서도 결코 만족 을 못하고 뛰쳐나올 게 눈에 선하다. 어떻게 보면 너는 큰 병에 걸린 것 같구나. 자신이 너무 잘났다는 사실에 고무되어서 어느 회사에도 만족을 못하니 말이다. 큰 회사든 작은 회사든 그게 중요한 건 아니 다. 자신의 능력을 얼마나 발휘할 수 있느냐가 중요한 건데, 넌 네 스 스로 너의 능력을 얼마나 발휘했는지 모르겠다.

병민아. 넌 네가 이상하다고 생각하지 않지? 난 널 쭉 관찰해왔지만 정말 이상한 생각을 하고 살고 있다고 생각한다. 제일 큰 병은 참을 성이 없다는 거다. 불안해하고 성실하지 않다는 게. 조직적으로 일 하는 법을 배우길 바란다. 팀이라는 건 정말 좋은 거거든. 어느 회사 든 혹독한 시련을 겪으면서 자신을 강하게 단련시켰으면 하는 바람 이다. 진심으로 너에게 조언을 해주는 거니까 절대로 기분 나쁘게 듣 지 말길 바란다.

—원회형

그로부터 2년이 지난 2008년, 6월을 끝으로 저는 대기업 생활에 종지부를 찍었습니다. 회사생활을 다 정리하고 나니 2001년과 2006년에 팀장님께서 신경 써가면서 전해주신 조언들이 나름대로 조합되어 다음과 같이 하나의 의미로 수렴되더군요. 직장생활에 있어서의 불변의 진리를 담고 있는 이 말을 여러분도 한번 되새겨보시면 좋을 것 같습니다. 아, 물론 1년 안에 퇴사할 생각이 없다면 말이지요.

제아무리 날고 기는 천재적인 실력을 갖고 있다 해도 사람을 움직이는 건 능력이 아니라 '사람' 그 자체란 사실을 잊지 말아야 한다. 자신에게 이러한 '기본'이 뒷받침되어 있지 않다면 '응용'은 언제든지, 그리고 얼마든지 스스로를 허물어뜨릴수 있다.

01

면

Noodle

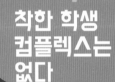

착한 학생
컴플렉스는
없다

칼 포퍼
의문이 없는 곳에는
문제도 없다

正答이
아니라
解答이다

당신은
유치원생이다

DR. COOK'S RECIPE

01

01

스스로를 업그레이드할 수 있는 가장 쉬운 방법

자기를 가르치는 진정한 방법은 모든 일에 의문을 제기해보는 것이다.
어떤 어려움도 회피하지 말고, 날카로운 비판의 눈으로 엄밀하게 조사
하지 않고서는 자신의 사상이건 다른 사람의 학설이건 쉽게 받아들이
지 말 것이며, 사상의 오류나 모순, 혼란을 알고서도 두루뭉술하게 넘
어가지 말아야 한다. ─존 스튜어트 밀

직장인이라면 누구나 비슷한 고민거리를 갖고 있지 않을까 싶습니
다. 어떻게 하면 실력을 인정받을 수 있을까, 어떻게 하면 해당분야
의 전문성을 확보할 수 있을까, 어떻게 하면 다양한 종류의 능력(외
국어, 발표력, 보고서 작성능력 등)을 키울 수 있을까 등 다들 크게 다르지
않을 겁니다. 이것은 결국 남보다 앞서나가기 위해 나는 과연 무엇
을, 어떻게 해야 하는가라는 질문으로 수렴됩니다. 여러분이 1년 안
에 직장생활을 때려치울 목적으로 회사에 입사한 것이 아닌 이상,
이 문제는 여러분이 일을 해나가는 데 있어 자기만의 열정과 목표
의식을 유지할 수 있는지, 가지각색의 성격과 성향의 사람들과 즐겁
게 일할 수 있는지, 무엇보다도 자신감과 자존감을 끌어올릴 수 있
는지 등을 좌우할 중요한 요소라 할 수 있습니다.

사실 따지고 보면 이것은 단순히 '남보다 앞서나가는 것'하고만 관련된 문제는 아닙니다. 오히려 '나는 남과 대체될 수 있는 사람인가'라는 좀 더 본질적인 문제와 직결되어 있지요. 남보다 앞서나간다는 것은 어디까지나 '정도'의 문제이기 때문에, 또 다른 뛰어난 재능을 갖고 있는 사람이 혜성처럼 갑자기 혹은 실력을 차근차근 키워 여러분 앞에 등장할 수도 있습니다. 다시 말해, 누군가가 여러분보다 더 뼈를 깎는 노력을 기울여 여러분이 현재 갖고 있는 능력을 뛰어넘을 수도 있다는 거지요. 그렇기 때문에 우리는 자신이 남보다 더 잘났고 뛰어나다는 사실에만 초점을 맞춰서는 안 됩니다.

회사 내에서 비중 있는 사람으로 자리매김하고자 한다면 남이 절대로 뛰어넘을 수도 없고, 대신할 수도 없는 사람이라는 인식을 사람들에게 심어 넣어야 합니다. 그러기 위해서 물론 여러분은 영어 실력, 보고서 작성 능력, 발표력·협상력 등의 커뮤니케이션 능력 등의 다양한 '비장의 무기'들을 물불 안 가리고 준비하고 있을 거라고 봅니다. 하지만 아쉽게도 이제 이러한 사항들은 회사에서 살아남기 위한 가장 기본적이면서도 핵심적인 요건이 되었습니다. 생존경쟁을 버텨내기 위한 당연한 요건이 된 거지요. 결국 스스로를 차별화하고자 하는 노력의 결과가 시간과 노력을 들인 것에 비해 만족스럽지 않을 수도 있게 되었다는 겁니다.

이러한 맥락에서 우리는 두 가지 측면에 대해 곰곰이 생각해볼 필요가 있습니다. 자신이 키우고자 하는 능력들이 투자된 시간에 비례해 얼마만큼 요긴하게 업무에 바로바로 활용되던가요? 만약 그것이 바로바로 투입돼 적용되지 않는다면 과연 무슨 의미가 있을까요? 그리고 동시에 한번 주위를 둘러보세요. 여러분이 이런저런 능력들을 쌓는 동안 옆에 있는 사람들은 손 놓고 가만히 있던가요? 여러분과 똑같은 욕구와 욕망, 비슷한 목적을 갖고 여러분처럼 열심히 달리고 있진 않나요?

자, 어떤가요? 실용성, 차별성, 희소성 세 가지 요소 다 조금씩 부족하게 느껴지지는 않는지요? 여기에서 우리는 분명 하나의 틈새를 찾아야 하는데, 저는 그 틈새가 바로 다름 아닌 '일에 접근하는 방식'에 있다고 봅니다.

물론 회사 자체의 규모나 산업별 특성에 따라 조금씩 차이는 있겠지만, 대부분의 회사에서 일이 진행되는 프로세스를 보면 아래와 같이 두 가지 대표적인 특징이 있다는 것을 알 수 있습니다.

① 톱다운(top-down) 전달 체계
② 제안보다는 공유 중심의 업무진행

우선 여기에서 분명한 것은 여러분이 CEO가 아닌 이상 이 두 가지는 회사를 그만두는 날까지 여러분이 자율적으로 바꿀 수 있는 사항들이 아니라는 겁니다. 일의 대부분은 회사의 경영층의 진두지휘 하에 완벽하게 통제되고 있고, 사실상 누구도 거역할 수 없는 이들의 '마법의 지팡이'에 의해 정해진 계획들은 일사불란하게 각 팀과 소속 구성원들에게 공유되고 전파되고 있지요. 이와 유사한 맥락에서 각 구성원이 맡고 있는 일의 분야와 영역은 확실하게 경계가 나뉘어져 있습니다. 서로가 서로의 영역에 끼어들 틈은 전혀 없습니다.

[요리 가이드라인 #1] 과거의 것이든 현재의 것이든, 사유 방식 및 관점이 각자의 재검토 없이 그저 전수받은 것이라면 거기에는 이미 오류가 프로그래밍되어 있다. —프랜시스 베이컨

이러한 구조에서 자연스럽게 튀어나오는 게 바로 복지부동(伏地不動)이라는 요상한 괴물입니다. 다들 몸을 사리면서 자기에게 맡겨진 일 말고는 어떠한 일도 하지 않으려 하고, 동시에 어떠한 위험도 무릅쓰려고 하지 않는 거지요. 충분히 이해가 가는 풍경입니다.

안타깝지만 현실적으로 우리는 우리 앞에 주어져 있는 판을 엎을 수는 없습니다. 대신에 우리는 그 판 안에서 '노는 방법'을 조금 달리해볼 수는 있습니다. 지금까지 위에서 전달한 업무의 내용과 틀, 방향성을 한 치의 오차도 없이 그대로 실행하는 데만 초점을 맞춰왔다면, 실행한 후 결과 보고를 통해 다 함께 공유하는 데 최선을 다해왔다면, 앞으로는 실행의 전 단계에서 긍정적인 '딴지'를 걸어볼 것을 권해드립니다.

방법은 간단합니다. 스스로에게 끊임없이 질문을 던지는 겁니다. 주어진 상황에서 기존의 방식 그대로 암기하고 복사하듯 일을 처리해나갈 게 아니라, 가정법 'If(만약)'를 적극적으로 활용해보는 거지요. 다시 말해 어미 '-면('-다면' '-라면' 등 다 포함)'을 치열하게 이용해 자신에게 주어진 일을 새로운 각도와 관점으로 재해석해보는 겁니다. 혹시 간과하거나 놓친 건 없는지, 잘못된 건 없는지, 의심을 가져볼 부분은 없는지 등 다각도로 점검해보는 거지요. 다음이 몇 가지 간단한 예입니다.

① 내가 팀장(임원, CEO)의 자리에 있다면 지금의 일을 어떻게 바라보고, 어떤 방향으로 처리할까? 나와는 어떤 면에서 다를까? 나는 그의 방식에서 무엇을 배울 수 있는가?

② 이 일을 기존의 방법과 다른 방식으로 해결해보면 어떨까? 어떤 방식이 현재의 상황에 가장 부합하고 가장 시의적절할까? 이것을 통해 어떠한 결과를 얻을 수 있을까? 어떠한 방식이 가장 좋은 결과를 가져올까?

③ 내가 아니라면 이 문제는 어떤 식으로 처리되고 진행될까? 내가 아니면 안 되는 이유가 있는가? 오로지 나만이 해낼 수 있는 일인가? 주변의 도움은 필요한가, 필요 없는가? 필요하다면, 어느 정도로 필요한가?

④ 내가 지금 이 일을 해야 한다면, 왜 해야 하는 걸까? 하지 않을 수 없는 절대적인 이유가 있는가? 또한 하지 말아야 한다면, 왜 하지 않아야 하는 걸까? 다른 대안들은 있는가?

⑤ 어떻게 하면 기존의 방식보다 더 효율적이고 효과적으로 맡은 일을 진행할 수 있을까? 지금의 방식을 그대로 유지해야 하는가, 바꿔야 하는가? 어느 쪽이 최적의 선택인가? 왜 그런가?

선례에 얽매이면 딱 선례만큼의 결과만 얻게 됩니다. 그 이상을 생각해도 실제로 그 이상이 나올지 장담할 수 없는 마당에 그 이상은 고려조차 안 하니 그 이상이 튀어나올 리가 없지요. 선례를 깨는 것은 아주 살짝 삐뚤어진, 하지만 지극히 철저하고 냉철한 시선에서 시작됩니다. 이렇게 해왔으니까 당연히 이렇게 하는 거고, 이런 게 좋다고 하니까 이렇게 해야 한다는 등 기존의 경험과 주변의 시선에 얽매이지 말았으면 합니다. 그것은 어디까지나 업무 효율성을 끌어올리는 참고 자료이지 불변의 법칙이나 원칙 따위는 아니니까요.

[요리 가이드라인 #2] 한 번에 대여섯 번 연속해서 "왜?"냐고 물어보면 복잡한 것들이 어떻게 단순화되는지 관찰할 수 있다. —세스 고딘(마케팅 전문가)

위의 몇 가지 예에서 우리가 특히 간과하지 말아야 할 부분은 바로 상대방의 입장(standpoint)에 대한 고려입니다. 여러분이 1인 기업의 대표라면 스스로에게 던지는 질문의 포커스를 오로지 자기가 하고 있는 일에 맞추면 될 것입니다. 하지만 여러분은 다 현재 회사 내의 개별적인 팀에 소속되어 있지요? 그렇다면 그 안에 직급상 여러분보다 위인 사람도 있을 것이고 아래인 사람도 있을 것입니다. 스스로에게 질문을 던질 때는 윗사람의 경우 그들의 경험에서 우러나오는 노련함, 거기에서 비롯되는 선견지명을, 아랫사람의 경우 그들의 자세에서 우러나오는 신선함, 거기에서 비롯되는 도전과 혁신 마인드를 뺏어오세요. 한 걸음 더 나아가, 이러한 질문 과정을 통해 다른 구성원과 다른 팀의 상황과 입장을 배려할 수 있는 태도를 습득하도록 노력해보세요. 이 기회를 통해 역지사지(易地思之)의 마음 자세를 길러보는 겁니다.

이쯤에서 드는 한 가지 우려를 말씀드리자면, 가정법(만약에~라면)을 이용한 질문들을 스스로에게 던져보라고 해서 이것을 일종의 기

발한 독창성이나 창조성과 혼동하지 않으셨으면 합니다. 마치 당장 눈앞의 문제를 해결할 수 있는 일회용 해법을 찾으려는 것처럼 말이지요. 여러분은 작가도 광고회사·게임회사 직원도 아닙니다. 본질은 어디까지나 지금 여러분에게 주어진 업무와 그것의 주변 상황을 새로운 시각으로 좀 더 정확히 제대로 파악해서 다양한 가능성을 모색한다는 데 있습니다.

많은 사람들이 바라듯이 연수 채워 때가 되면 승진하고 남과 큰 마찰 없이 편한 직장생활을 누리고 싶다면 남과 똑같은 수준으로, 똑같은 방법과 방식으로 생각하고 행동하면 됩니다. 대신에 자기 자신을 업그레이드하는 것은 포기해야겠지요.

제 말의 의도를 오해하지 않았으면 합니다. 기존에 회사 내에서 선배들이나 동료들이 쌓아놓은 업적이나 경험들을 모조리 다 무시하라는 얘기가 아닙니다. 참고는 하되 자신이 처한 상황에 맞게 스스로, 자기의 힘으로 마음속으로 건설적인 대립을 시도해보라는 겁니다. "이렇게 하면 될까 안 될까, 왜 안 될까, 저 사람이 나라면 어떻게 할까, 이거 말고 다른 방법은 없나, 왜 없나, 있다면 뭐가 달라지지…" 이러한 가정법을 활용한 질문들을 스스로 반복적으로 하지 않으면, 중장기적으로 봤을 때 여러분의 업무는 다른 누군가의 몫으로 돌아가게 될 것입니다. 아니, 더 현실적으로 말해서 여러분 자신이 다른 누군가에 의해 대체된다고 봐도 크게 틀리지는 않을 겁니다. 황당하게 들릴 수도 있습니다만, 우리는 회사가 시대의 흐름에 맞게 점점 더 냉혹해지고 냉정해지고 있다는 사실을 깨달아야 합니다.

[요리 가이드라인 #3] 문제에 직면했을 때, 그 해답을 알고 있는지는 중요하지 않다. 그보다는 어떤 문제에 부딪치든 가설을 세우고 검증하는 과정을 통해 해답을 모색할 수 있는 문제해결력을 갖추는 것이 중요하다. —오마에 겐이치(경영컨설턴트)

일을 하는 동안은 가정법이 담긴 질문을 쉼 없이 스스로에게 던지세요. 물론 때때로 제대로 된 질문이 아닌 엉뚱하고 이상한 질문들이 튀어나올 수도 있지만 그것은 둘째 문제입니다. 브레인스토밍을 통해 다양한 질문들을 뽑아내고, 그 속에서 나름대로의 고민을 통해 해답을 발견하고, 그중에서 새롭고 알찬 내용을 흡수하고 자기의 것으로 만들어 업무에 적용하는 것, 여기에 바로 여러분이 추구해야 하는 업그레이드의 핵심이 놓여 있습니다. 그야말로 돈이 전혀 들지 않는 무비용·고효율의 자기 업그레이드 전략 아닌지요?

 명셰프의 30초 요리팁

윤송이 엔씨소프트 사장, Global CSO

❝ 제가 가장 좋아하는 질문은 '왜'입니다. '이건 왜 그렇죠?' '왜 그렇게 생각하시죠?' '우리가 왜 지금 이 일을 시작해야 한다고 생각합니까?' 같은 질문들을 끊임없이 던지세요. 선례에 얽매이지 말았으면 좋겠어요. 이런 게 좋다니까 이렇게 해야 된다는 식의 생각에 얽매이지 말았으면 해요. 마찬가지로 사람들은 '하지 말라'는 말에 매여 있는 것 같아요. 역으로 생각하면 그 '하지 말라'는 것만 빼곤 다 해도 되는 거잖아요. ❞

앤디 그로브(Andrew Grove) 前 Intel 회장

스스로에게 질문을 던진다는 것, 그것은 '자기만족'을 경계하는 자세와 맞닿아 있습니다. 또한 그것은 고정관념이나 선입견, 편견과 맞붙는 행동이기도 하지요. 인텔의 전설적인 CEO인 앤디 그로브(Andrew Grove)는 이와 관련하여 우리에게 중요한 원칙을 알려줍니다.

새로운 문제에 부딪치면 이전에 알고 있던 모든 것을 잊어버려라.

이 말은 결국 기존의 생각이나 관념이 새로운 문제를 푸는 데 전혀 도움이 되지 않는다는 얘기이지요.

CEO가 되기 전 인텔의 2인자였던 앤디 그로브는 당시 CEO를 맡고 있던 고든 무어에게 질문을 던졌습니다. "만일 주주들이 우리를 내쫓고 새로운 경영진을 들여온다면, 새 경영진은 무엇을 할 거라고 봅니까?" 고든 무어가 대답했습니다. "회사의 역사를 고려하지 않고 모든 것을 싹 바꿔놓겠지." 그 말을 들은 앤디 그로브는 "그럼 우리가 새로 들어온 사람이라고 생각하고, 지금 말한 것을 그대로 하는 게 어떨까요?"라고 말했지요.

앤디 그로브는 그의 저서 『편집광만 살아남는다(Only the Paranoid Survive)』에 등장하는 '편집광'이라는 용어를 통해 또 다른 중요한 원칙을 강조합니다.

> 편집광은 계속 의심하는 사람이다. 그는 최악의 경우를 늘 염
> 두에 두고 있다. 정신착란증에 걸린 것처럼, 초긴장 상태로 항
> 상 주변을 경계하는 사람만이 경쟁에서 이긴다.

앤디 그로브는 항상 모든 직원들에게 '혹시 뭔가를 빠뜨리진 않
았는지, 혹시 고객(외부고객뿐 아니라 내부고객까지도)에게 서비스를 더
제공할 부분은 없는지, 혹시 내가 병목현상의 골치 덩어리는 아닌
지' 등을 편집광처럼 스스로 끊임없이 고민하라고 주문했습니다.
결국 한 가지 문제에 천착해서 완벽하게 해결이 될 때까지 끝까지
다각도로 파고들면서, 여러 가지 부수적인 상황을 조사하고 고민
하고 검토해나가라는 얘기입니다. 이러한 그의 주장의 밑바닥에는
'일이 한번 잘못되기 시작하면 계속 어그러질 수도 있다. 이때 지
독한 열정으로 집착하는 사람만이 성공할 수 있다.'는 생각이 깔
려 있습니다.

물론 우리가 굳이 항상 최악을 염두에 두고 온갖 스트레스를 다
받아가면서 노이로제 환자인 양 질문에 질문을 거듭할 필요는 없겠
습니다만, 여러 가지 잠재적인 가능성과 다양한 대안들을 위해 두
뇌를 계속 열어둘 필요는 분명 있어 보입니다.

앞으로는 좀 더 다르고, 좀 더 열려있는 긍정적인 결과를 얻기 위
해 자기만의 시선이 담긴 가정의 칼날을 세우길 바랍니다. 그것이
녹아있는 가지각색의 고민어린 질문들을 풀어나가는 것, 여기에 바

로 우리가 추구해야 하는, 남과 차별화할 수 있는 업그레이드의 길이 있지 않을까요?

[Did You Know?] 앤디 그로브, 그도 천재 이전에 '인간'이었다

사실 앤디 그로브가 경영의 귀재이자 세계적인 CEO로 추앙받고 있긴 합니다만, 동시에 그를 비판하는 사람들도 적지 않은 게 사실입니다. 뭐, 어느 정도 예상이 가능한 일이긴 하지요. 자신의 천재성으로 인해 불가피하게 치르게 되는 일종의 '잘난세(稅)' 정도로 이해할 수 있을까요?

'앤디 그로브가 인텔의 미래를 막았다'고 주장하는 대표적인 사람 중 하나가 바로 비즈니스 전략이론의 대가인 스탠퍼드 경영대학원 교수 로버트 버겔먼(Robert Burgelman)입니다. 그는 자신의 저서 『전략은 운명이다: 기업의 미래는 어떻게 결정되는가』를 통해 "편집광 스타일의 리더십을 갖고 있는 사람은 끊임없이 '잠재적 위협'을 걱정합니다. 그러다 보면 '잠재적 기회'에 주의를 못 기울이게 되죠."라고 언급하면서 우리에게 한 가지 일화를 들려줍니다. 다음은 인텔이 네트워크 장비회사 '시스코 시스템즈'를 2억 달러에 인수할 기회를 차버렸을 때 그와 앤디 그로브가 나눈 대화의 일부입니다.

버겔먼: 왜 초기에 네트워킹 비즈니스에 투자하지 못했나?
그로브: 그 일을 맡고 있던 고위 임원이 나를 설득하지 못했다.

버겔먼: 왜 그랬을까?

그로브: 나는 '매우 옳다고 생각했지만, 지나고 보니까 대부분 틀렸다'는 말을 무척 싫어한다.

앤디 그로브도 기존의 주력 분야에선 옳을 수 있지만, 완전히 새로운 분야에서는 얼마든지 오류를 범할 수 있다는 얘기이지요. 지독하다고 할 정도로 완벽주의를 추구했던 '편집증 환자' 앤디 그로브도 이러한 지극히 인간적인 약점을 갖고 있었다는 사실을 새롭게 알게 되면서 왠지 마음이 한결 편안해지는 건 저만 그런가요?

02

피망

避亡

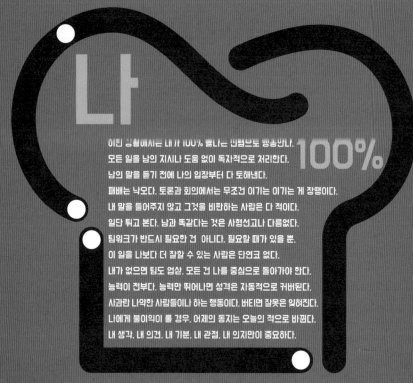

나

100%

이런 성향에서는 내가 100% 옳다는 신념으로 행동한다.
모든 일을 남의 지시나 도움 없이 독자적으로 처리한다.
남의 말을 듣기 전에 나의 입장부터 다 토해낸다.
패배는 낙오다. 토론과 회의에서는 무조건 이기는 이기는 게 장땡이다.
내 말을 들어주지 않고 그것을 비판하는 사람은 다 적이다.
일단 튀고 본다. 남과 똑같다는 것은 사형선고나 다름없다.
팀워크가 반드시 필요한 건 아니다. 필요할 때가 있을 뿐.
이 일을 나보다 더 잘할 수 있는 사람은 단연코 없다.
내가 없으면 팀도 업살. 모든 건 나를 중심으로 돌아가야 한다.
능력이 전부다. 능력만 뛰어나면 성격은 자동적으로 커버된다.
사과란 나약한 사람들이나 하는 행동이다. 버티면 잘못은 잊혀진다.
나에게 불이익이 올 경우, 어제의 동지는 오늘의 적으로 바뀐다.
내 생각, 내 의견, 내 기분, 내 관점, 내 의지만이 중요하다.

DR. COOK'S RECIPE

02

02

잘나가고 싶다면 쫓겨나는 시나리오를 작성하라[1]

위기는 무엇을 배우거나 만드는데 있어서 꼭 필요한 성분이다. 만약
당신이 위기감을 느낄 수 없다면 당신은 흥미를 느낄 수 없을 것이다.
—짐 캐리

제목만 보면 뭔가 어색하고 이상하게 느껴지지요? 잘 나가기 위해
잘나가는 데 도움이 되는 항목들을 작성해도 모자를 판에 오히려
반대의 것들을 정리해보라고 하니 이게 웬 아닌 밤에 홍두깨인가
싶을 겁니다. 뭔가 잘못된 거 아니냐고요? 네, 아닙니다. 오히려 잘
나가기 위해서 잘 나가는 시나리오를 쓰는 것은 정답이고, 잘 나가
기 위해서 쫓겨나는 시나리오를 쓰는 것은 오답이라고 생각해온 우
리 자신이 꽉 막힌, 편협한 고정관념을 쌓아왔을 가능성이 있다는
것, 그것이 잘못된 것일 수는 있을 것 같습니다.

---

1 진대제 前 정보통신부 장관이 지은 『열정을 경영하라』(김영사, 2006)에 나오는 「삼성
   반도체가 망하는 시나리오」편을 참고해보시길 바랍니다. 이와 더불어, 비록 CEO 대
   상의 경제·경영서이긴 합니다만, 주제의식이 같다는 점에서 제 졸저 『넥스트 컴퍼니
   (Next Company)』(거름, 2008) 14편(망하는 시나리오를 공모하라)을 참고해보시는
   것도 나쁘지 않을 것 같습니다.

시중에 나와 있는 많은 자기계발서들이 직장에서 성공하는 비법, 실패하지 않는 커뮤니케이션 공식, 회사에서 인정받는 기술, 회사에서 안 알려주는 법칙, 회사가 붙잡는 사람들의 공통점 등에 대해 다루고 있습니다. 구구절절이 옳은 말들과 성공하는 데 전혀 모자람이 없는 얘기들로 가득 채워져 있지요. 게다가 실천하기가 그다지 어려워 보이지도 않고 이야기의 설득력도 꽤 높습니다.

회사를 다니면서 이런 유의 책을 적지 않게 읽어본 저로서는 이것이 좋다, 안 좋다라는 판단을 떠나, 회사생활을 하는 데 있어 나름대로 도움이 되었던 건 인정합니다. 읽으면서 회사생활을 더 잘하고 싶고, 실제로 더 잘해낼 수 있다는 동기부여가 되었으니까요. 하지만 또 어떤 측면에서는 시간낭비이기도 했습니다. 제가 처해있는 환경이나 상황과는 맞지 않는 조언들을 스스로에게 무리하게 적용하려 한 결과 실패가 조금씩 쌓이기 시작했고, 스스로에 대한 자괴감을 느껴감에 따라 동기부여는커녕 나태함과 더불어 '될 대로 되라'는 식의 무력감에 빠지기도 했지요.

성공하는 법을 직설적으로 나열해놓는 책이 있는가 하면, 성공하기 위해서 반대로 실패하는 방법들을 하지 말라는 식으로 그것을 우회적으로 풀어놓는 책도 있습니다. 제 경험상 전자는 크게 도움이 되지 않았던 것 같습니다. 그도 그럴 것이, 거기에는 제가 느끼고 있었던 일종의 절박함이나 처절함, 비장함이 배어 있지 않았기 때문입니다. 절실함이 없는 곳에 성공의 공식을 숱하게 뿌려놓은들 돌아오는 것은 성공이 아닌 좀 더 절실한 절실함뿐이더군요. 그런데 후자는 제 자신이 겪고 있던 상황이 어느 정도 반영되어 있었기에(제 자신이 잘나가는 직장인이 아니라는 지극히 현실적인 전제를 염두에 두었지요) 이러한 감정이 녹아있을 수밖에 없었지요.

여러분이 회사에서 정말로 잘나가고 싶다면 성공의 공식은 공식대로 머릿속에 각인해두고 거기에 깔려 있는 다양한 방법들을 연마하되, 여러분을 진정 절실하게 만드는 실패에 관한 공식들을 스스로 만들어보길 바랍니다. 사람마다 다를 수는 있겠습니다만, 적어도 잘나가고 싶다는 절실한 목표가 있다면 그에 맞는 절실한 방법들을 강구해야 하는데, 실패만큼 그 절실함을 잘 드러내고 부각시킬 수 있는 게 또 있을까요?

[요리 가이드라인 #1] 위험을 무릅쓰는 사람만이 자신의 무한한 가능성을 깨달을 수 있다. —T. S. 엘리엇

지금이야 회사를 안 다니고 있습니다만, 저 같은 경우 쫓겨나는 시나리오를 참 많이도 작성했던 것 같습니다. 직장생활 자체가 그야말로 하나의 쫓겨나는 시나리오였다고 해도 무방할 정도였지요. 그런데 저는 딱히 성공에 대한 어떤 절실함을 갖고 '찍힐' 만한 행동들을 했다기보다는, 그저 그렇게 하는 게 여러 사람들에게 눈도장을 찍을 수 있는 방법이라고 생각했던 것 같습니다. 위에서 하지 말라는 행동, 옆 팀에서 눈초리를 주거나 코웃음을 칠 만한 행동, 아래에서 소곤소곤댈 만한 행동은 죄다 해봤습니다. 그래서인지 온갖 악담과 뒷담화를 들었음은 물론 깨지기도 참 많이 깨졌습니다. 물론 고개 숙이고 깨닫는 척하면서 제 고집대로 다시 또 하고 그랬지요.

제일기획을 다닐 때의 일입니다. 광고회사에서 광고모델을 선정하는 일은 광고 아이디어를 구체화하는 것만큼이나 매우 중요한 일입니다. 당시 준비 중이었던 한 광고의 아이디어 회의에서 저는 세간에 잘 알려지지 않은 맥킨지(McKinsey & Company)의 컨설턴트였던 윤송이(現 엔씨소프트 사장)씨를 추천했는데, 전원 반대라는 참담한 피드백을 받았지요. 절대로 포기할 수 없었던 저는 윤송이 씨를 퇴근 후 거의 매일 찾아갔습니다. 회사 내부의 반대의견 같은 건 신경쓰지도 않은 채, 실제로 통과가 되든 말든 저만의 확고한 신념을 갖고 '당신이 왜 삼성 광고에 나와야 하고 또 나올 수밖에 없는지, 당신이 나오면 어떤 효과가 있는지'를 줄기차게 설득했던 겁니다. 그냥 '이 사람 아니면 안 된다는' 식의 직감이 왔던 거지요.

어느 날 제 사수가 저를 불러놓고 조용히 한마디 하시더군요. "처음이자 마지막으로 얘기하겠다. 윤송이 씨, 그만 찾아가길 바란다." 그는 제가 뭘 하고 다니는지 다 알고 있었던 겁니다. 그렇지만 아무리 직속 사수라고 해도 당시의 저는 이미 직장 생명을 걸고 있었기 때문에 그만둘 수가 없었습니다. 죽이 되든 밥이 되든(사실 밥이 될 거라고 내다봤습니다만) 제 뜻대로 하기로 마음먹었기에, 원래 하던 대로 계속 밀어붙였지요. 그래서 어떻게 되었냐고요? 다행인지 불행인지 끝내 모델도 설득했고, 더불어 광고주도 설득하는 데 성공했습니다.

"뭐여? 완전히 지 잘났다는 얘기네. 그래, 잘났다 잘났어. 네가 세운 공, 대단하다고. 인정!" 차라리 그런 식으로 얘기가 정리돼 잘 먹고 잘 살았다는 식의 해피엔딩으로 끝났다면 좋았겠습니다만, 세상은 참 공평한 것 같습니다.

광고가 TV에 나오고 난 시점부터 제 주변의 모든 게 달라지기 시작했습니다. 팀장님을 제외한 거의 모든 분들이 저를 멀리하기 시작했지요. 인정받기 위해 휴식 따위는 반납한 채 오로지 광고 하나 잘 만들겠다는 마음으로 최선을 다했는데 외톨이를 만들다니, 납득이 가지 않더군요. 억울함과 분노가 교차했습니다. 회사에서 살아남으려면 무모할 정도의 도전과 피 끓는 열정과 집요함, 새롭고 차별화된 관점의 혁신 마인드로 무장해야 한다고 하지 않았던가요? 다 헛소리처럼 느껴졌습니다.

만약 여기에서 이야기가 끝나버린다면 쫓겨나는 시나리오를 쓰려고 할 분은 단 한 분도 없겠지요? 쫓겨나는 시나리오를 쓰다가 정말로 쫓겨날 판이 되었으니까요. 여러분이 기다리셨을 '쫓겨나는 시나리오를 작성해야 하는 이유'가 지금부터 들려드릴 이야기에 담겨 있습니다.

[요리 가이드라인 #2] 실패는 중요하지 않다. 당신 자신을 바보로 만들 수 있는 용기가 중요하다. —찰리 채플린

저는 당시에 하나는 알고 둘은 몰랐습니다. 아니, 몰랐던 것도 있겠지만 알려고 하지도 않았습니다. 알 필요가 없다고 생각했으니까요. 저는 광고의 성공, 그리고 주변의 인정이라는 목적을 위해 과정이라는 수단은 제멋대로 판단하고 정의하고 정당화했고, 그 결과 회사가 굴러가는 주된 원동력인 팀워크를 해쳤습니다. 결국 한 그루의 나무를 위해 온 숲 전체를 다 희생한 저는 제 직장생활을 스스로 위

기에 몰아넣은 셈입니다. 여러분도 아시다시피 회사 내에서 자기 혼자 모든 걸 처리해내려고 이를 바득바득 가는 사람은 독립심과 결단력 쪽으로는 충분히 인정받을지 모르나, 동시에 '조직'에 맞지 않다는 부정적인 평가도 받게 되지요.

저는 여러 회사를 다니면서 이런 식의 우여곡절을 적지 않게 겪었습니다(제 성향과 성격을 담아내는 그릇이 작은 탓일 겁니다). 비록 어떤 나쁜 목적을 갖고 고의로 그랬던 건 아닙니다만, 성공 시나리오보다는 실패 시나리오를 훨씬 더 많이 써내려왔지요. 하지만 이러한 '골로 가는' 리스트를 많이 만들어나가면서도, 다행히도 자의에 의해서든 타의에 의해서든 매번 그 안에 있는 오류를 발견해내고, 그것을 조심스럽게 되새겨보고 고민하고 지워내는 작업을 병행해왔습니다. 이 과정을 통해 저는 직장생활에서 가져야 하고, 가질 수밖에 없는 절실함을 자연스럽게 소유하게 되었고, 그것을 어떻게 성공으로 연결시킬 것인가에 대해 지겨울 정도로 고민하게 되었지요. 요컨대 저는 쫓겨나는 시나리오를 통해 그 반대급부인 쫓겨나지 않는, 한 걸음 더 나아가 잘나가기 위한 길을 모색해볼 수 있었던 겁니다.

여기에서 재차 강조해드리고 싶은 것은, 성공을 위해서는 반드시 절실함이 수반되어야 한다는 겁니다. 아니, 절실함만큼 중요하고 필요하고, 무엇보다도 제대로 된 약효를 발휘하는 것은 없다고 보셔도 됩니다.

절실함이란 무엇인가요? 이거 아니면 절대로 안 된다는 자기와의 약속입니다. 우리가 절실함을 느끼는 순간은 보통 스스로 위기에 몰렸을 때이지요. 더 이상 물러날 수 없어 이판사판 가리지 않는 배수진의 상황을 떠올려보세요. 목숨에 위협을 느끼는 상황에서 우리는 살아야겠다는 마음과 더불어, 어떻게 하면 살 수 있는지 평소보다 몇 배로 더 강력한 긴장감과 위기의식이 묻어있는 믿음을 갖고 온갖 아이디어란 아이디어는 다 짜내게 되지 않던가요?

① 내일 당장 쫓겨나기 위해서 나는 뭘 하면 될까?
② 내일 당장 쫓겨나지 않기 위해서(혹은 잘나가기 위해서)
  나는 뭘 하면 될까?

말장난처럼 들릴 수도 있겠습니다만, 이것은 사실 매우 진지한 질문들입니다. 한번 곰곰이 생각해보세요. 그것이 좋은 영향이든 나쁜 영향이든 관계없이, 어떤 질문이 여러분에게 더 비중 있고 피부에 와 닿을 만큼의 큰 영향을 미치고 있는지를 말입니다. 혹시 ①을 읽으면서 약간 정신이 번쩍 드는 느낌이 들지는 않는지요? 반대로 ②는 어떤가요? ①만큼 정신이 번쩍 드나요? 아마 그렇진 않을 겁니다.

　일반적으로 성공과 실패를 마음속으로 저울질해보면 실패가 우리에게 심리적으로 훨씬 더 절박하고 조심스럽게 다가온다는 것을 알 수 있습니다. 결국 그 절실함을 많이 느끼면 느낄수록 그것을 해결하기 위한 방법들에 대한 고민의 폭도 그만큼 넓어지고, 그 폭이 넓어지면 넓어질수록 성공에 이르는 해법들을 많이 찾아낼 수 있는 가능성이 높아지는 거지요.

[요리 가이드라인 #3] 성공은 인생에서 그렇게 많은 이익을 가져다주는 경험은 아니다. 오히려 실패가 더 정신을 번쩍 들게 만들고, 큰 깨우침을 준다.

—마이클 아이스너(前 월트 디즈니 회장 겸 CEO)

우리가 쫓겨나는 시나리오를 작성해야 하는 이유가 바로 여기에 있습니다. 즉, 자신이 겪고 있는 문제를 좀 더 절실한 마음으로 현실적이고 정확하게 바라보고, 그에 대한 해답을 마찬가지로 좀 더 절실한 마음으로 신중하고 냉정하게 찾아내기 위해서이지요.

이것을 직접적인 경험을 통해 깨달아나가는 것도 물론 나쁘진 않습니다만, 제 경험에서 볼 수 있듯 그 기회비용이 상대적으로 만만치 않다는 걸 느끼셨을 거라 봅니다. 그러니 그것에 대한 하나의 대안으로써, 유비무환의 마음으로 실패 리스트를 매일매일 진중하고 철저하게 작성해볼 것을 권합니다. 다시 말해 여러분이 알고 있는 '회사에서 쫓겨나는 방법'들을 머릿속에서 전부 다 끄집어낸 다음 그에 대한 대안을 마련해나가면서 하나씩 줄여나가보는 거지요.

다음에 소개해드리는 『빅씽크 전략(Big Think Strategy)』의 저자 번트 슈미트의 말을 자신의 상황에 응용해서 되새겨보는 것도 나름대로 도움이 될 거라 봅니다.

"그리스 신화에 나오는 시지프스(Sisyphus)가 되어서는 안 됩니다. 시지프스가 저주에 걸려 매일 산을 향해 바위를 굴려야 하는 것처럼 수많은 기업들은 아무 의미 없는 일만 반복합니다. 시중에 나온 똑같은 비즈니스 지침서를 읽으면서 똑같은 경영기법을 쓰는데 그래선 안 됩니다."

꽤 많은 분들이 시중에 나와 있는 비슷한 유의 자기계발 지침서를 읽으면서 비슷한 성공기법을 활용하려고 하는데 과연 그것이 실질적으로 자신에게 어떤 도움을 주는지 생각해볼 일입니다. 앞서 말씀드렸다시피 거기에는 자신이 현재 처해 있는 상황에서 비롯되는 절실함이 결여되어 있지요. 그렇기에 설사 내용 자체가 다 이해가 간다 하더라도 그것이 뼛속 깊이 와 닿거나 마음속에 오래 남을 수가 없는 겁니다.

진정으로 직장에서 잘나가고 싶다면 오늘부터 "어떻게 하면 이 직장에서 쫓겨날 수 있는가?"라는 실패 시나리오를 조금씩 단계적으로 작성해 나가세요. 처음에는 누구나 일반적으로 생각해낼 수 있는 '쫓겨나는 방법들'로 시작을 하겠지만, 시간이 지나면서 자신이 안고 있는 시급한 문제점들과 대면하게 될 겁니다. 즉, 스스로가 갖고 있는 고질적인 병폐가 무엇인지, 그것이 왜 문제인지, 그것을 어떻게 풀어나가야 하는지 혹은 어떻게 풀어나갈 수 있는지, 풀 수 없다면 어떤 대안들을 마련해야 하는지 등에 대해 차근차근 고민해나가게 될 거란 얘기지요. 그 안에 여러분이 기대하는 성공에 대한 자그마한 해답이 있을 거라 믿습니다.

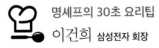

명셰프의 30초 요리팁
이건희 삼성전자 회장

❝우화를 하나 소개할까요. 늑대가 나타났다고 늘 거짓말을 했던 양치기 소년 이야기를 다들 아시지요? 그런데 이 소년이 나중에 저승에 갔

습니다. 염라대왕이 왜 거짓말을 밥 먹듯 했느냐고 물었지요. 그러자 소
년은 '너무 심심해서 죽겠더라고요. 이해해 이건희.'라며 변명을 늘어놓
았습니다. 게다가 '내 친구 ○○○는 나보다 훨씬 더 거짓말을 많이 했
는데도 사람들이 모르고 있어요.'라고 남의 뒷다리 잡기까지 했다고 합
니다. 이 이야기 속에는 인재가 되려는 사람이 금기시해야 할 네 가지가
다 들어 있습니다. 바로 '거짓말, 변명, 잘못을 인정하지 않는 억지, 뒷다
리 잡기'입니다. 제가 가장 싫어하는 타입의 인물 유형이지요. 직장인으
로 성공하려면 이 같은 네 가지 금기 중 어느 하나에도 해당되지 않아
야 합니다. **"**

✚ 닥터쿡의 추가 레시피 | 逆 SMART 원칙만 잘 실천해도 회사에서 쫓겨난다

많은 분들이 목표를 설정하는 데 많이 참고하는 소위 'SMART
원칙'을 역으로 가정해서 실행해볼 것을 권해드립니다. SMART
원칙이란 구체적(specific)이고 측정 가능(measurable)하며, 달성
가능(attainable)하고 현실적(realistic)이면서도 만질 수 있어야(tan-
gible)한다는 것인데, 이러한 해석을 역으로 돌려놓으면 결국 추
상적이고 측정 불가능하며, 달성 불가능하고 비현실적이면서도
만질 수 없다는 결론이 나오지요. 업무를 진행하거나 목표를 설
정할 때마다 이것을 실행에 옮겨보세요. 회사에서 금방 찍힐 겁
니다.

✚✚ 닥터쿡의 추가 레시피 | 회사가 망하는 시나리오

1990년대 초에 일본의 한 경영연구소가 회사를 망치는 10대 주

의(主義)를 발표한 적이 있습니다. 그 내용을 자세히 살펴보면 대상이 구성원 개개인이 아닌 회사라는 점에 차이가 있을 뿐, 우리가 각자 자신의 현실에 대입해보면서 역이용할 만한 실질적인 조언이 담겨 있다는 것을 알 수 있습니다. 참고로 당시에 연구소는 이같이 나열하면서 이 중 세 가지 징후가 나타나면 그 조직이나 회사는 '요주의' 상태에 있고, 다섯 가지 이상이 나타나면 회사가 망할 정도의 위험 수준에 있다고 진단했습니다. 여러분 자신은 지금 어떤 상태에 있는지, 앞으로는 어떤 상태에 있어야 하고, 또한 어떤 상태에 있고 싶은지 잘 시뮬레이션해 보시길 바랍니다.

① '회사에 관한 한 우리가 가장 잘 안다'는 나를 중심으로 한 우월주의
② '풍파를 일으키지 말고 온건하게 하라'는 사내평화를 위한 적당주의
③ 셋째, '나와 본사는 지시하는 사람이지 지시받는 사람이 아니다'라는 자기중심적 일처리주의
④ '열심히 일한다고 누가 알아주나' 하는 냉소주의
⑤ '업무가 바빠서 개혁 같은 것은 못 한다'는 현상유지주의
⑥ '지금 잘하고 있는데 왜 바꾸는가'라는 안일주의
⑦ '우리가 하는 일은 성격이 특수하다'는 특수의식주의
⑧ '대장이 그렇게 하라면 하는 거지'라는 노예의식주의
⑨ '우리 회사는 망할 리가 없어'라는 천하태평주의
⑨ '우리는 잘하고 있는데 그쪽이 문제야'라는 책임회피주의

번트 슈미트(Bernd Schmitt) 컬럼비아대 경영대학원 석좌교수

"버려라."

만약 누군가가 저에게 성공적인 직장생활을 하기 위해 가장 중요한 것이 뭐냐고 묻는다면 저는 한마디로 이렇게 대답하겠습니다. 버리면 성공합니다. 다시 말해 버리는 법을 배우고 익혀, 성공을 위해 역으로 이용할 줄 알아야 한다는 겁니다. 오로지 얻으려고만 하면, 얻는 데만 온 정신을 다 집중하면 반짝 성공을 거둘 수는 있겠지만, 지속적인 성공을 거두기는 힘듭니다. '백만돌이'도 충전이 필요한 법이지요.

주변을 둘러봐야 합니다. 시야를 넓히고 안 될 것처럼 보이는 것들, 남들 눈에 당연해 보이는 것을 당당하게 '제껴버릴' 수 있는 과감함과 유연성을 갖춰야 합니다. 되는 것조차도 되는 쪽으로만 생각하면 한계에 부딪히게 되어 있지요. 되는 쪽, 안 되는 쪽 가리지 말고 다양하게 섭취해야 '영양실조'에 걸릴 확률이 낮아집니다. 당장은 불안하고 불확실해 보여도 안 되는 쪽도 열심히 보고 배워야 안 되는 쪽을 정확하고 확실하게 피해갈 수 있다는 겁니다. 모순이긴 합니다만, 사실입니다.

컬럼비아대 경영대학원의 번트 슈미트 석좌교수의 모토인 '크게 생각하라, 그러면 성공할 것이다'에 대해 진지하게 고민해볼 때입니다. 우리는 자신이 갖고 있는, 혹은 자기가 아닌 다른 사람과 다른 집단에 의해 만들어진 상자 안에서 튀어나와야 합니다. 작은 생각을 하면 눈과 마음과 행동의 반경이 거기에 맞춰져 딱 그 정도 수준의 성공만 얻게 되고, 큰 생각을 하면 그것이 확장돼 그만큼 더 큰 성공을 거둘 수 있는 법이지요. 그러니 '쪼잔하게' 한 방향으로만 머리 굴리지 마세요. 위험을 요리조리 피해 다니면서 안전한 길만 걸어가려 하는 대신, 여태껏 겪어보지 못한 완전히 새로운 경험에 끊임없이 자신을 풀어놓아야 합니다.

그동안 제가 여러 회사에서 겪은 좌충우돌을 떠올려보면 '내가 그때 살짝 돌았었나'라는 생각이 들 때가 많습니다. 피식 코웃음이 쳐질 때도 있지요. 누군가가 저에게 그것들을 다시 해보라고 한다면 아마 죽었다 깨어나도 다시 할 수 없을 것 같습니다. 말이야 바른 말이지 시도 자체를 하는 게 결코 쉽지 않은 일들이니까 말이지요.

하지만 실제로 회사를 오래, 제대로 다니겠다는 결연한 마음으로 재입사를 한다면 당시에 무모하게, 무대뽀적으로 '저질렀던' 행동들을 좀 더 정교하고 세련되게, 전략적으로 가다듬어 다시 시도해볼 것 같습니다. 슈미트 교수가 주장하는 바와 같이, 적어도 그때 당시처럼 지금도 큰 생각을 하기 위해서 필요한 세 가지 요소는 여전히 다 갖추고 있다고 스스로 자신하니까요. 그것은 다름 아닌 '사고를 칠 수 있는 배짱(guts)'과 '호기심과 흥미로 가득 찬 열정(passion)', 그리고 '좌절하지 않는 끈기와 인내심(perseverance)'입니다. 이번 편에서 말씀드린 '제일기획 사건'을 염두에 두시면 어느 정도는 와 닿는 얘기일 거라 봅니다.

성공을 하고 싶고, 반드시 해야 한다면 '또라이'가 될 각오를 하고 있어야 합니다. 이노디자인의 김영세 대표는 프로페셔널이 되기 위한 핵심 요건으로써 또라이를 정의내리고 있습니다. 그의 정의에 따르면 또라이란 '무엇인가에 푹 빠져 있는 열정적인 전문가로서, 일을 일이라 생각하지 않고 그것을 진짜 좋아서 하는 사람'을 말하지요. 저는 이 정의를 다음과 같이 재정의해보고 싶습니다.

> 또라이는 위기와 위험, 실패에 푹 빠져 있는 열정적인 실패 전문가(failure specialist)로서, 실패를 실패로 생각하지 않고 자기만의 확실하고 완벽한 성공을 위해 그것을 진짜 즐겨서 하는 사람이다.

'미친놈'이라고 손가락질 받을까봐 지레 겁먹고 쫄아서 남들 하는 대로 따라하면 절대로 남보다 앞서나갈 수 없습니다. "따라 하기를 벤치마킹으로 착각하고 답습하고, 수동적이고 변화에 공포를 느끼며 안전한 길만을 찾는 것이 바로 도태 0순위 기업들의 공통점"이라는 슈미트 교수의 주장을 우리의 현 상황에 적용해볼 필요가 있습니다.

그는 기업들에게 도태되지 않는 방법으로써 다음의 두 가지 전략을 활용해볼 것을 제안합니다.

① 외부업계 벤치마킹
② 성우(聖牛: 신성한 소) 죽이기

내용인즉슨, 제대로 된 아이디어를 갖춰 성공에 이르고자 한다면 완전히 다른, 심지어는 남들이 예상치 못한 엉뚱한 분야의 기업을 벤치마킹해 아무런 관련성이 없어 보이는 것들을 연결시켜봐야 한다는 겁니다. 너 나 할 것 없이 누구나 다 진실이라고 믿어왔던 그 틀과 과정을 전복시켜보라는 거지요. 그리고 기업 내에서 구성원들이 절대로 반대할 수 없고 또한 실제로 반대하려 하지 않는, 누구나 신성하게 받드는 경영 신조나 관행·통념, 고정관념 등을 부정해보고 거기에 딴지를 걸어봐야 한다는 겁니다.

이러한 굳어있는 생각들을 파괴하기 위해 그는 현재 진행 중인 업무 프로세스를 근본적으로 되짚어보라고 조언합니다. 예를 들어 '세제는 꼭 가루나 액체로만 이루어져 있어야 하는가'와 같이 기존의 당연시되어온 절대불변의 진리에 대해 당당하게 질문을 던짐으로써 인식을 뒤집어보라는 얘기이지요. 저의 경우를 떠올려보면 저는 삼성의 광고모델에 대해 고민하면서 '이번 광고모델은 꼭 연예계나 정·재계 인사여야만 하는가? 반드시 유명해야만 하는가? 꼭 삼성의 색깔이 묻어나야만 하는가?' 등의, 당시로서는 해서도 안 되고 굳이 할 필요도 없었던 생각들을 머릿속에서 끄집어냈던 겁니다.

결국 슈미트 교수가 내세우는 이 두 개의 시각을 정리해보면 우리가 배워야 할 점은 명확해집니다. 남이 하지 말라고 하는 것에 좀 더 눈과 귀와 두뇌를 열어두어야 한다는 것. 한 걸음 더 나아가 그 '위험천만'해 보이는 것들을 직접 실천해봐야 한다는 것. 물론 욕이야 많이 얻어먹겠습니다만, 이것이 우리의 성공을 위한 사고의 폭과 실행력, 잠재적인 가능성을 강화시켜줄 거란 사실은 분명해 보입니다.

'엉뚱한 것에 정답이 있다'라는 말이 반드시 정답이라고는 할 수 없습니다. 하지만 엉뚱함은 완전히 걷어차 버린 채 오직 지금껏 해오던 대로, 바른대로, 진리대로 행동하면 할수록 정답에 이르는 데 걸리는 시간이 더 길어질 거란 점은 어느 정도 인정해야 할 것 같습니다. 그러니 앞으로는 버리고 미치고 실패하는 등의, 남이 추구하는 방식과는 상반된 방식의 도전에 좀 더 관심을 기울여보는 건 어떨까요? 멀리 내다봤을 때 그것이 결코 밑져야 본전인 장사가 아니라, 꽤 남는 장사로 보이니 드리는 말씀입니다.

03

사과

Apple

진심

사과

인정 각 단어 간의 관계를
화살표로 연결해보세요

사과에서
가장 중요한 것은 **?**
① 나
② 상대방
③ 사과

DR. COOK'S RECIPE

03

03

인정 (認定) 없이, 인정 (人情) 없다

사과할 때 가장 힘든 일은 자신이 틀렸음을 깨닫고 스스로 인정하는 것
이다. 자신에 대해 솔직해지는 1분은 자기를 기만한 며칠, 몇 달, 몇 년
보다 값지다. —켄 블랜차드

어릴 적에 미국에서 살면서 친구들로부터 가장 많이 들었던 표현이
두 가지 있습니다. 너무나 많이 들은 나머지 매번 속으로 "그 말 좀
작작 해라." "뭐 이런 걸 갖고." 하면서 혼자서 중얼거렸던 기억이 납
니다. 그들에게는 너무나 당연한 일상적인 표현들이었겠지만, 저는
그게 참 낯간지러웠던 거지요. 30년도 훨씬 지난 지금 사람들 간의
대화 자체가 이런 알맹이가 빠진 '공갈빵' 같다는 느낌이 들 때가
많아서인지, 더더욱 그리워지곤 하는 표현들입니다. 커뮤니케이션
을 뒷받침하고 있는 '핵심원리'인 이것은 대체 뭘까요?

① Thank you.
② I am sorry.

'감사합니다'와 '죄송합니다'. 실제로 이 두 가지 표현이 'please(꼭이

요, 부탁드립니다)'와 더불어 미국에서 가장 많이 들을 수 있고, 또 미국의 부모들이 자신의 아이들에게 가장 많이 훈련시키는 표현들입니다. 비록 미국이라는 나라가 마치 개인주의자들로 넘쳐나는 사회처럼 보이긴 하지만, 타인과의 관계에서는 이처럼 고마움과 미안함 등의 배려가 담긴 마음을 알려야 한다고 강조하는 사회이지요. 즉 남에게 피해를 주지 말아야 함은 물론, 남의 마음을 기본적으로 헤아릴 줄 알아야 한다는 얘기입니다.

흥미로운 것은 이러한 감사의 마음, 사과의 마음이 이들의 표현 속에 녹아있는 전부가 아니라는 것. 거기에서 한 걸음 더 나아가 대부분의 사람들이 그 마음에 깔려 있는 본질을 어느 정도는 정확히 파악하고 있고, 일상 속에서 습관화하고 있다는 겁니다. 미국 사람이라면 누구나 다 공유하는 문화를 당시에 너무나 어린 제가 알 도리가 없었던 거지요.

그것의 '위력'을 전혀 실감하지 못했던 저는, 20년이 지난 요즘에서야 그 위력과 더불어 본질을 피부 깊숙이 절감하고 있습니다. 제 생각에는 이 본질이야말로 우리가 관계를 채워나가는 데 있어 심도 있게 되새겨보고 고민해봐야 하는 것이 아닐까 싶습니다. 그것은 다름 아닌 인정(認定: recognition)입니다.

고마움과 미안함을 지탱시켜주는 건 배려심이나 동정심 등의 마음만이 아닙니다. 그것을 실질적으로 지탱시켜주고 또 제대로 작동시키는 건 나 자신을 인정하듯, 상대방도 깔끔하고 솔직하고 명확하게 인정한다는 마음과 그것을 바탕으로 한 자세와 태도입니다. 인지상정이라고, 내가 생각하고 느끼는 것들을 남도 똑같이, 아니 어쩌면 더 예민하고 민감하게 느끼고 받아들일 거라는 사실을 인정하는 거지요. 남도 나와 다르지 않은 인격과 성격과 성향과 자존심과 자존감을 갖고 있다는 사실을 인정해주는 겁니다. 무엇보다도 다른 걸 다 떠나서, 남이 그저 또 하나의 '나'란 사실을 인정하는 겁니다.

"별걸 갖고 다 절감하고 감동하네. 우리나라야말로 정(情)의 나라잖아. 초코파이 안 먹어? 우리나라 사람들이야말로 그쪽 방면으로는 전문가들 아이가?" 그런가요? 정말 이 얘기가 별(big) 게 아닌, 별(small) 건가요? 우리나라 사람들이 정말 이 분야의 내로라하는 전문가들인가요? 글쎄요, 저도 그렇게 믿고 싶습니다만 현실은 꼭 그렇지만은 않은 것 같습니다.

우리나라 사람들이 남에게 관심도 많고 정도 많은, 유쾌하고 호탕한 민족인 건 부인할 수 없는 사실이지요. 하지만 희한하게도 오히려 남의 감정과 마음을 '녹이는' 이런 표현들에는 익숙하지 않아 보이고, 더더군다나 남을 인정하는 데는 상당히 인색해 보입니다. 자신은 남으로부터 인정받고 싶어 하면서도 남을 인정하는 데는 왜 그리 배 아파하는지 이해가 안 갈 정도로 말입니다. 물론 그렇다고 개인주의자들이 많은 것 같진 않습니다만, 남에게 관대하거나 심지어는 '남에게 피해를 주지 않아야 한다'는 생각을 갖고 있는 사람들 또한 별로 눈에 띄지 않는 것 같습니다. 뭔가 여러모로 참 어색한 조합이지요?

남을 인정하고, 남에게 솔직담백하게 고마움과 미안함을 표현하는 것만큼 사람을 가장 빨리, 가장 쉽게 무장 해제시키고 돈도 전혀 안 들면서도, 누구에게나 확실히 통하는 방법이 있을까요? 우리가 이러한 방식에 쉽게 적응이 되지 않는 이유는 뭘까요? 대부분 '고마움'을 상대적으로 그나마 덜 어렵게 여길 거라 보기에, 저는 여기서 '미안함'을 대하는 우리의 자세에 대해서만 다루고자 합니다. 대체 '미안합니다'라는 다섯 글자로 이루어진 단어에 왜 그리 많은 사람들이 쩔쩔매는 걸까요?

우선 자신을 인정하지 않기 때문입니다. 스스로가 잘못했다는 사실을 인정하지 않기에 사과할 이유도, 사과할 필요도 없는 거지요. 따지고 보면 자기만의 완벽주의와 두려움이 허락하지 않는 겁니다. 다른 한편으로는 남을 인정하지 않기 때문입니다. 남도 나와 똑같은 생각과 감정과 감성을 갖고 있다는 것뿐만 아니라, 남이 나로 인해 상처를 받았고 나의 잘못을 시인하라고 요구하는 걸 인정하지 않기 때문입니다. 결국 자기중심성과 자존심이 허락하지 않는 겁니다. 이리 보나 저리 보나 마음에 여유가 없는 것이고, 자신과 남을 똑바로 응시할 자신이 없는 겁니다. 언젠가 베토벤이 말했듯이 '자신의 잘못을 인정하는 것보다 더 참을 수 없는 건 없'는 거지요.

[요리 가이드라인 #1] 남이 나를 인정해주지 않음을 걱정할 것이 아니라, 내가 남을 이해하지 못할까를 걱정하라. —공자

대부분의 사람들이 설사 자신이 틀렸음을 스스로 깨닫고 인정하더라도 그것을 남에게 뱉어버리면 그 순간부터 자신과 남의 지위나 위상, 입장이 역전될 거라고 믿습니다. 곰곰이 계산해 봤을 때 이득보다는 손해가 더 클 거라고 보는 거지요. 그것만이 아닙니다. 그 뒤로

날아올 주변의 따가운 시선과 눈총, 낙인 등의 다양한 왕따 증상들, 그리고 그로 인해 느끼게 될 패배감과 열등감. 우리 사회처럼 옳은 것과 틀린 것, 좋은 것과 나쁜 것이 극명하게 대비되는 곳에서는 후자란 누구나 피하고 싶은 '죄악'이지요. 그래서 엘튼 존이 말한 대로 미안하다는 말은 우리나라 안에서만큼은 사용하기가 가장 힘든 말 (Sorry seems to be the hardest word)일 수도 있겠다는 생각이 듭니다.

자, 그럼 이 이야기를 회사에 한번 적용해볼까요? 체감온도로만 보자면 회사가 사회보다 훨씬 더 무서운 곳이지 않을까 싶습니다. 누구도 피해갈 수 없는 '인사평가'라는 차갑고 냉정한 법이 여러분의 눈앞에 떡하니 버티고 있으니까요. 그러니 사과는 어느 누구에게도 한가한 주제일 수가 없습니다. 사과 한마디 안 하는 게 당장은 사소한 티끌처럼 보일 수 있지만, 그것이 조금씩 쌓이다 보면 나중에 가서는 자신에게 온갖 유·무형의 '보복'이 돌아온다는 걸 몸소 느끼게 되지요. 사람들의 시선과 눈치, 뒷담화에서부터 팀워크 기피 혹은 제외 대상, 나아가서 승진 리스트에서 누락되는 일까지. 심한 경우 자발적으로 혹은 비자발적으로 회사에서 나가야 하는 상황까지 벌어질 수도 있습니다.

"뭐여? 완전히 딴 세상 사람 얘기네. 현실성이 없잖아." 미안하지만 아닙니다. 얼마든지 우리 모두에게 벌어질 수 있는 시나리오입니다. 자신이 회사 안에서 잘못을 했을 때, 스스로 어떻게 반응하는지를 살펴보면 좀 더 와 닿을지도 모르겠습니다. 그런 의미에서 다음의 질문들에 한번 대답해보시길 바랍니다. 조건이 있다면, 어떠한 위선이나 가식도 없이 솔직하게 대답해야 한다는 것.

① 자신이 실수를 했다는, 아니 할 수도 있다는 사실이 쉽게 인정이 되는가?

② 남에게 실수를 한 부분에 대해 아무런 변명이나 궤변 없이 떳떳하고 솔직하게 인정할 수 있는가?

③ 남이 자신의 실수로 인해 상처를 받았다는 사실을 겸허하게 인정할 수 있는가?

④ 주변의 시선을 도저히 못 참는 나머지 어쩔 수 없이 '해야 하는' 사과가 아닌, 자신이 잘못했고 남이 그것으로 인해 힘들어하고 있기에 자연스럽게 '하고 싶은' 마음이 드는 사과를 할 용기가 있는가?

⑤ 진심에서 우러나오는 사과를 해야겠다는 생각이 별 어려움 없이 드는가?

한 가지 미리 선을 그어둘까 합니다. 사과를 하고 안 하고는 두 번째 문제입니다. 사과를 빨리 하느냐 마느냐도 두 번째 문제이지요. 여러분이 ①부터 ③까지의 질문 중 어느 하나라도 인정을 못한다면 사과를 한다는 것 자체가 무의미합니다. 사과가 진정 사과다우려면 그것이 마음에서 마음으로 전달되어야 할 텐데, 여러분이 마음속으로 자신이라는 사람과, 그 사람이 저지른 행동과, 그 행동이 남에게 미칠 영향력을 인정하지 않으니 사과 자체를 한들 무슨 소용이 있겠습니까? 그건 자신과 상대방, 그리고 주변 사람 모두를 속이는 행동입니다.

[요리 가이드라인 #2] 실수는 인간이면 다 하는 것이다. 하지만 그것을 인정하는 것은 아무나 할 수 있는 게 아니다. —Doug Larson

여기서 분명히 알 수 있는 건, 우리가 잘못을 저지른 자신과 잘못을 당한 상대방을 어떻게 바라보고 있는지, 그리고 둘 사이를 매개하는 잘못이란 행위를 스스로 인정하는지가 바로 우리가 맞닥뜨려야 하는 핵심 문제란 사실입니다. 여러분은 회사생활을 '굵고 짧게' 하고 싶은가요, 아니면 '가늘고 길게' 하고 싶은가요? "사과, 그까이꺼 안 해도 아무 불편 없이 멀쩡하게 잘만 지내네 그려."와 "사과, 그까이꺼 뭐 그리 대수라고. 좋은 게 좋은 거여. 해야 하면 당연히 하는 거지." 둘 중 어느 쪽에 더 마음이 가는지요?

여러분이 회사를 마음 편히 오래오래 다니고 싶다면 '똑똑하게 사과하는 법'을 알아야 합니다. 다시 말해 사과의 본질이 무엇인지 정확히 알고 있어야 한다는 얘기지요. 사과하고 '땡'도 아니고, "(잠깐) 자존심 한번 접어주지" 식의 일회적이면서도 양보의 성격을 띤 사과도 아닙니다. 단순히 팀워크나 분위기 때문에 하는 사과는 더더욱 아닙니다. 우리가 사과를 하는 건 사과 자체가 목적이기 때문이어서도 아니고, 이 순간을 어떻게 잘 모면하기 위한 것도 아니며, '모두를 위해 좋은 게 결국 좋은 거니까' 식의 일방적인 집단중심적 결과를 얻기 위함도 아닙니다.

우리는 엄연히 그 과정을 위해 사과를 하는 겁니다. 한 걸음 물러나 자기 자신과 자신이 한 행동을 인정하고, 동시에 상대방 자신과 상대방이 가졌을 느낌과 생각을 인정하기 위해 사과를 해야 한다는 겁니다. 이 과정에서 우리가 얻게 되는 건 스스로를 직시할 수 있는 겸손함과 상대방을 대면할 수 있는 용기지요.

제일기획에 다닐 때 저도 참 골치 덩어리였습니다. 하루는 몇 명이 모여 아이디어 회의를 하고 있었는데, 제 바로 위의 선배가 저를 처음부터 끝까지 갈구더군요. 아이디어가 영 아니어서 물고 늘어지는 거라면 그나마 참고 넘어가겠는데, 아이디어에 대한 딴지를 넘어 제 인격에 대한 비판과 비난을 우회적으로 교묘하게 곁들이는 겁니다. 그야말로 뚜껑 열리는 일이지요.

광고회사 안에서의 회의는 대부분 개인의 독창성과 창의성과 직결된 내용으로 진행되기 때문에 다른 일반 회사 안에서의 회의와는 그 성격이 다릅니다. 매번 각자의 자존심과 자존감이 걸려 있는 한 판 승부인 만큼, 모두가 무척 날이 서 있지요. 그런데 그런 상황에서 아이디어와는 아무런 관계도 없는 인격에 대해 논했으니 말 다 한 겁니다.

일은 전광석화처럼 터졌습니다. 볼펜과 종이가 여기저기 날라 다녔고, 의자 부딪히는 소리는 사람들의 대화를 한순간에 중단시켰습니다. 주변 사람들이 말릴 새도 없이 저는 선배의 멱살을 꽉 잡고 있었지요. "선배면 다야? 내가 그동안 쭉 참아왔는데, 나에 대해 불만이 있으면 내 눈 똑바로 보고 정정당당히 하라고. 치사하게 딴소리 해대지 말고. 우리 계급장 떼고 맞장 한번 뜰까? 오래 다니면 다 선배야? 실력으로 당당하게 나보다 선배라고 할 수 있어?" 제 기억으로는 그 당시에 더 많은 말들을 쏟아냈던 것 같습니다만, 이 정도만 얘기해도 어떤 일이 벌어졌는지 짐작할 수 있겠지요? 말 그대로 하극상이 벌어졌던 겁니다.

일주일 동안 저는 주변의 화젯거리 겸 동네북이 되었습니다. 그런데 주변 사람들이 어떻게 얘기하든 말든 자존심이 센 저는 끝까지 버티면서 사과를 안 했지요. 그러다 그것을 보다 못한 팀장님의 개입으로, 솔직히 제 의사와는 상관없이 사과를 하는 걸로 일단락 되었습니다.

사과의 내용은 별로 특별하지 않았던 걸로 기억합니다. 내가 그 때 너무 흥분해서 마음에도 없는 말을 내뱉었다, 생각이 짧았고 이미 알고 있겠지만 절대 진심이 아니었다, 당신을 여전히 실력 있는 선배로서 존중한다, 우리 다시 잘 지내고 화이팅하자 등의 지극히 일반적인 사과 멘트들이 전해졌지요.

그 뒤로 선배와 저는 어떻게 되었을까요? 다시 잘 지냈을까요? 한 1개월 정도는 잘 지냈던 것 같습니다. 2개월이 지나면서부터는 다시 원래의 '으르렁' 관계로 돌아왔지요. 물론 싸울 당시처럼 극한 대립은 아니었지만, 서로 싸늘한 시선만 교환할 뿐 가급적 서로의 눈을 피하고 대화를 안 하려고 노력했던 건 분명 기억납니다. 사과? 결국 헛수고였던 거지요.

가만히 돌이켜보면 그 이유는 간단합니다. 마음에서 우러나오지 않았기 때문입니다. 억지로 등이 떠밀린 채 사과를 한 거였으니, 제 자신과 상대방, 그리고 둘 사이를 '이간질'해놓은 제 말에 대해 진지하게 돌아볼 기회를 갖지 못했던 겁니다. 그러니 거기에 어떤 진심이 담겨 있었겠습니까? 형식적인 사과, 사과를 위한 사과, 당장 이 순간을 모면하기 위한 사과에 불과했던 거지요.

[요리 가이드라인 #3] 실수는 언제나 용서받을 수 있다. 그것을 스스로 인정할 만한 용기가 있다면. —이소룡(Bruce Lee)

진심이 없었으니, 인정도 물론 있을 수 없었던 겁니다. 우선 저는 제 자신부터 인정하지 않았습니다. 다시 말해 제가 실수를 저지를 수 있다는 사실을 애당초 인정하지 않았다는 거지요. 실수를 저질렀다면 그건 분명 상대방이 어떤 원인을 제공했기 때문일 거라고 믿었습니다. 남이 어떻게 보든 저는 스스로 완전무결하고 완벽했기에 실수 따위는 제 소관이 아니었습니다. 결국 다 남 탓이었던 겁니다.

저는 상대방도 인정하지 않았습니다. 그가 나와 다르지 않은 사람이고, 나와 비슷한 생각과 감정을 갖고 있을 거라는 점은 당시에는 전혀 와 닿지 않는 얘기였습니다. 그렇기 때문에 그가 상처를 받았을 거라는 사실은 처음부터 아예 고려할 가치가 없었던 겁니다. 요컨대 제가 한 행동은 충분히 이유가 있었고(이유가 없었다고 해도 얼마든지 쉽게 만들어낼 수 있었지요), 정당화되고도 남는 것이었기에 그것의 오류를 인정하고 말고 할 것 자체가 없었다는 겁니다.

저는 저와 상대방 모두를 속였습니다. 오히려 사과하고 나서 발가벗겨진 제 자신의 자존심과 자존감이 망가질까 봐, 상대방이 얕잡아보고 만만하게 여길까 봐, 남들이 약한 모습 보인다고 속삭이고 다닐까 봐, 결국 두려움 때문에 스스로를 거짓으로 더 강하게 포장해야 했던 겁니다. 저는 제 자신의 잘못을 겸허하게 받아들이지도 않았고, 상대방의 마음과 생각과 상처를 둘러보고 그것에 대해 솔직하고 용기 있게 사과하지도 않았습니다. 제 자신과 상대방 모두를 직시하지 않았던 셈이지요. 세상에 본질적으로 '나쁜 놈'이란 없습니다. 남에게 정말 피해를 줄 의도로 나쁜 말과 행동을 하는 사람은 없다는 겁니다. 하지만 순진하게도 우리가 정말 자주 잊어버리고 간과하는 것은, 이러한 사실을 순진하게 믿고 '알아줄' 사람 또한 없다는 겁니다. 회사 안이라면 더더욱 그렇지요.

여러분이 '회사의 소중한 자산'으로 인정받길 원한다면 매 순간 자신에게 솔직해야 합니다. 나라는 사람과 더불어, 내가 하는 말과 행동을 군더더기 없이 인정해야 합니다. 무엇보다도 나와 똑같은 대우와 취급을 받고자 하는 남의 존재를 인정해야 합니다. 인정한다는 것, 그것은 자존심이나 자존감과는 아무 상관이 없는 문제입니다. 오히려 모든 문제는 진실을 피하는 데서 시작되지요.

제 말이 아직 크게 와닿지 않는 분들도 있을 거라고 봅니다. "뭐, 인정하라는 말만 들입다 해대는데 사실 인정해야 할 이유가 썩 다가오진 않네." 그런가요? 그럼 좀 더 현실적인 관점에서 이건 어떤가요? 고소득자일수록 '미안하다(I'm sorry)'는 말을 많이 한다면? 구미는 당기는데 "에이, 설마" 이런 생각이 드시는지요? 그런데 설마가 사람을 잡는다고, 마냥 허황된 얘기는 아닌 것 같습니다. 2007년 10월, 미국의 비즈니스 잡지 포춘(Fortune)은 '연봉을 높이고 싶다면 미안하다고 사과하라(Want a higher paycheck? Say you're sorry)'란 기사[2]를 내보낸 적이 있습니다. 당시의 기사를 나름대로 요약한 기사를 붙여놓습니다. 한번 읽어보시는 것도 나쁘지 않을 것 같습니다.

---

2 "Want a higher paycheck? Say you're sorry" (Fortune, October 18, 2007)

가장 '돈되는' 말 "I am sorry" _{연합뉴스, 2007. 8. 29}

"미안하다'는 말 많이 하는 사람이 소득 더 높아"

"미국에서 가장 돈이 되는 말은 'I am sorry(미안합니다)'" 미국에서 'I am sorry'라고 사과를 많이 하는 사람일수록 소득이 높다는 '이색' 여론조사 결과가 나왔다.

여론조사 전문기관인 조그비 인터내셔널은 최근 7천590명을 대상으로 온라인 인터뷰 방식으로 조사한 결과(오차범위 ±1.1%), 연봉이 10만달러 이상인 고소득자가 연간 2만5천달러 이하의 소득을 올리는 빈곤층보다 2배 정도 사과를 많이 하는 것으로 드러났다고 밝혔다.

이번 조사를 의뢰한 온라인 보석판매업체인 '더펄아울렛(The Pearl Out-let)'은 많은 고객들이 다른 사람들에게 사과하기 위해 진주를 산다는 사실을 알고 이 같은 조사를 의뢰했다고 말했다.

조사에 따르면 '자신이 잘못했다고 느꼈을 때 사과하느냐'는 질문에 연봉을 기준으로 10만달러 이상자 가운데 92%가 '그렇다'고 답변한 반면, 7만5천~10만달러 소득자는 89%, 5만~7만5천달러 소득자는 84%, 3만5천~5만달러 소득자는 72%, 2만5천~3만5천달러 소득자는 76%, 2만5천달러 이하 소득자는 52%만이 '그렇다'고 답변했다.

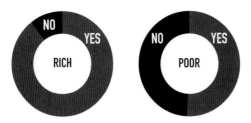

자신이 잘못했다고 느꼈을 때 사과하는가?

소득이 높은 사람일수록 사과를 더 많이 한다는 결과가 나온 것.

또 '자신이 잘못한 게 없다고 생각했을 때도 사과하느냐'는 질문에 대해 10만 달러 이상 소득자 가운데 22%가 '그렇다'고 답변한 반면, 2만5천 달러 이하 소득자는 단지 13%만이 '그렇다'고 답변, 10만 달러 이상고소득자가 2만5천 달러 이하 빈곤층에 비해 두 배 가까이 사과를 많이 하는 것으로 드러났다.

이에 대해 비즈니스 컨설턴트 피터 쇼는 "성공한 사람은 자신의 실수로부터 배우려 하기 때문"이라고 분석했고, 다른 전문가인 마티 넴코는 "고소득자들은 더 총명하고 자신을 더 안전하게 하려는 경향이 있다"면서 "그들은 자신이 잘못했을 때 사과하는 게 자신의 경력에 흠이 되지 않는다는 것을 알기 때문"이라고 분석했다.

고소득자일수록 더 많은 사람들을 짓밟거나 무시하기 때문에 더 많이 사과를 하는 것이라는 해석도 제기됐다.

더 펄아울렛의(The Pearl Outlet) 테리 셰퍼드 사장은 "고소득자일수록 사전에 허락을 구하는 것보다 사후에 사과하는 게 쉽기 때문에 더 많이 사과를 하고 사전에 허락을 덜 구하는 것"이라면서 "이번 조사의 결론은 많이 벌고 싶으면 '미안하다'고 말하는 법을 배우라는 것"이라고 주장했다.

역설적으로 느껴지겠지만 우리가 사과를 하는 건 단지 상대방에게 미안해서만이 아닙니다. 팀워크를 위해서만도, 심지어 조직이나 회사를 위해서만도 아닙니다. 누구보다도 우리 자신을 위해서입니다. 솔직하게 인정할 수 있는 자기 자신을 위해 사과를 하는 거고, 스스로를 한 단계 업그레이드하기 위해 사과를 하는 겁니다. 자신과 자신의 행동을 온전히 인정할 수 있을 때 남도 온전히 인정할 수 있는 법이지요. 요컨대 사과란 건 인정에서 시작해 인정으로 끝난다고 봐도 무방합니다.

자, 이제 사과의 효과를 스스로 시뮬레이션해볼 수 있을 겁니다. 돈도 더 많이 벌고, 스스로를 업그레이드도 할 수 있게 돼 자신은 자신대로 기분이 좋아지고, 진심어린 사과를 받은 상대방은 또 상대방대로 기분이 좋아지니 '누이 좋고 매부 좋다'는 결론이 도출되지 않을까요? 어느 누구에게도 밑질 게 없는, 오로지 남는 장사인 사과. 바로 이 사과라는 남는 장사의 비결이 '인정'에 있다는 점을 부디 잊지 않으셨으면 합니다.

명세프의 30초 요리팁
마쓰시타 고노스케 마쓰시타그룹 창업자

❝논리적이지 않아도 됩니다. 그런 것에 얽매이기보다는 다른 사람을 진심으로 존경하고 배려하는 솔직한 마음을 그대로 표현하는 편이 훨씬 낫습니다. 마음에서 우러나오는 말을 그대로 전하는 게 낫다는 겁니다. 중요한 것은 이치나 논리가 아닙니다. 마음이 통하는 것입니다. 사과하고 싶지 않다면 하지 않아도 됩니다. 말로만 떠드는 사과보다는 마음속의 목소리, 즉 양심의 가책 때문에 눈물을 흘리는 고통스런 모습이 상대방의 마음을 더 잘 움직이니까요. 솔직하게 사과하고 싶을 때 사과하면 됩니다. 그러면 상대방도 당신에게 사과할 것입니다. **❞**

"사과는 자존감이다."

여러분은 사과를 할 때 어떤 마음으로 하나요? 자신이 잘못을 할 수 있고, 실제로 지금 한 행동이 잘못된 행동이고, 남도 나와 똑같은 인간이기에 다칠 수 있고, 또 실제로 다쳤으니 사과를 해야겠다, 이런 마음인지요? 얘기가 복잡해보이지만 실제로는 간단합니다. 사과를 할 때 이 모든 것을 인정하냐는 겁니다.

물론 사람마다, 그리고 상황에 따라 조금씩 차이가 있을 수 있습니다. 분명한 사실은 이 모든 것을 다 인정한다는 게 생각보다 쉽지 않다는 겁니다. 하지만 불행하게도(그리고 어쩌면 다행스럽게도) 사과의 진정한 본질과 의미는 여기에 놓여있지요. 쉬운 일이 아니기에 사과의 가치가 더욱더 높아진다는 것입니다.

얼핏 보면 대수롭지 않은 것 같은데, 막상 이것을 행동으로 옮기려면 힘들게 느껴지는 이유가 뭘까요? 사람이면 누구나 한 번쯤은, 아니 살면서 거의 계속 부딪히게 되는 것, 바로 자존심을 버리지 못하기 때문입니다. 여기서 혼동하지 않으셨으면 합니다. '자존감'이 아니라 '자존심'입니다. 우리를 언제든, 그리고 얼마든지 좋은 사람에서 나쁜 사람으로 만들어버릴 수 있는 독약이지요.

자존심은 자신의 행동과 상대방은 물론이고, 자기 자신조차 인정하지 않습니다. 사실상 자신을 인정할 수 없고 또 그것이 힘들기에, 너무나 인정하고 싶다고 극단적으로 몰고 간 결과가 바로 자존심입니다. 반대로 자존감은 이 세 개의 영역 다 더도 덜도 말고 있는 그대로 인정합니다.

자존감은 솔직함이고 겸허함이고 떳떳함입니다. 자존감은 자신과 자신의 행동과 상대방을 왜곡시키지 않습니다. 자신과 자신의 행동을 "괜찮아"라는 한 마디로 담담하게 용서할 줄 알고, 상대방에게 용기 있게 다가가 깔끔하게 "죄송합니다"라고 말할 줄 압니다. 자신을 버릴 수 있는 마음이 자존감에는 깔려 있지요. 자존심은 죽었다 깨어나도 그렇게 할 수 없습니다. 아니, 그렇게 할 마음이 없다고 보는 게 더 정확하겠습니다.

前KAIST 총장, 서남표. 과거에 많은 매체에서 KAIST의 개혁과 혁신과 관련해 다양한 기사들을 쏟아냈지요. 그 선봉장으로서 서남표 前총장도 참 많이 언급되었습니다. 국내·외에서 존경을 받는 세계적인 석학 출신이니 사람들의 관심이 배가되는 건 당연한 거지요.

하지만 제가 이분을 개인적으로 존경하는 이유는 세계적인 석학이어서도, KAIST를 탈바꿈시켜놓은 장본인이어서도 아닙니다. 자존감을 몸소 실천하는 분이기 때문입니다. 그리고 그것을 토대로 상대방에게 사과를 하기 때문이지요. 여기에는 물론 KAIST라는 자기만의 철저한 판단기준과 행동기준이 놓여 있습니다. 이러한 제 생각을 증명할 만한 일화를 들려드릴까 합니다.

그는 KAIST를 위하는 거라면 자존심마저 접기도 한다. 한번 당시 서 ▒▒총장의 연세는 72세였습니다. 52세도 62세도 아닌, 72세. 기사를 자세히 보면 그는 기획예산처 '장관'에게 사과를 한 것이 아닙니다. 기획예산처 '과장'에게 한 것이지요. 노후를 원 없이 즐길 나이에, 노후를 즐기려면 한참 먼 나이의 사람에게 사과를 한 것입니다. 정말 자존심 따위는 눈에 보이지도 않는 것 같습니다. 여러분 같으면 그렇게 할 수 있겠습니까?

그는 왜 그랬을까요? 아니, 솔직히 더 궁금한 것은 어떻게 그럴 수 있었을까요? 그에겐 자신과 자신의 행동과 상대방을 인정할 수 있는 자존감이 있었기 때문입니다. 결국 이 셋의 의미를 정확히 꿰뚫고 있었다는 거지요. 그러니 그에게는 자신이 '왜 사과를 해야 하는가'라는 반문 자체가 더 이상하게 느껴질지도 모르겠습니다.

일반인인 우리로서는 여전히 쉽지 않은 일처럼 받아들여지는 게 사실입니다. 뭐든 그렇지만, 말은 참 쉽습니다. 오늘부터 자존심 대신 자존감을 갖고, 앞에서 말한 세 개의 영역을 인정하기로 스스로 약속하고, 진심어린 솔직함과 겸허함과 용기를 갖추자고 작심한다고 해서 그것이 쉽게 잘 되던가요? 저도 회사를 다니면서 이런 생각들을 실천하기 위해 무던히도 노력했던 기억이 납니다. 생각보다 정말 잘 안 되더군요. 대부분의 사람들이 바로 이 지점에서 "냅둬, 나

이대로 살래!" 외치면서 포기하곤 합니다.

진정한 자존감과 사과를 실천에 옮기기 위해서는 자기만의 기준이 있어야 합니다. 자존감을 지키고 사과를 해야 하는 필연적인 설득력, 즉 자신의 정체성(identity)에 대한 기준 말입니다. 사과가 자존감에서 비롯된다면, 자존감은 정체성에서 비롯되지요. 셋 다 긴밀하게 연결되어 있다는 얘기입니다. 정체성 없이 자존감이 있을 수 없으며, 자존감 없이 사과가 나올 수는 없습니다. 여기에서 서 ▒총장의 사례를 눈여겨볼 필요가 있습니다.

> 그는 외부 강연이나 집필로 들어오는 수입을 KAIST 발전기금으로 내놓는다. 승용차 이동 중에 10분 넘는 자투리 시간이 생기면 노트북을 연다. 새벽 서너 시에도 e-메일 답장을 하기도 해 "서 총장은 잠을 자지 않는다"는 우스갯소리까지 돈다. 이남구 총장 비서실장은 "서 총장은 개인 일정을 짤 때 'KAIST를 위한 것이냐'를 곧잘 기준으로 삼는다"고 전했다.
>
> [중앙일보, 2007. 9. 29]

사과란 것, 참 별것 아닌 것처럼 보이지만 쉽게 치부해버리기엔 너무나 위험한, 골치 아프고 복잡하고 힘든 숙제입니다. 물론 회사를 다니면서 사과를 해야 할 일이 그렇게 많이 벌어지지는 않습니다. 하지만 많이 벌어지든 적게 벌어지든 중요한 건 자신이 사과를, 나아가 사과와 관련된 전체적인 전후 상황을 감당해낼 '내공'을 갖추고 있는가, 입니다.

지금 바로 편하게 써먹을 수 있는 '사과 전용' 수법과 기법들은 세상에 널려 있습니다. 하지만 그런 식으로 '눈 가리고 아웅'하듯 사과를 하는 한, 우리가 관계에서 원하는 흐름이나 결과는 절대로 얻을 수 없습니다. 식상하지만 인정할 수밖에 없는 불변의 진리, 모든 건 자세와 태도, 그리고 무엇보다도 마음에 달려있기 때문입니다. 사과의 본질과 기준을 정확히 알고 있어야 하는 이유가 바로 여기에 있습니다.

04

깍두기

Kkakdugi

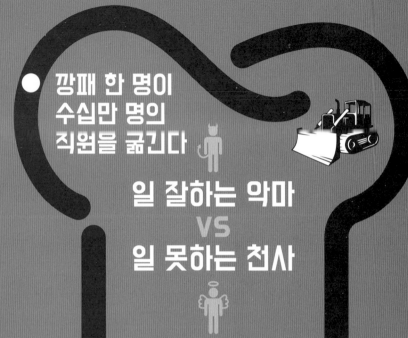

깡패 한 명이
수십만 명의
직원을 굶긴다

일 잘하는 악마
VS
일 못하는 천사

DR. COOK'S RECIPE

04

04

무대뽀를 위한 무대는 없다

추상적인 선을 실현하려고 하지 말고, 구체적인 악을 제거하기 위해 노력하라. —칼 포퍼

'시리어스'한 질문 하나 던지겠습니다. 회사에서 쫓겨나는 사람들이 갖고 있는 대표적인 특징이 뭘까요? 자기 발로 알아서 나가는 경우는 여기에서 제외하겠습니다. 대수로운 질문은 아닌데도, 막상 받고 나니 의외로 떠오르는 게 별로 없지 않나요? 심지어는 "이걸 알아야 해? 회사에서 인정받기 위해 죽도록 달려도 모자를 판에 말이야."라고 투덜댈 분들도 있을 겁니다. 그동안 이렇게 앞만 보고 달려왔을 테니 '쫓겨나는 사람'에 대해 운운하는 게 희한하게 여겨질 법도 합니다. 그럼에도 불구하고 여러분에게 묻고자 합니다. 쫓겨나는 사람들, 그들은 어째서 쫓겨나는 걸까요? 일을 못해서? 아니면 일을 농땡이 치듯 대충대충 해서? 다시 말해 일에 대한 관심과 열정이 부족해서? 그것도 아니라면, 앞으로의 발전 가능성이나 잠재력이 안 보여서?

물론 다 정답입니다. 그런데 실제로 회사에서 벌어지는 일들을 보면 여러분의 생각대로 진행되지는 않는다는 사실을 잘 아실 겁니다. 혹시 업무와 관련된 자질이나 능력 때문에 해고된 경우를 본 적이 있나요?

서는 단 한 번도 본 적이 없습니다. 따지고 보면 너무나 상식적이고도 당연한 기준인데도, 이런 기준 때문에 당연하게 퇴사당한 사례는 당연하게도 없습니다. 앞으로도 당연히 없을 것 같습니다. 집단과 더불어 사람을 중시하는 한국이라는 나라에 계속 살고 있는 한 말이지요.

회사에서 쫓겨나는 사람들이 쫓겨나야 하고, 또 쫓겨날 수밖에 없는 낀깨 이유는 대부분 희나같이 다 '깡패'들(깡패 끼를 드러내는 잠재적인 깡패들까지 포함)이기 때문입니다. 남에게 오로지 해악을 가하고 피해만 끼치는, 관계에 있어서 철저히 나 살고 너 죽는 제로섬(zero-sum)을 추구하는 악질들이지요. 물론 깡패들 중에는 실력과 재능 다 갖춘 사람들도 많습니다(사실 놀라울 정도로 굉장히 많지요). 사람과 실무능력이 도저히 어울리지 않아 보이지만, 일을 너무나 깔끔하고 완벽하게 해내다보니 또 뭐라고 할 수도 없는 사람들이 있습니다. 하지만 실력이고 능력이고 재능이고 달란트고 뭐고 간에 깡패는 그냥 깽판을 치는 깡패일 뿐입니다. 며칠 같이 일할 수는 있겠지만, 그 이상 같이 일했다가는 누구라도 완전히 미쳐 돌아가 버리게 되지요.

그런데 안심해도 되는 것이, 깡패들은 당장은 날고 기는 것 같지만 중장기적으로는 업무능력은 물론 조직 내에서의 입지도 시들해진다는 겁니다. '성격이 뭣 같아도 이쁘면 다 용서된다'라는 말은 회사 안에서는 절대로 통하지 않습니다(만약 통한다면 그런 조직에서는 나와도 아쉬워할 거 하나도 없습니다). 예전에 한국경제신문에서 '뜨는 조직 지는 조직'이라는 기획연재를 실었던 적이 있는데, 그중 한 기사를 보

---

3 '[뜨는 조직 지는 조직] (5) 네트워크의 비밀·그곳엔 '또라이'가 있다' (한국경제, 2008. 10.10)

면 취재팀이 기업 관계자들에게 이런 질문을 던졌다고 합니다. "성격은 (남을 불편하게 만들 정도로) 나쁘지만 맡은 일은 잘하는 사람은 어떻게 해야 하느냐." 다음과 같은 대답이 돌아왔지요.

딱 잘라 말해, 나쁜 성격으로 일을 잘할 수 있는 사람은 없다. 일을 잘하려면 다른 사람들과 협의를 하고 때로는 설득을 해야 하는데 그게 되겠느냐.
질문 자체가 잘못됐다. 또라이 옆에는 사람들이 모이지 않는다. 지독하게 자기중심적이기 때문에 사람들은 옆에 가면 뭔가 상처를 입을 것 같은 피해의식을 갖게 된다.
결론은 일을 잘할 수 없고, 조직 내에서 성공하기도 어렵다는 것.

내용을 보면 깡패에 대한 소개가 약간 두루뭉술하게 나와 있지요? 그래서 여러분에게 단도직입적으로 묻겠습니다. 대체 깡패란 구체적으로 어떤 인간들을 말하는 걸까요? 그동안 여러 가지 표현들을 들어보셨을 겁니다. 고문관, 또라이 혹은 돌아이, 스포일드 어덜트(spoiled adult), 꼴통, 무대뽀, 싸이코, 악당 등 표현은 다르지만 결국 뜻하는 바는 하나같이 똑같습니다. 이들은 철저히 자기밖에 모르고, 남을 작고 비참하게 만드는 데 능수능란하며, 자신의 말과 행동대로 되지 않을 경우 언제든 다 엎어버릴 수 있는 족속들입니다. 독단적이고 마이웨이를 고수하니 팀워크 지수는 물론 제로고, 의식적 혹은 무의식적으로 외톨이를 자처합니다. 그야말로 트러블 메이커의 선두주자이지요.

국내에서 연도별로 진행된 설문조사를 잘 살펴보면 깡패에 대한 정의를 좀 더 제대로 정리할 수 있을 겁니다. 2006년부터 2008년까지 진행된 다음의 설문조사를 한번 살펴보시길 바랍니다.

A 권위적으로 무조건 복종을 원함: 24.2%
B 자기 주장만을 내세움: 23%
C 생각 없이 말함: 20.4%
D 상대방을 무시: 12.3%
E 항상 부정적인 면만 지적: 10.4%

A 남의 얘기를 듣지 않고, 내 의견만 무조건 옳다고 하는 유아독존형: 46.7%
B 남 헐뜯는 것을 일삼는 뒷다마형: 21.2%
C 사사건건 업무마다 남과 비교하며 모멸감을 주는 비아냥형: 13.6%
D 개인적인 얘기를 털어놓을 때마다 회사 전체에 소문을 퍼뜨리고 다니는 나불나불형: 7.8%
E 자신의 기분에 따라 업무지시가 달라지는 기분파형: 6.4%
F 욱하는 성격으로 힘들게 조성한 거래처의 관계를 악화시킨 인맥끊기형: 4.2%

---

4 '[사람인] 직장인 77%, "직장 내 트러블 메이커 있어"' (연합뉴스, 2006. 11. 1)
5 "내가 만난 최악의 '또라이'는 유아독존형" (EBN산업뉴스, 2007. 6. 28)

A 타인에 대한 배려 부족: 38.1%
B 자기주장만 내세움: 24.8%
C 팀워크와 공동체 의식을 무시함: 24.1%
D 잘못을 인정하지 않음: 22.8%
E 책임을 회피함: 21%
F 감정 조절을 못함: 20%

깡패들이 끼치는 폐해를 얼마나 뼈저리게 절감했으면 구글(Google)
이 회사 슬로건을 아예 '악해지지 말자(don't be evil)'라고 정했을까
요? 2006년, 포춘지가 선정한 '가장 일하기 좋은 100대 기업'에서
12위를 차지한 회계법인 플랜트 & 모란도 자사의 목표를 '꼴통이 한
명도 없는 일터'로 정했지요.

국내 기업의 경우는 어떨까요? 적어도 제가 보기엔 대부분 이 문제
를 남의 얘기처럼 받아들이는 것 같습니다. 한때 이건희 삼성전자 회
장이 '근본적으로 우수한 인재 한 명이 수십만 명의 직원을 먹여 살린
다'며 천재경영론을 들고나왔는데, 故구본무 前LG그룹 회장이 그에 대
한 반박으로서 '유능한 CEO를 발굴하는 것이 중요하다'라는 CEO 육
성론을 펴서 화제가 된 적이 있었습니다. 능력, 물론 중요한 얘기입니

---

6 '[Society] "스포일드 어덜트"와 일하시나요' (주간동아, 2008. 11. 26)

다. 하지만 지극히 현실적으로 봤을 때 과연 다 합쳐 회사의 몇 %도 되지 않는 천재나 CEO가 문제일까요? 그게 정말로 시급한 사안일까요?

약간 과장되게 들릴 수도 있겠지만 '깡패 한 명이 수천 명을 굶긴다'는 것은 허황된 얘기일까요? 여러분의 회사는 이런 얘기와는 전혀 거리가 먼 곳일 것 같나요? '깡패 한 명이 몇 명을 굶긴다'로 얘기를 축소시켜 여러분이 소속된 부서에 적용해본다면 결과는 어떨까요? '맞는 얘기인 것 같다'라며 고개를 끄덕이는 분들, 혹시 그 한 명의 깡패가 여러분 바로 옆자리에 앉아 있는 동료는 아닌가요? 아니라고요? 그렇다면 그 문제아가 혹시 여러분 자신은 아닐까요? 물론 불쾌해하며 쌍수를 들고 아니라고 하겠지요. 헌데 한 번쯤 생각해볼 일입니다. 자신은 절대로 깡패가 아닌지, 그동안 단 한 번도 깡패였던 적은 없는지 말입니다.

[요리 가이드라인 #1] 명성을 쌓는 데는 20년이 걸리지만 허물어지는 데는 단 5분이면 족하다. 이 사실을 생각한다면 당신은 조금 다르게 행동하게 될 것이다. —워런 버핏

그러고 보면 저야말로 이러한 얘기로부터 자유롭지 않을 것 같습니다. 회사 안에서는 모범생 이미지와 신중한 매너로 주변 사람들의 방어막을 허물어놓긴 했지만, 막상 업무라는 본 게임으로 들어가고 나면 사람 자체가 종종 달라지곤 했지요. 그야말로 '지킬박사와 하이드' 회사의 연출자 겸 주연배우였습니다.

제일기획을 다닐 때 제가 저지른 '역사적인' 사건에 대한 기억이

아직도 생생합니다. 아마 제일기획 역사상 최초로 일어났던 일이 아닌가 싶습니다. 누구나 때때로 간절히 꿈꾸는 일, 하지만 실제로는 혀 깨물면서 꾹 참고 지나가는 일을 제가 아무 생각 없이 터뜨렸지요. 이것이 얼마나 개념이 없고 이기적이며, 체제 도전적인 행위였는지 당시에는 전혀 감이 없었습니다.

저는 제 사수를 바꿨습니다. 사수가 저를 바꿨다는 것도 아니고, 제가 비슷한 레벨의 동료를 바꿨다는 것도 아닙니다. 제가 제 손으로 저를 담당하는 사수를 바꿨다는 겁니다. 정확히 6개월 만에 저와 성격이 전혀 맞지 않는다는 사실을 깨달은 제가 뒤도 돌아보지 않고, 팀장님께 냅다 달려가 사수를 교체해줄 것을 거의 반 협박조로 주장했던 거지요.

고백하건대, 오로지 저만이 중요했습니다. 원만하고 편안한 회사 생활을 하는 데 걸림돌이 되는 건 가차 없이 바로바로 내쳐버려야 하는데, 사수란 존재는 당연히 1순위에 올라와 있는 존재였지요. 사수의 의견이나 그와의 협의 따위는 필요 없었습니다. 그의 생각이나 감정은 완전히 배제했던 겁니다. 그가 제 앞에서 제거될 수만 있다면 모든 문제는 순조롭고 화목한 방향으로 '누이 좋고 매부 좋게' 해결될 거라고 봤던 거지요. 하지만 당연하게도, 누이 혼자서 몰래 다 해먹고 매부까지 좋을 수는 없는 법. 더더군다나 이런 일이 벌어지기 바로 전날 늦은 시각까지 프로덕션에서 함께 열심히 작업하고 있었으니 말해 무엇하겠습니까? 한 마디로 사수의 뒤통수를 제대로 날린 겁니다.

욕을 바가지로 먹든 다른 팀으로 쫓겨나든, 안 될 경우 더 윗선으로 항의를 하든 만반의 마음 준비를 하고 있던 제 예상과는 달리 제 '사수 교체 프로젝트'는 의외로 며칠 만에 싱겁게 끝났습니다. 팀장님께서는 제 얘기를 들으신 후 그와 관련된 질문을 일체 하지 않았을 뿐더러 저를 설득하려 하지도 않았고(설득했다면 과연 얘기는 어떻게 진행되었을까요?), 제 생각과 다른 대안이나 의견을 세시하지도 않았습니다. 제 사수조차 따로 부르지 않았습니다. 제가 준비하고 있었던 팀장-사수-저 셋 간의 삼자대면도 불필요하게 됐던 거지요. 너무 속전속결로 깔끔하게 일이 처리되는 바람에 오히려 제가 당황했을 정도입니다.

바로 이 당황했던 순간, 그리고 그 후로 제가 뭔가를 깨달았다면 제 직장생활이 조금은 달라지지 않았을까 싶습니다. 돌이켜보면 팀장님께서 침묵으로 제 문제에 대응했던 것은 저를 위한 하나의 반어법이었던 것 같습니다. 제 요구사항을 아무런 조건 없이 받아줌으로써 제 자신이 얼마나 철부지 같은, 철없는 짓을 했는지 스스로 뉘우치길 바랐던 거지요.

상대방을 자신의 기준과 잣대로 평가하는 건 너무나 쉽지만, 그를 있는 그대로 객관적으로 바라보는 건 생각보다 쉽지 않습니다. 자신이 현재 갖고 있는 감정을 당장 질러버리는 건 너무나 쉽지만, 그것을 잘 다듬고 주물러서 상대방의 감정과 잘 끼워 맞추는 건 생각보다 쉽지 않습니다. 상대방을 도마 위에 올려놓고 난도질하는 건 너무나 쉽지만, 자기 자신을 차가운 칼날로 베어낸다는 건 생각보다 쉽지 않습니다. 자신 있고 강하게 부정적으로 말하는 건 너무나 쉽지만, 신중하고 사려 깊게 중립적으로 말하는 건 생각보다 쉽지 않습니다. 말을 툭툭 내뱉는 건 식은 죽 먹기지만, 말을 융통성 있게 정말 필요할 때, 상대방의 상황과 처지를 고려해서 하는 건 결코 쉬운 일이 아닙니다.

요컨대 자기가 하고 싶은 대로 하는 건 언제나 너무나 쉽지만, 자기가 생각하는 것을 남들이 생각하는 것과 전략적으로 적절히 조화시키기란 언제나 너무나 어렵지요. 그렇기 때문에 해냈을 때 그 가치가 배가되고, 또 그만큼 주변 사람들로부터 인정을 받을 수 있는 겁니다. '부장 싫으면 피하면 되고/못 참겠으면 그만두면 되고/견디다 보면 또 월급날 되고/생각대로 하면 되고'라는 한 CF의 가사처럼, 생각대로 하면 안 되는 이유가 여기에 있을 겁니다. 하지만 무엇보다도 우리가 회사생활을, 아니 굳이 회사가 아니더라도 어떤 조직이든 거기에 몸을 담는 이유가 바로 여기에 있습니다.

다들 잘 알면서도 자주 잊어버리는 사실이 하나 있는 것 같습니다. 물론 저 또한 그동안 회사생활을 해오면서 이 당연하고도 소박한 사실을 종종 잊어버리는 바람에 꽤나 고생했지요.

회사는 '동아리'가 아닙니다. 서클도 사모(사적인 모임)도 놀이터도 아니지요. 혹여 자신의 의식 혹은 무의식 속에 조금이라도 이런 생각이 있다면 오늘부터 깨끗이 지워나가시길 바랍니다. "아니, 가뜩이나 상사의 쪼임과 야근과 빡센 업무량으로 하루하루가 힘들어 죽겠는데 생각의 자유까지 빼앗으시려고?"

제 대답은 간단합니다. "왜 이래, 아마추어같이." 회사가 동아리가 아니란 말은 단순히 편하고 즐겁고 제약이 없는, 서로 인간적으로 친한 사람들이 가꿔나가는 곳이 아니란 걸 의미하는 것만은 아니지요. 여기에서 한 걸음 더 나아가 회사란 곳이 우리가 기분 내키는 대로 설칠 수 있는 곳이 아니라는 겁니다. 네, 다소 냉정하게 들릴수도 있지만 엄연한 사실입니다. 까놓고 얘기해서 회사는 전혀 편하지도 즐겁지도 않을뿐더러, 제약은 제약대로 넘쳐나고 서로 인간적으로 원래 친하지 않은 사람들이 가꿔나가는 곳입니다. 이런 상황에서 배짱 있게 마음 가는 대로 행동할 수 있겠는지요?

사실이 이러함에도 불구하고 의외로 많은 사람들이 사기만의 세계에 푹 빠져 '마음속의 동아리'들을 만들어내는 것 같습니다. 왜 그러는 걸까요? 쉽게 말해 회사가 만만해 보이기 때문입니다. 만만해 보인다는 말에 깔려있는 생각을 좀 더 그럴듯하게 풀어보면 다음과 같이 정리되지 않을까 싶습니다.

① 내 실력이 날고 기는데 어느 누가 감히 나를 건드려?
② 어차피 오래 다닐 것도 아닌데, 내가 원하는 대로 행동하는 데 큰 상관있겠어?
③ 관계는 결국 '인간적인 정(情)'에 바탕을 두고 있지. 한국이라는 나라를 떠올려 보라고. 내 행동은 충분히 다 용인될 거야.
④ 회사는 대학 동아리의 연장된 버전에 불과해. 다 가까운 형(오빠)-동생, 선배-후배 그런 거 아니겠어?

사람마다 생각이 조금씩 다르겠지만, 이 중 하나가 '만만해 보인다'는 말의 정체 아닐까요? 하나하나 자세히 살펴보면 지금 깡패로 군림 중이거나, 깡패가 될 기질이 다분한 사람들이 갖고 있을 법한 생각들입니다. 이런 생각을 갖고 있으면서도 멀쩡하게 아무 탈 없이 회사생활을 하고 있는 분들도 있겠지요. 하지만 안심할 거 없습니다. 회사 안의 모든 사람들(정말로 '모든' 사람들)이 이분들의 일거수일투족을 눈 부릅뜨고 지켜보고 있으니까요.

[요리 가이드라인 #2] 등 뒤에서 누군가가 모니터를 들여다보고 있다고 생각하고 작업하라. 나의 메일에 익명의 숨은 참조가 달려 있다고 생각하고 작성해 보내라. 내 몸에 도청장치가 되어 있다고 생각하고 회의하고 대화하고 말하고 들어라. 세상에 몰래카메라가 설치되어 있다고 생각하고 회사를 위하고 아껴라. ―여준영(프레인글로벌 설립자 겸 대표)

이쯤에서 개인과 조직 간의 관계를 재정의해볼 필요가 있겠다는 생각이 듭니다. 비유컨대 우리는 유벤투스 소속의 '선수'이지 호날두가 아닙니다. 쉽게 말해 우리는 현재 소속된 회사의 구성원일 뿐이지 CEO가 아니라는 것(물론 CEO라고 해서 막 나가도 된다는 얘기는 아닙니다만). 어느 누구도 우리에게 회사를 우리 마음대로 정의하고, 마음대로 휘두를 권한을 준 적이 없습니다.

자그마한 구멍가게 수준의 회사든 세계적인 규모와 인지도를 갖고 있는 회사든 분명한 건 어떤 회사도 막가파 직원을 선호하지 않는다는 겁니다. 제아무리 잘나고 천재적인 두뇌와 실력을 갖추고 있다고 해도, 회사나 팀이나 다른 동료는 완전히 젖혀둔 채 자신의 생각과 감정과 행동만이 옳다고 간주하고 거기에만 올인하는 직원을 달갑게 받아들일 회사는 없다는 거지요.

과거에 외국계 대기업인 오티스엘리베이터를 다닐 때 저는 반면교사로 삼을 만한 일을 겪었습니다. 당시에 저는 사내홍보 담당자로 일하고 있었는데, 팀 내에 저와 같은 직종을 맡은 1년 선배가 있었지요. 처음엔 같은 분야이고 나이 차도 얼마 나지 않는데다가 호흡이 척척 잘 맞아, 거의 친형제라는 느낌이 들 정도로 '끈적한' 관계를 유지했습니다. 하지만 서로 너무 가깝게 지내면 서로를 너무 잘 알게 되는 법이라고 하던가요? 인터뷰 세보 시도가 믿고 있던 믿음을 너무나 쉽게 찾아낼 수 있었습니다. 그렇다보니 차갑고 이성적이기보다는 감성적이고 감정적이고 불같은 성격이었던 저희 둘 사이에는 티격태격하는 일이 점점 늘어났고, 의견의 불일치를 넘어 쓸데없는 논쟁에 시간을 쏟는 일이 많아졌지요.

그렇게 불안 불안하게 지내던 어느 날 드디어 일이 터지고야 말았습니다. 여느 날처럼 저희는 사내홍보 관련 이슈로 논쟁을 벌이고 있었습니다. 서로 자신의 생각이 맞으니 토 달지 마라, 내 방식대로 한다, 당신은 틀렸다, 그것밖에 안 되냐 등등 같은 말로 서로를 자극했지요. 처음엔 가벼운 대화였다가 토론으로, 토론에서 논쟁으로, 다시 논쟁에서 말싸움으로, 급기야 삿대질로 불이 붙기 직전의 상황까지 갔습니다.

선배가 잠시 휴전의 몸짓을 보이더니 손가락질을 하면서 밖으로 나오라는 시늉을 하더군요. 그러고선 보통 때처럼 빌딩 옥상으로 가지 않고 계단 통로에서 바로 얘기를 하는 겁니다. "죽고 싶냐? 우리 옥상 가서 남자 대 남자로 한번 피 터지도록 싸워볼까? 나이 차도 별로 안 나고 좋은 게 좋은 거라고, 매번 넘어가니까 사람이 장난으로 보여? 가볍게 생각했는지 모르겠는데, 난 네 1년 선배야. 1년이라도 선배는 선배지. 우리 간단하게 하자고. 네 방식이 틀렸고 내 방식이 맞다고. 그럼 얘기 끝난 거야. 아니야? 할 말 있으면 해봐."

선배와 저의 대화는 그걸로 끝이었습니다. 무슨 말이 필요하겠습니까? 아무리 머리끝까지 열이 받아도 대화로 풀어나가는 게 기본 상식인데, 주먹으로 해결하자고 했으니 이건 회사원이 아니라 싸움꾼이지요. 평소에는 "계급장 따위는 필요 없어. 우리 형, 아우하면서 편하게 지내자."라고 하다 자신이 원하는 방향대로 안 되니 계급장 떼고 한 판 붙자고 달려든 것, 건설적인 대립이 아닌 파괴적인 정복으로 일처리를 시도한 것, 남의 감정이나 생각은 자신의 감정과 생각만큼 중요하지 않다고 본 것 등 이 짧은 발언에서 우리가 느낄 수 있는 것은 적지 않습니다.

오티스로 오기 몇 해 전, 제가 제일기획에서 저질렀던 행동을 제가 직접 당해보니 그것이 어떤 비중과 의미를 갖고 있는지 알게 되었습니다. 사람들이 왜 회사는 동아리가 아니라고 하는지, 왜 회사 안에서는 아무리 남들과 친해도 적정한 선을 그어야 한다고 하는지, 왜 자신의 개인적인 감정과 주관을 조절하고 말조심을 해야 한다고 하는지, 결국 왜 사회생활이 정말로 '만만한' 게 아니라고 하는지 와닿더군요. 뭐든지 자신이 직접 당해봐야 제대로 배울 수 있다는 건 참 맞는 말인 것 같습니다.

흥미로운 사실은, 그 시점 이후 가해자는 더욱더 떵떵거리며 회사 안을 활보하고 다닌 반면 피해자는 오히려 주변을 신경 써가며 말과 행동을 더 조심하게 되었다는 겁니다. 선배는 주도권을 쥐게 되었다고 생각했는지 점점 더 막무가내가 되었지요. 상대방을 무대뽀적으로 제압하는 게 '먹힌다'는 걸 안 그는 심지어는 저에게 했던 방식 그대로 사수와 팀장님에게까지 적용해보는 과감함을 드러내더군요. 자기만의 개성도 뚜렷하고 능력도 있었던 그가 기를 쓰고 깡패가 되어가는 모습을 보면서 저는 최소한 그러지 말아야겠다는 다짐을 하게 되었습니다. 주변 사람들로부터 욕을 먹는 건 둘째 치고 언젠가는 회사에서 쫓겨날 수도 있겠다는 불안감이 들었던 거지요. 여담입니다만, 선배는 제가 퇴사하고 나서도 이런 버릇을 고치지 못했는지 그 후 팀장이 된 사수에게 어느 날 죽도록 대들다가 그날로 다른 팀으로 쫓겨났다고 합니다. 더 이상 다독이고 키워주는 위치가 아닌 인사권을 행사할 수 있는 위치에 오르게 되었으니, 팀장이 된 사수의 입장에서는 당연한 대응이었다고 봅니다. 그러고 보면 세상은 참 공평한 것 같습니다.

[요리 가이드라인 #3] 무엇이든지 남에게 대접을 받고자 하는 대로 너희도 남을 대접하라. —신약성서 마태복음 (7:12)

회사생활을 하다 보면 동료들과 싸울 일이 종종 생깁니다. 토론이나 논쟁 정도로 가볍게 이어지는 싸움도 있고, 거의 치고 박는 난장판이 될 정도로 무겁게 이어지는 싸움도 있지요. 중요한 건 싸움 자체가 아니라 싸움이 지향하는 목적과 목표입니다. 즉, 우리가 무엇 때문에 싸우는지, 왜 싸울 수밖에 없는지, 업무라는 대의를 위해 서로 불쾌하더라도 꼭 싸워야만 하는 건지 등등.

대부분의 사람들이 싸울 때 이 기초적인 사실을 간과합니다. 자신의 자존심과 인격을 지키기 위해 남의 자존심과 인격 자체를 밟아버려도 된다는 정당화 논리를 펴곤 하지요. 그야말로 '이쯤 되면 막 나가'겠다는 겁니다. 여기에는 업무의 원활한 진행을 위해 건설적으로 대립하겠다는 의도 같은 건 없습니다. 그저 남을 무릎 꿇게 만들고 쓰러뜨리겠다는 목적과 목표만 있을 뿐이지요.

많은 사람들이 미국인들에 대해 갖고 있는 인식 중 하나는 그들이 '자기밖에 모른다'는 겁니다. 그런데 실제로 미국에서 살아보거나 외국계 회사를 다녀본 사람이라면 알겠지만, 그들은 최소한 남에게 피해를 주진 않습니다. 개인주의일 뿐 이기주의는 아니라는 거지요. 그런데 우리가 회사에서 목격하는 깡패들은 어떤가요? 자기밖에 모르는 것을 넘어 남에게 피해란 피해는 다 주지 않던가요? 자기의 감정을 억누르지 못하고 남의 업무를 방해함은 물론, 감정적으로 온갖 좌절감과 긴장감과 불쾌감을 심어놓으며, 심지어는, 극단적으로 상대방을 퇴사하게까지 만들지요. 악질도 이런 악질이 없습니다.

동료와 잘 지내야 한다, 남을 항상 배려해야 하고 남의 입장을 고려해야 한다, 남의 감정과 인격을 존중해야 한다 등은 회사를 다니면서 흔히 듣는 그야말로 빤하고 추상적인 조언들입니다. 당연한 말들이지요. 하지만 안타깝게도 우리는 이 당연한 말들을 참 당연하지 않게 받아들이는 것 같습니다. 자기애(自己愛)와 자신감이 넘쳐서인지 혹은 자신이 맡은 업무에 대한 지나친 집착과 애정 때문인지는 몰라도 이 불문율은 언제든지, 그리고 얼마든지 깨질 수 있다고 생각(설사 '무의식적'이라고 해도 스스로 심각하게 받아들여야 합니다)하는 게 아닌가하는 우려가 들 때가 많습니다. 안 좋은 소식은, 회사는 이 당연한 말들을 너무나 당연히 받아들이고 있고, 또 철저히 지키고 있다는 거지요.

그래서 원점으로 돌아와 다시 말씀드리고자 합니다. 회사는 동아리가 아닙니다. 혹시라도 자신이 회사를 마음껏 주물럭거릴 수 있다는 생각과 마음을 갖고 있다면 오늘부터 버리셨으면 합니다. 좀 더 노골적으로 말하자면, 우리는 떼를 써서 자신의 말과 행동을 관철시키는 철부지 유치원생이 아닙니다. 이러한 생각에 공감이 가지 않는다면, 1인 기업을 직접 세우든가 자격증을 따서 전문직 종사자로 살아가든가, 아니면 프리랜서로 뛸 것을 적극 권해드립니다. 그게 분명 여러분 스스로도 마음 편하고 회사로서도 남는 장사일 테니까요. 요컨대 회사는 여러분을 위해 존재하는 곳이 아닙니다. 마찬가지로 지금 현재 여러분 곁에서 같이 일하고 있는 동료들도 여러분을 위해 회사에 나오는 것이 아닙니다. 이 두 가지만 잊지 않으셨으면 합니다.

명셰프의 30초 요리팁
이정숙 대화전문가 겸 에듀테이너그룹 대표

❝ 여러분에게는 보이지 않지만 경영진에게는 여러분의 일거수일투족이 모두 보입니다. 따라서 마음에 들지 않는 동료 때문에 공연히 감정을 앞세우면 오히려 여러분이 상사에게 찍힐 수도 있지요. 사내에서 큰 소리를 내면 여러분의 생각이 정당하다 하더라도, 투명유리로 여러분을 관찰하는 윗선에서는 원인을 따지지 않고 큰 소리 내는 여러분이 문제라고 볼 수 있습니다. ❞

생각대로 하면 되고

예전에 많은 사람들의 입에 오르내린 한 CF송의 제목입니다. 책을 준비하기 전까지만 해도 저도 어딜 가든, 뭘 하든 이걸 거의 입에 달고 살았습니다. 그런데 집필 노이로제(글을 쓰다 집중이 안 될 때마다 거의 패닉 상태에 빠지는 증상)에 걸리고 나서부터는 이것이 '생각대로 하면 안 되고'로 바뀌기 시작하면서, '생각대로 하면 밥통 되고'를 거쳐 '생각대로 하면 해고되고'로 변하더군요. 노래를 중얼거리는 일이 점점 줄어들었습니다.

그러면서 마음은 오히려 차분해지면서 침착해지더군요. 제 회사 생활을 진지하게 한번 돌아봤습니다. 안타깝게도 회사를 다니면서 단 한 번도 해보지 않은 일입니다. '나는 어떤 회사원이었나? 나는 조직에 어떤 영향을 미쳤는가? 나는 왜 회사생활에 기복이 심했었나? 회사는 나에게서 무엇을 원했던 걸까?' 이런 기초적인 질문들을 스스로에게 던져봤지요. 회사생활을 완전히 정리한 뒤에야 자신에게 완전히 솔직해질 수 있겠더군요. 대답들은 하나같이 지극히 '상식적'이었습니다. 기초적인 질문들에 걸맞는 기초적인 대답들이 나오더라 이겁니다.

생각대로 해도 되나?

저는 회사를 다니면서 항상 생각대로 하면 된다, 생각대로 해도 어떻게든 통과된다고 생각해왔던 것 같습니다. 남이 뭐라고 하든 말든 제 마음 가는 대로, 제 기분 내키는 대로 하면 만사 오케이라고 여겼던 거지요. 참으로 불행(제 자신에게나 회사에게나)한 건, 이러한 생각에 부수적으로 딸려오는 것들이 적지 않다는 사실을 까마득히 잊고 있었다는 데 있습니다. 가장 기본적인 덕목인 남에 대한 존중과 배려를 상실한다는 것, 수단과 방법을 가리지 않게 된다는 것, 남을 무시하고 짓밟아도 얼마든지 용납될 수 있다고 보는 것 등 그 항목들은 실로 헤아릴 수도 없이 많습니다. 천상천하 유아독존, 완전한 불량직원의 표본인 셈이지요.

스탠퍼드대 로버트 서튼(Robert Sutton) 교수가 얘기한 '일반적인 또라이 행동양식' 중 몇 가지는 제가 벌인 행동들과 크게 다르지 않더군요. 여러분도 다음의 리스트를 잘 살펴보면서 자신이 주변 사람들과의 관계에서 혹시 이런 또라이 같은 짓을 한 적은 없는지 돌아보시길 바랍니다.

- 인신공격
- 개인 공간 침범하기
- 함부로 신체 접촉하기
- 말 혹은 몸짓, 행동으로 위협하고 협박하기
- 모욕을 주려는 의도가 깔린 냉소적인 우스개와 약 올리기

- 기분 나쁜 이메일 보내기
- 사회적인 신분 모욕하기
- 공개적으로 망신주기 또는 지위를 격하시키는 행동하기
- 무례하게 끼어들기
- 앞에서는 아닌 척하면서 뒤로 공격하기(이중인격 쓰기)
- 경멸하는 표정 짓기
- 그 사람이 존재하지 않는 것처럼 행동하기

고백하건대 저는 제 마음대로 하는 것을 저만의 독창성이나 창의성을 발휘하는 걸로 여겼고, 업무능률과 관계를 개선하는 하나의 좋은 방법이라고 굳게 믿었습니다. 제 마음이 동료의 마음이자 팀의 마음이자 회사의 마음이라고 과대 해석하고 포장해 저만의 환상 속에 살았던 거지요. 이유 불문하고 그게 전체를 위하는 길이라고 확신했던 겁니다. 지금 다시 생각해봐도 참 지독할 정도로 자기중심적이었지요. 아마 정도의 차이는 있겠지만, 저와 비슷한 생각을 행동으로 옮기거나 혹은 상대로부터 이런 걸 당한 분들이 좀 있을 거라고 봅니다.

　서튼 교수가 만든 '또라이 테스트'에서 1번에 나오는 '또라이라고 생각되는 사람과 이야기하고 나면 우울해지고 비참해지고 기운 빠지고 초라해진 느낌이 드나요? 특히, 자기 자신에 대해 부정적인 시각을 갖게 되나요?'라는 질문들을 지 스스로에게 던져보면, 회사를 다니는 내내 주변의 많은 동료들이 정서적으로 긍정적이거나 흔쾌히 받아들이는 식의 피드백을 줬던 기억이 거의 없는 것 같습니다.

물론 그렇다고 자신의 생각을 저처럼 감정적인 논쟁을 불러일으키는 방식으로 대놓고 강하게 드러내지도 않았습니다. 대부분 간접적이면서도 유연한 스타일의 우회적인 방법들을 구사했지요. 여기에서 저는 다른 누군가 혹은 무언가를 개선하려고 기를 쓰는 대신 저 스스로를 개선할 수 있는 대안을 찾았어야 합니다.

많은 또라이들이 주변에서 자신의 행동을 봐주거나 대수롭지 않게 넘어갈 때마다 이런 기회를 자기계발의 자양분으로 삼아 반성하려 하거나 팀과 회사를 위해 지혜로운 쪽으로 활용하려 하기보다는, 오히려 자신의 권력과 무대뽀성을 재확인하고 그것을 더 악착같이 이용하려 합니다. 이런 맥락에서 저는 "악당이 거만하게 굴 수 있는 이유 중 하나는, 우리가 그렇게 내버려두었기 때문입니다. 또한 애써 무시함으로써 실제로 그들의 거침없는 행동을 조장하기도 합니다."라고 말한 서튼 교수의 주장에 전적으로 동의합니다. 마찬가지로 비슷한 관점에서 그의 책 『또라이 제로 조직』을 보면 미국의 스포츠와 비즈니스, 의약, 학계에는 암묵적인 기준이 하나 있다고 합니다. '당신이 더 자주 옳을수록, 당신이 더 자주 이길수록, 당신은 더욱 큰 꼴통이 될 수 있다'는 거지요.

회사 밖에서는 또라이의 모습을 전략적으로 감췄기에 그야말로 바람직한 바른생활 직장인처럼 보였지만, 저는 적어도 회사 안에서만큼은 항상 옳았고, 항상 이겼고, 항상 제 의도와 의지와 기분대로 일을 해왔습니다. 저를 제외한 회사의 모든 구성원들은 '전지전능한' 저를 위한 신하들이자 부속품이었던 거지요. 제가 모든 걸 쥐어 삼키고 휘둘러댔으니 팀 안에는 팀워크 대신 원맨 워크(one-man work)

만이 판을 쳤습니다.

많은 사람들이 철석같이 믿는 것 중 하나가 바로 '강하고 잘난 건 다 옳다'라는 미신입니다. 물론 목소리 큰 사람이 회사에서는 거의 항상 '짱'으로 군림하지만, 둘은 동의어가 아니지요. 아니, 회사 안에서는 강하고 잘난 게 옳기는커녕 오히려 언제나 틀렸다고 할 수밖에 없습니다. 단기 계약직으로 일을 하고 나가는 게 아니라면, 오래 붙어있을 각오를 하고 회사에 몸담고 있는 거라면 자신의 '완전무결함'을 지워내는 작업을 해야 합니다. 무섭고 센 사람이 언제나 판을 장악하는 것 같지만, 시간이 지나면서 자연스레 판에서 교체되거나 제거되더군요. 인지상정이라고, 모든 사람들이 같은 마음과 생각을 갖고 주의 깊게 관찰해왔을 테니 결과는 어찌 보면 당연합니다.

또라이 끼가 있거나 이미 또라이로 악명을 떨치고 있는 사람들에게 간곡히 부탁드립니다. 회사라는 그럴듯한 명분과 명목을 내세워 사실은 자기만족을 위한 공격적인 대결을 펼치는 대신, 정말로 회사를 위한 건전하고도 건설적인 대립으로 방향을 전환해보는 건 어떨까요? 제 버릇 남 주기가 너무나 힘들겠지만, 그 버릇은 언젠가는 회사의 보복과 응징이 담긴 부메랑으로 자신에게 돌아오니까 하는 말입니다. 회사는 그만큼 현실적이고 냉정하고 딱 부러진 '에지(edge)'를 갖고 있는 곳이란 사실을 잊지 않았으면 합니다. 각을 세우면 자신이 손해인 이유가 좀 더 그럴듯해지지요?

서튼 교수의 첨언으로 마무리를 할까 합니다. 회사에서 지금 위태위태한 분들은 귀 기울일 만한 가치가 있을 것 같습니다. 이번 기회에 순리에 맞게, 기본으로 돌아가 보는 건 어떨까요? 진심으로 모두가 윈-윈인 상황을 만들어내고 싶다면 말입니다. "'또라이 금지 규칙'을 수호하고 실천하려는 좋은 경영철학과 방침이 있다고 하더라도, 바로 지금 이 순간, 여러분이 마주하고 있는 상대방을, 성심을 다해 올바로 대하지 않는다면 아무 소용이 없습니다."

✚ 로버트 서튼 교수의 추가 요리팁

- 무관심은 열정만큼 중요하다.
- 우리는 조직생활을 하면서 상대에게 영향을 미치거나 상대로부터 자유로울 수 있다. 그러나 이 둘을 동시에 다 가질 수는 없다.
- 약간의 권력만 갖게 돼도 사람은 주변에 둔감한 자기중심적인 '놈'으로 변할 수 있다.

05

단무지

Danmuji

We try harder.

□□가
1인자다

2인자는
□□이다

DR. COOK'S RECIPE

05

05

1인자가 되려면 2인자가 되어봐야 한다

> 내 생각은 옳지 않다는 것을, 스스로에게 부과해야 할 한계들이 있다
> 는 것을 나는 잘 알고 있다. 그래야만 창조가 가능해진다. —알베르 까뮈

하도 여러 편에서 '계급장 뗀다'는 유의 얘기를 써놓으니 저와 절친
한 주변분들(제 글을 유일하게 출간하기 전에 볼 수 있는 분들)이 묻더군요.
"너 그동안 회사 다니면서 상사(선배)들을 다 '아랫사람'처럼 봤냐?"
갑자기 무슨 봉창 두드리는 소린가 싶다가 제 글을 다시 쭉 읽어보
니 충분히 이런 질문을 받을 만한 얘기를 써놓았구나 싶어지더군
요. 그래서 제가 어떻게 대답했냐고요? 물론 "당연히, 아니지!"라고
신경질적으로 대답했지요.

그런데 재미있는 건, 제 입에서 대답이 바로 나오지는 않았다는
것. 상사나 선배들을 아랫사람으로 보지 않은 건 분명했지만, '당연
히' 그렇게 보지 않았는가에 대해서는 저 스스로도 100% 확신할
수 없더군요. 지금에 와서야 솔직담백하게 말할 수 있지만, 저는 마
음속으로 그들을 아랫사람, 성확히 말해서는 '잠재적인' 아랫사람
으로 봤던 것 같습니다. 저하고 같은 직장, 같은 직종에 몸담고 있는
선배와 상사들(동료들도 포함)을 우습게 봤다, 이겁니다.

이런 식이었다고나 할까요. "당신들이 여기서 몇 년이나 먼저 '뺑이쳤으니' 나보다 일에 능숙한 건 당연한 거지. 나보다 못하면 그게 오히려 더 이상한 거 아냐? 몇 개월, 아니 좋아 딱 1년만 지나봐라. 판세는 바로 역전될 거라고. 그때까지만 당신들을 선배로 대접하지." 말 그대로 그때까지만 그들의 솜씨와 노하우를 쪽쪽 빨아들여 기존에 제가 갖고 있던 잠재력과 실력에 덧붙이면 회사 안에서의 상황은 완전히 역전될 거라고 믿었던 겁니다. 그들을 지금의 자리를 잠깐 지키고 있는 임시 선배들로, 제 자신을 지금의 자리에 잠깐 머물고 있는 임시 후배로 여긴 셈입니다.

우리 한번 툭 까놓고 얘기해봅시다. 여러분은 지금 현재 옆에서 여러분에게 한시도 눈을 떼지 않고, 으르렁거리며 여러분을 노려보고 있는 상사들을 어떻게 생각하나요? 아, 그렇진 않다고요? 정정하겠습니다. 여러분의 발전을 위해 등도 토닥토닥 거려주고 적절하고도 합리적인 비판을 해주면서도, 치사하지 않게 전수할 거 아낌없이 다 전수하는(상사의 마음은 거의 다 이럴 거라고 믿고 싶습니다) 상사들을 어떻게 생각하나요? 옆에 있는 상사들에 대한 솔직한 느낌을 말하면 됩니다.

으르렁대는 스타일이든 토닥거려주는 스타일이든, 아마 '가까이하기엔 너무 먼 당신'이라는 표현이 자신의 입가에 맴돌고 있지 않을까 싶습니다. 저 같은 경우에는 상사가 너무 멀게 느껴져서 가까이하지 않은 게 아니라, 오히려 너무 가깝게 느껴졌기 때문에 가까이하지 않았습니다. 무슨 말인고 하니 상사의 실력을 진정한 '실력'으로 보기보다는 재직 연수에서 나오는 노련미나 노하우 정도로 가볍게 무시해버렸다는 거고, 따라서 상사와 저 사이에는 큰 갭이 없다고 여겼다는 거지요. 그러니 굳이 가까이해야 할 필요성을 느끼지 못했던 겁니다.

그래서 저는 가까이 있을 때 배우지 못한, 아니 너무나 자만했던 나머지 배우지 않은 실수를 저질렀습니다. 불행하게도 제가 간과했던 사실은 상사란 존재가 실은 '멀리하기엔 너무 가까운 당신'이었다는 겁니다. 단순히 멀리하고 싶어도 매일매일 과제를 내주고 체크하니 멀리하지도 못하겠고, 제 입지가 높아지는 게 그의 손에 달려있으니 멀리해서도 안 되었기 때문만은 아닙니다. 본질적으로 그가 조직 안에서 제 자신이 이것저것 잘 적응하고 버텨내 성공할 수 있는지, 그리고 성공하려면 어떻게 성공해야 하는지를 판가름하는 '바로미터'(물론 '열쇠'는 어디까지나, 그리고 언제나 자신이지요)였기 때문입니다. 이런 관점에서 보면 '상사는 무조건 옳다'는 명제는 무조건 옳은 게 맞습니다. 결국 돌이켜보면 계급장을 떼고 한 판 붙기 전에 계급장이 뭔지, 그것을 왜 달아주는지를 알아야 했던 거지요.

[요리 가이드라인 #1] 자기 분야에서 오랫동안 노력해 온 사람이 쌓은 내공을 절대로 무시해서는 안 된다. 이 사람들에게는 몇십 년의 세월 속에 쌓아온 힘이 있다. —김경준(딜로이트컨설팅 부회장)

많은 사람들이 회사에서 CEO가 되고자 합니다. 다들 최고의 자리에 오르기 위해 자신의 장단점을 분석하고 그중 장점들을 골라내 거기에만 노력을 투자하지요. 그런데 수많은 사람들이 CEO가 되기 위한 레이스에서 중도 포기하거나 다양한 이유들로 줄줄이 탈락하고 맙니다. 목적과 목표도 뚜렷하고, 전략적으로 투자하는 곳도 명

확하고, 방향도 맞아떨어지는 것 같은데 대체 왜 이런 일이 벌어지는 걸까요? 등잔 밑이 어둡기 때문입니다.

엉뚱하게 들릴 수 있겠지만, 틀린 말은 아닙니다. 너무 앞만 보면서 달려왔기 때문입니다. 최고가 되기 위해 최고의 노력을 기울인 것까진 좋은데, 거기에만 너무 빠져 있는 나머지 가장 중요한 걸 놓쳐버린 겁니다. 최고에 대한 정의(definition)를 제대로 내리지 않은 거지요. 누가, 즉 어떤 사람이 최고이고, 최고라는 것은 무엇을 뜻하는가, 라는 질문에 대해 확실한 대답을 준비하지 않았던(혹은 못했던) 겁니다. 처음부터 단추를 잘못 꿰맨 셈이니, 그다음은 도미노 효과를 연상하시면 됩니다.

도쿠가와 이에야스는 '뻐꾸기가 울지 않으면 울 때까지 기다린다'고 했던가요? 그러라고 하세요. 대단해보이긴 하지만 그다지 현명한 방법은 아닌 것 같습니다. 우리는 뻐꾸기를 마냥 기다릴 게 아니라 뻐꾸기 옆에 가서 그놈이 왜 우는지를 관찰해야 합니다. 우는 이유를 알면 울게 하는 어려움을 미리 덜 수 있을 테니까요. 물론, 진정 우는 걸 보고 싶다면 말이지요.

자, 그럼 단추를 제대로 꿰어볼까요. 여러분은 회사 안에서 누구를 1인자라고 부르나요? 물론 CEO입니다. 하지만 CEO만이 1인자라고 생각하는 한, 여러러분은 죽었다 깨어나도 1인자가 될 수 없습니다. 목표와 목적은 분명 다르기 때문입니다. 여러분의 목표가 CEO인 것이지, 목적이 CEO인 건 아닙니다. 여러분의 목적은 1인자입니다. 1인자가 되면 CEO가 되는 건 어렵지 않습니다. 오히려 CEO가 되려고 처음부터 기를 쓰는 게 어려운 거지요. 역시, 대견해

보이긴 하지만 현명한 방법은 아닌 것 같습니다.

우선, 여러분의 눈앞에 떡하니 버티고 서 있는 사람이 바로 1인 자입니다. 사수든 팀장이든 한 기수 혹은 1년 위의 선배든 다 1인 자들이지요. 인정하기 싫겠지만 자기보다 더 잘나가고 있는 동료들이 다 1인자들입니다. 한 걸음 더 나아가 불쾌하게 들릴 수도 있겠지만, 암묵적으로 자기보다 사실상 더 인정을 받고 있는 후배들이다 1인자들입니다.

[요리 가이드라인 #2] 이 세상에 행해지는 해악의 절반은 스스로를 중요한 존재로 여기고 싶어 하는 사람들 때문에 일어난다. 그들이 의도적으로 해를 끼치는 것은 아니다. 다만 자신들을 좋게 생각하도록 하기 위한 끝없는 투쟁에 열중할 뿐이다. —T. S. 엘리엇

이런 식으로 1인자에 대한 정의를 쭉 해나가다 보면 아주 단순한 진리가 하나 튀어나옵니다. 우리가 조금이라도 배울 게 있는 사람이라면, 그는 우리에게는 1인자라는 것. 그 말은 결국 자기 자신을 제외한 모든 사람들이 다 1인자라는 겁니다. 그것도 업무와 관련된 주변 사람들만이 1인자라는 게 아닙니다. 업무와는 전혀 관련이 없어 보이는 청소하시는 분들 혹은 이 층 저 층 돌아다니면서 구두 닦는 분들도 다 1인자들입니다. 업무를 해나가는 스타일이나 방식을 봤을 때 우리는 거기에서도 뭔가를 느끼고 배울 수 있으니까요. 요컨대 적어도 회사 안에서 우리는 2등이고 2인자일 뿐입니다. 이 말을 하기 위해서 말을 빙빙 돌린 건지도 모르겠습니다.

서태지와 아이들의 ^前멤버였던 양현석이 이끌고 있는 YG 엔터테인먼트의 연습실에는 '가수가 되기 전에 인간이 되어라'는 구호가 붙어 있다고 합니다. 이에 대한 양 대표의 입장은 "가수가 무너지는 것은 한순간이에요. 가수는 계속 부족하고 목말라야 해요. 자기가 잘한다고 생각하는 순간 끝이거든요."인데, 2인자가 갖춰야 하는 생각과 자세가 딱 이런 게 아닐까 싶습니다.

그럼 여기서 2인자에 대한 사람들의 생각을 구체적으로 한번 살펴볼까요? 2008년 초에 동아일보와 G마켓이 진행한 설문조사[7]에 따르면 '당신이 생각하는 2인자'라는 질문에 대해 다음과 같은 대답들이 나왔다고 합니다. 이것을 보면 거의 80%에 가까운 사람들이 2인자에 대해 나름대로 긍정적인 시각을 갖고 있다고 봐도 될 것 같습니다.

A 나름의 영역을 개척하며 인정받는 창의적인 인물: 60.9%
B 1인자를 만드는 사람: 15.8%
C 가늘고 길게 활동하며 생명력을 유지하려는 인물: 13.4%
D 만년 2등으로 남은 불운한 인물: 8.4%
E 실력이 없는 인물 또는 패배자: 1.5%

---

7 "[커버스토리] 넘버 2가 더 행복해" (동아일보, 2008. 1. 11)

"설문은 설문일 뿐"이라며 여전히 2인자(혹은 2등)라는 말에 대해 찜찜한 마음을 갖고 있는 분들이 있을 겁니다. '역사는 2등을 기억하지 않는다'고 하는데, 역사고 뭐고를 떠나서 회사에서 '팽' 당할지도 모른다는 생각에 불안감이 엄습해오는 건 아닌지요? 이런 걱정을 하고 계신다면, 참 다행입니다. 겸허하게 자신이 부족해서라고 여기건 그저 살아남기 위해서건, 혹은 마음속 깊은 곳에서 1등에 대한 욕망이 활활 타오르건 중요한 것은 여러분의 그 불안감 속에 문제에 대한 해답이 있다는 겁니다.

1962년, 미국. 미국의 렌터카 시장에서 압도적인 시장점유율 1위(시장의 70% 이상을 장악)를 달리고 있던 헤르츠(Hertz)의 뒤통수를 제대로 날린 사건이 있었지요. 자그마한 렌터카 회사 에이비스(Avis)가 도발적인 광고를 내걸었던 겁니다. 광고를 보면 이런 대담한 질문이 나옵니다. '에이비스는 렌터카 시장에서 고작 2등입니다. 그런데 왜 우리를 선택해야 할까요?(AVIS is only NO.2 in rent a cars. So why go with us?)' 그야말로 어리석기 짝이 없어 보이는 이 질문에 대해 에이비스는 평범하고 단순해보이지만, 결코 어리석지 않은 대답을 제시합니다.

우리는 더욱 더 열심히 합니다(We try harder).

렌터카 시상이 헤르츠와 에이비스 양강 체제로 새롭게 재편되는 역사적인 한마디였습니다. 재미있는 건, 사실 에이비스는 당시에 2등 기업이 아니었다는 것. 1952년에 설립된 후 13년 내리 적자에 시달려온 기업으로서, 이 카피가 등장한 1962년에는 적자 규모가 자그마치 125만 달러에 육박하고 있었지요. 2등이기는커녕 당장 문 닫아야 할지도 모르는 비전 없는 회사에 불과했습니다.

바로 이런 상황에서 에이비스는 승부를 걸었던 겁니다. 사람들 사이에서 큰 화제가 된 'We are number 2' 캠페인이 바로 그것이지요. '지금은 1등이 아니지만, 1등을 지향하는 사람들이 제공하는 더 좋은 서비스를 받아보라' 이겁니다(비록 지금도 1등은 아닙니다만).

여기에서 우리가 얻을 수 있는 레슨은 무척 단순하고 간단합니다. 1인자가 되고 싶다면 남보다 더 열심히 하면 됩니다. 남보다 더 열심히, 2인자에 충실하면 된다는 거지요. 다시 말해 2인자로서 더 열심히 1인자를, 그가 갖고 있는 마음과 자세를 본받고 자기 것으로 만들면 된다는 얘기입니다. 1인자가 되는 데 있어 이것보다 더 쉽고 확실한 방법이 있는지, 저는 잘 모르겠습니다.

야구선수 양준혁이 언젠가 한 인터뷰에서 이런 말을 했지요.

"전 홈런 20개에 타율 3할 정도 기록하는 것으로 만족했었죠. 그런데 승엽이는 홈런 54개 친 다음 해 갑자기 폼을 바꾼다고 하더군요. 그 후 아시아 신기록을 세우는 걸 보면서 깨달았죠. '열심히 했는데 왜 2인자일까' 한탄하는 와중에도 1인자는 안주하지 않고 계속 연습을 하고 있다는 사실을요. 만족하는 순간 바로 끝이에요. 도전할 수 있다는 게 행복한 겁니다."

제일기획을 다니면서 저는 이러한 '2인자로서의 마음가짐'을 얻기까지 적지 않은 수업료를 치렀습니다. 제 '천적', 다시 또 사수 이야기입니다. 누가 들으면 아주 원수라고 할 것 같습니다.

신입사원 때는 누구나 다 회사에 대해 큰 기대감을 갖습니다. 그 기대감 속에는 특히 자신을 가장 가까운 거리에서 지켜보며 키워줄 사수에 대한 기대감이 꽤 큰 비중을 차지하고 있을 테지요. 저 또한 그랬습니다. 형이 없는 저는 마음속으로 이미 그를 형으로 찍었던 겁니다(지금 생각해봐도 참 웃깁니다). 그리고 이러한 모든 기대감은 첫날부터 바로 산산조각이 났습니다.

다 그런 거야 아니겠지만, 보통 사수라고 하면 자신이 담당하고 있는 신입에게 이것저것 가르쳐주고 지도하면서 자기만의 노하우를 빨리 전수해주려고 하는 모습이 연상됩니다. 제 사수는 철저히 '올 바이 유어셀프(all by yourself)'주의였습니다. PD들은 메인 직장인 회사는 거의 잠깐 들르고, 대신 프로덕션에서 거의 살다시피 합니다. 그래서 여기저기 정말 다양한 프로덕션들을 돌아다니게 되는데, 그때마다 그는 담당사에게 저를 인사시키고 난 후 철저히 내버려두었습니다. 아니, 거의 '투명인간화'시켰다고 하는 게 더 정확할 것 같습니다. 아마 속으로 그는 "너도 나랑 같은 PD니까, 네가 스스로 알아서 쑥쑥 커야 한다. 나도 그때는 그랬어. 다 그렇게 크는 거야, 짜식." 이런 생각을 갖고 있지 않았나 싶습니다. 아무것도 묻지 말고, 아무것도 부탁하지 말고, 그야말로 아무것도 기대하지 말라는 무언의 제스처만 일관되게 매일매일 전달받았지요. 그게 제가 사수로부터 배운 것의 전부입니다.

미웠냐고요? 천만의 말씀. 더도 덜도 말고 한 대 패주고 싶었습니다. '뭐 이런 사수가 다 있나' 싶었지요. 저는 그냥 프로덕션 사람들에게 눈도장이나 찍고, 옆에서 일하는 거 지켜보고, 식사 시간 되면 같이 식사나 하고, 때때로 새벽에 퇴근하고 그랬습니다. 한 몇 주 지났을 때였나요? 사수가 저보고 "자, 이제 감 잡았지? □□□ 프로덕션에 가서 뭐, 뭐 따와. 참, 간 김에 아예 거기서 다음 작업까지 다 마무리하고 와라. 지금까지 옆에서 잘 지켜봤을 테니, 아무 문제없겠지?" 이것이 몇 달이 아니라, 몇 주 후의 일입니다. 사수가 저에게 악감정을 갖고 있나 싶더군요. 아주 불구덩이로 집어넣으려고 기를 쓰는 사람 같아 보였습니다.

물론 사수가 부탁한 따오는 거며 작업하는 거며, 다 깽판 쳤습니다. 그리고 사수에게 제대로 박살났지요. 마음속으로 저는 따지듯 외쳤습니다. '당신이 날 위해 해준 게 뭔데? 뭐 하나라도 제대로 해준 게 있다면 말해봐.' 제 마음을 꿰뚫어봤는지 사수는 저에게 이렇게 말하더군요. "결국, 네가 하나하나 다 알아내야 하는 거야. PD란 그건 거야. 모르면 똥오줌 가릴 거 없이 아무나 붙잡고 물어봐야 해. 쪽팔리는 건 둘째 문제지. 그렇게 부딪치고 깨지면서 하나씩 터득해나가야 하는 거야. 누가 봐도 넌 똑똑하지만, 똑똑함 갖고는 아무것도 할 수 없어. 똑똑함이 밥 먹여주나? 그동안 너를 쭉 지켜봤지만, 너는 모든 걸 네 앞에 갖다놔 주길 바라는 건지, 아니면 너무 잘나서 PD가 당연히 해야 할 일들을 저절로 깨우칠 거라고 순진하게 믿는 건지 참 지독하게 소극적이더군. 처음엔 성향이려니 하고 넘어갔고, 다음엔 정말 똑똑하니 다 안다고 생각하고 넘어갔지. 헌데 그게 아니더라. 나 때는 말이야, 지금의 FM식 교육법보다 더 심했어. 사수가 내 간단한 질문들조차 받지 않았다고. 그는 왜 그랬을까? 과연 생각이 없어서였을까?"

사수는 제 생각을 완전히 읽고 있었던 겁니다. 저는 모른다는 사실이 너무나 싫었지만 질문하는 건 쪽팔렸고, 사수에게 물어보는 건 무서웠습니다. 모르면, 방법이 없다면 없는 대로 수단과 방법을 가리지 말아야 했는데 저는 그러지도 않았습니다. 곱게 자란 도련님 티를 팍팍 냈던 셈이지요. 1인자가 되고 싶었지만, 그렇다고 2인자의 과정을 겪고 싶지는 않았던 겁니다. 말이야 바른말이지 회사에서 잘 나가는 PD 중 한 사람이었던 사수의 말과 행동만 유심히 보고 따라했더라도 이런 낭패를 맛보진 않았을 겁니다. 하지만 저는 제 자신이 다치기 싫어, 감정적인 손해는 티끌만큼도 입고 싶지 않아 복지부동의 길을 택했습니다. 여러분이라면 저와 같은 상황에서 어떤 행동을 취했겠습니까? 저처럼 이미 1인자가 된 듯한 행동을 취했겠습니까?

2인자에게는 분명 2인자만의 존재 이유가 있습니다. 그는 최고가 아니기 때문에 최선을 다해야 합니다. 그것도 그냥 무조건 최선을 다해야 하는 게 아니라, 자기 자신을 과감히 버린 채 최선을 다

해야 합니다. 왕년에 한 가닥 했고 동네에서 천재 소리를 들었다고 (아무도 관심 없습니다) 떠들고 다닐 시간에 그는 자신의 현재 실력을 냉정하게 직시하고 하나라도 더 배우는 데 투자해야 합니다. 셜록 홈스와 같은 명탐정이 되고 싶다면 최소한 홈스처럼 비슷한 행동을 하려고 노력해야 합니다. 그렇게 1인자가 갖고 있는 그만의 탁월함을 흡수해 자신이 현재 갖고 있는 실력과 전략적으로 통합해나가야 한다는 거지요.

욕심은 셜록 홈스에 가 있으면서 행동은 닥터 왓슨처럼 하는 것, 이게 바로 많은 사람들이 저지르는 실수입니다. 일전에 조선일보에서 소개한 '성공하는 2인자를 위한 20계명'[8] 중 몇 가지 조언들이 이런 실수를 예방하는 데 약간의 도움을 제공하지 않을까 싶습니다. 한번 잘 살펴보세요.

- 1인자를 냉정하게 관찰하고 정확히 파악하라. 2인자의 기본 중 기본이다.
- 1인자가 좋아하는 화법을 발굴한 후 간결하고 명쾌하게 커뮤니케이션하라. 2인자의 중언 부언은 1인자의 그것보다 훨씬 더 심각한 단점으로 여겨진다.
- 직함을 욕심내지 말고 일을 욕심내라.
- 1인자에 대해 애정을 갖도록 노력하라. 업무의 효율에도, 정신 건강에도 그게 좋다.

---

8 '['성공하는 2인자'를 위한 20계명] 1인자를 냉정하게 분석한 후, 2인자의 역할을 묵묵히 수행하라' (조선일보, 2009. 6. 27)

- 웅변하지 말고 조정하라. '웅변하는 2인자'는 역할 파악 혹은 업무 파악을 제대로 못했다는 인상을 주기 십상.
- 준비하고, 준비하고, 그리고 또 대비하라. 듣고, 듣고, 그리고 또 경청하라.

생각해보면 저는 사내에서는 나름 능력을 인정받았지만, 그 능력이 그다지 오래가지는 않았던 것 같습니다. 그건 아마도 남의 말이나 행동에 집중하고, 그로부터 뭔가를 배우려 하기보다는 언제나 제가 갖고 있는 자질이나 소질, 능력 등을 믿고 거기에만 의존해왔기 때문이 아니었나 싶습니다. 1인자로 우뚝 서고 싶지만 절대로 고생 따위는 하고 싶지 않아 하고, 1등이 되고 싶지만 잠시라도 2등에 머물러 있고 싶지 않은, 그야말로 '공짜 점심'을 바라는 얌체 회사원이었던 거지요.

[요리 가이드라인 #4] 최고를 열망하는 사람에게 2등은 결코 불명예가 아니다. ―키케로

어찌 보면 2인자라는 자리는 실력과는 큰 상관이 없는지도 모르겠습니다. 아니, 어쩌면 아무 상관이 없을지도 모릅니다. 2인자라는 자리는 실은 누구나 겪는 당연한 '임시직'인데도, 그 잠깐의 시험 기간을 참지 못하고 박차고 나가버리는 사람들을 위한 하나의 벌이 아닌가 싶기도 합니다. 비록 실력은 출중하지만 더 높은 자리로 올라가는 과정에서 그것을 좀 더 적당하고 적절한 모양새로 깎고 자르

지 않아 그대로 낙오되는 사람들이 얼마나 많습니까?

자존심 때문일 수도 있고 자신감이나 우월감 때문일 수도 있습니다. 여러 가지 이유가 있겠지요. 하지만 어찌되었든 그건 그냥 나 자신을 일시적으로 만족시켜주는 자존심일 뿐입니다. 자신은 사실 1인자가 될 만한 역량과 자세와 태도를 갖추고 있지 못하다는 걸 증명해줄 뿐이지요. 진정한 자존심, 다시 말해 자존감을 갖고 있는 사람들은 그런 식으로 자기 자신을 합리화하고 정당화하지 않습니다. 솔직히 그러기엔 정말로 너무나 자존심 상하기 때문입니다.

LG생활건강에 재직할 당시의 제 사수가 떠오릅니다. 제일기획 때의 사수처럼 그도 능력은 사내에서 다들 알아주는 수준이었지만, 제일기획 때의 사수와 달랐던 점은 그가 그래도 좀 더 '인간적'이었다는 겁니다. 말수는 마찬가지로 거의 없었지만 적어도 너무 막힐 때, 그야말로 막다른 골목에 다다랐을 때 그는 제가 갖고 있는 궁금증들을 받아줘, 그에 대한 친절하고도 자세한 설명을 제공해주었지요. 저를 완전히 무자비하게 방치하지는 않았다는 겁니다.

헌데 사람이 참 간사한 게, 시간이 어느 정도 흐르고 나니 이런 질문들이 떠오르더군요. 과연 누구의 방식이 옳았던 걸까? 제일기획 사수의 방식, 아니면 LG생활건강 사수의 방식? 기본적으로 나의 능력이 일정하고도 일관된 수준으로 계속 커왔다는 가정 하에 양쪽 상황을 떠올려봤을 때, 아무런 도움도 주지 않았던 제일기획 사수 밑에서 묵묵하게 컸다면 나는 지금쯤 1인자가 되어 있을까? 같은 관점에서, 나의 어려움들을 밀고 당기듯 시의적절하게 조금씩 완화해준 LG생활건강 사수 밑에서 묵묵하게 컸다면 어땠을까? 의심의 여지없이 1인자가 되어 있을까?

만약 제가 회사를 계속 다니고 있는 상황이었다면 아마도 후자에 거의 몰표를 던지지 않았을까 싶습니다. 하지만 회사를 나온 지금은 공평하게 '1인자가 되어 있다'에 50%, '1인자가 되어 있지 않다'에 50%를 주겠습니다.

그 이유는 간단합니다. 1인자가 되는 게 결코 사수에게 달린 문제가 아니기 때문입니다. 물론 아랫사람의 성장 여부(자기의 힘으로 노력해서 성장하는 건 제외)가 윗사람과 아랫사람의 호흡과 궁합과 팀워크에 달려있는 것도 맞는 얘기지만, 더 정확하고도 중요한 사실은 그의 성장 여부가 다름 아닌 아랫사람 본인이 사수라는 사람의 역할과 비중을 어떻게 바라보고 있는가, 사수의 교육·훈련 방식들을 소박하게 있는 그대로 받아들일 수 있는가 등에 달려있다는 거지요. 그렇기 때문에 사수를 탓할 것도, 그를 문제시할 것도 없다는 결론이 나오는 겁니다. 모든 문제도, 그리고 그에 대한 해답도 다 자기 자신에게 있는 거지요.

완전히 다른 분야의 얘기이긴 합니다만, 2004년에 신춘문예 평론 부문에 당선되기까지 햇수로 3년을 준비해온 제가 결국 당선될 수 있었던 것도 그 기간 동안 2인자의 자세에 충실했을 뿐만 아니라 거기에 완전히 올인했기 때문입니다. 평론에 일가견이 있는 사람(대가들 포함)이든 자질과 재능을 보이는 사람이든 열정을 가진 사람이든 관심 정도만 갖고 있는 사람이든 관계없이 저는 이 모든 사람들이 소유한 장점(심지어는 단점까지)들을 받아들여 온전히 제 것으로 만드는 데 만전을 기했습니다. 잘 알지 못하는 분야였기 때문인지, 제 자신을 1인자라고 생각했던 적은 단언컨대 단 한 번도 없습니다. 오로지 배우고 또 배워 좀 더 높은 경지에 오르고 싶다는 욕심뿐이었지요. 이런 맥락에서 봤을 때 1인자들이 제가 사랑해야 하고, 또 사랑할 수밖에 없는 애인 같은 존재였다는 건 너무나 자연스러운 결과 아니었겠습니까?

물론 회사를 다니면서 1인자들과 사랑에 빠지는 건 정말이지 상상하기 힘든 고역입니다. 그들을 부러워하는 마음도 있지만, 사람인 이상 한편으로는 그들을 향한 질투와 시기, 증오 등 원인 모를 묘한 복잡한 감정들 또한 갖게 되는 게 사실이지요. 하지만 그들과 사랑에 빠지는 게 힘들다면 최소한 그들을 좋아하려고 노력은 해봐야 합니다. 자신을 사랑하고 존중하는 그 자세 그대로 그들에게 관심을 쏟으면 된다는 겁니다. 인간성이 '개판'이든 말든 그가 지금 여러분보다 앞서나간다는 사실만 똑똑히 명심한다면 그를 좋아하지 않을 수가 없지 않을까요?

"말도 안 되는 소리. 아무리 내가 지금 2인자라지만 어떻게 그런 인간을… 내 목을 비튼다 해도, 그건 싫다." 그런가요? 정말 불가능한 일인가요? 불가능한 게 아니라 가능하긴 하지만 하기 싫은 건 아니고요?

어쩌면 다음의 얘기가 이런 생각을 갖고 있는 분들에게 하나의 자그마한 방향 전환제가 될지도 모르겠습니다. 개그맨 박명수에 대한 짧은 이야기입니다. 2인자 컨셉을 지향하는 박명수는 2인자 정신에 투철한 걸로 정평이 나 있지요. 실제로 1인자가 될 수 있는 실력을 갖고 있지 못해서든 의도적으로 일부러 2인자를 추구하는 것이든 간에 그는 2인자로서 자신의 몫에 100% 충실한 개그맨입니다. 그런 그가 한 오락 프로그램에서 후배 개그맨이 "박명수는 유재석 없으면 쓰레기"라는 막말로 웃음을 유도했을 때 그냥 한번 웃고 말았다고 합니다. 충분히 뚜껑이 열리고도 남을 만한 일이지만, 나중에 편집해달라고 하지도 않았다고 합니다.

2인자라는 사실 자체가 허접하고 못난 게 아닙니다. 2인자이기 때문에 2인자 티 팍팍 내면서 그야말로 2인자의 말과 행동을 보여주는 게 정말 허접하고 못난 거지요. 자신이 지금 1인자가 아니고 2인자라면, 떳떳하고 당당하면서도 겸허하게 2인자임을 인정하고 1인자에게 한 걸음 다가가보세요. 자신이 진정 2인자라는 생각이 든다면, 그와의 거리가 그렇게 멀게 느껴지진 않을 거라 믿습니다.

명셰프의 30초 요리팁
신은희 닐슨컴퍼니코리아 대표

❝회사를 다니다 보면 좋은 상황도 있고 나쁜 상황도 있어요. 좋은 상황만 있다면 나약한 조직원이 될 겁니다. 나쁜 상황을 겪어야 위기를 이겨낼 수 있는 '근육'이 생기죠. 근육을 키워야 오래 버틸 수 있고 성공도 할 수 있습니다. ❞

마이클 조던(Michael Jordan) 前 농구선수·샬럿 호넷츠 구단주

2인자가 1인자다.

세상 모든 사람들이 '1인자가 되려면 2인자부터 되라'고 합니다. 하지만 저는 여기에서 한 걸음 더 나아가 '1인자가 되든 안 되든, 2인자가 되라'고 하고 싶습니다. 1인자가 되면 물론 더할 나위 없이 좋겠지만 설사 되지 못한다 하더라도 2인자의 마음을 갖고 계속 걸어가라는 거지요.

칼을 신나게 갈다가 조금 빛나니까 "아, 이제 됐구만"하고 내려놓으면, 그것은 분명 녹슬기 마련입니다. 이런 성급한 자신감이나 자만심이 2인자들이 계속 2인자로 남을 수밖에 없는 이유이지요. 설사 자신이 누구도 의심할 수 없는 1인자라고 하더라도 2인자로 살아간다면 1인자라는 자리에서 내려올 일은 없을 겁니다. 그러고 보면 처음에 언급한 문장은 다음과 같이 정리될 수 있을 것 같습니다.

2인자로서의 마음자세가 1인자를 만든다.

1인자들의 마인드는 '2인자가 1인자'로 시작해 '2인자가 1인자'로 끝납니다. 정상의 자리를 차지했으니 이제 좀 쉬면서 '1인자가 (진정한)

1인자'라는 타이틀을 누려도 될 법한데도 그들은 다시 '1인자는 2인자'라는 새로워 보이지만, 사실은 그 기본은 똑같은 명제를 머릿속에 심어 넣음으로써 흐트러질 수 있는 마음을 다잡지요.

[Jordan's Tip #1] 성공은 쫓는 것이 아니다. 그것은 당신이 꾸준히 노력해야 하는 그 무엇이다. 그러면 아마도 성공은 당신이 거의 기대하지도 않았을 무렵 당신을 찾아올 것이다.

회사를 어느 정도 다니다 보면 자신이 얼마나 순진한 생각을 갖고 있었는지를 깨닫는 순간이 옵니다. 자기 자신이 참 잘났다고 생각했는데 알고 보니 다들 잘났던 거지요. 회사 안에서 나름 1인자라고 생각했던 자기 자신과 맞닥뜨리게 되는 아주 불편한 순간입니다. 자기만이 1인자가 아니었다는 것, 다시 말해 의외로 날고 기는 인간들이 득실대고 있었다는 것, 팀장이나 사수, 몇 년 위의 선배들에 이르기까지 하나같이 다 1인자들이었다는 것, 심지어는 일취월장 중인 동료나 후배들까지 숨은 1인자들이었다는 것 등 식은땀이 날 만한 사실들이 눈에 들어오기 시작하지요. 이 불편한 진실을 빨리 깨닫느냐 늦게 깨닫느냐가 바로 회사 안에서 자신이 발전 가능한가, 불가능한가를 판가름하느냐에 따라 바로 회사 안에서 자신이 발전 가능한가, 불가능한가가 판가름나지 않나 싶습니다.

1인자들을 이기고 싶다면, 진정 자타가 공인하는 1인자가 되고 싶다면 자세를 낮춰 1인자들을 연구하고 분석하고 공부하는 등 2인자의 길에 철저히 익숙해지고 길들여져야 합니다. 여기에 말콤 글래드

웰(Malcolm Gladwell)이 주장한 '1만 시간 법칙'을 적용하면 더 든든하겠지요. 정신 나갔다고 할 정도로 많은 시간을 들여 겸허하고도 겸손한 노력을 투자해야 1인자에 가까워질 수 있다는 겁니다. 자신이 아직 갈 길이 멀다는 것, 남에게서 보고 배울 게 한도 끝도 없다는 것, 결국 자기 이외의 사람들이 다 자신의 스승이라는 것을 받아들일 수 있어야 가능한 일들이지요. 이러한 과정을 유약·정리해보면 나름과 같은 등식이 나옵니다.

성공(1인자) = 인정 + 노력

이 등식에서 가장 중요한 요소가 뭘까요? 바로 '인정'입니다. 모든 것은 인정에서 시작됩니다. 자신의 부족한 수준을 인정할 수 없는 상황에서 어떻게 노력하고 싶다는 생각이 나오겠습니까? 그건 말이 안 되지요. 대부분 그럴 필요도, 그럴 이유도 없다고 생각할 겁니다. 자신의 수준을 솔직하고 냉정하게 인정하면 노력도 자연스레 나오게 되고, 그 노력을 꾸준히 이어가다 보면 성공에도 자연히 이르게 됩니다. 요컨대 '나는 2인자'라는 생각이 결국 자신을 지탱시켜주는 힘입니다.

[Jordan's Tip #2] 나는 9000번도 넘게 슛을 성공 시키지 못했다. 나는 300번에 가까운 패배를 경험했다. 나는 사람들이 나를 믿었을 때 26번이나 위닝샷을 실패했다. 나는 살아오면서 실패하고, 실패하고, 또 실패했다. 그리고 그것이, 내가 성공한 이유다.

마이클 조던. 이 두 단어를 보면서 머릿속에 무엇이 떠오르는지요? 농구 황제, 농구의 신, 에어 조던(Air Jordan), 농구천재, 농구 대통령 등 농구의 1인자와 관련된 표현들이 떠오를 겁니다. 물론 그가 자타가 공인하는 최고의 농구선수였던 건 의심의 여지가 없습니다. 하지만 사람들이 그를 단순히 농구의 1인자로 기억하고 있다면, 억울해할 건 아마도 은퇴한 마이클 조던 본인일 것 같습니다.

적어도 저는 마이클 조던의 위대함이 누구도 따라잡을 수 없을 정도의 천재적인 실력에 있다고 보지 않습니다. 오히려 반대로, 스스로 천재적인 실력을 갖고 있지 않다고 생각했기에 천재적인 실력을 갖추기 위해 노력에 노력을 거듭한 그의 의지와 자세, 노력에 있다고 봅니다. 이와 관련하여 농구 쪽으로 얘기를 풀어 가면 아마 대부분 고개를 갸우뚱거리면서 수긍하지 않으려('조던=농구천재'라는 등식이 완전히 각인되어 있을 테니) 할 게 불 보듯 빤하니, 야구 쪽으로 이야기를 풀어가 볼까 합니다.

아는 사람은 다 아는 얘기지만, 조던은 1993년 말에 농구계에서 은퇴(총 세 번의 은퇴 중 첫 번째 은퇴)를 했습니다. 그리고 엉뚱하게도 바로 다음 해 2월에 프로야구팀 시카고 화이트 삭스의 마이너 리그 더블 A팀[9]인 버밍햄에 입단하면서 야구선수로서의 새로운 삶을 시작했습니다. 여기서 눈여겨봐야 할 점은 그가 들어간 곳이 메이저 리그가 아니라 마이너 리그였다는 것. "분야 자체가 다르니 당연한 거 아니냐"고 말할 분들도 있겠지만, 생각해보면 결코 쉬운 선택은

---

9   미국의 리그(league)는 루키 리그, 마이너 리그(싱글A-더블A-트리플A), 메이저 리그로 단계적으로 나뉘어져 있습니다.

아니지요. 언제나 예외 없이 전 세계인들의 이목을 끌었던 대가(大家)가 학교에 다시 입학해 학생들과 나란히 수업을 듣고 있다고 생각해 보세요. 보는 사람이야 신기해하면서 즐거워하겠지만, 하는 사람은 단단한 용기와 마음가짐이 필요할 겁니다.

조던이 고교시절 야구선수로 활약했다고는 하지만 고교야구와 프로야구는 엄연히 급이 틀리지요. 그의 야구 실력은 야구계에서 보기에 분명 수준 이하였고, 그는 마이너 리그 안에서조차도 강등되는 굴욕을 겪게 됩니다. 하지만 온갖 불명예스러운 기록을 남기면서도 그는 사람들의 비웃음에 흔들리지 않았습니다. 다른 선수들(이들이 조던의 눈에는 1인자였을 겁니다)이 연습장으로 나오는 시간이 오전 9시면, 그는 묵묵히 매일 아침 7시부터 연습을 시작했습니다. 누가 보더라도 2인자였기에, 그는 그 사실을 있는 그대로 인정하고 노력을 기울였던 거지요. 한 인터뷰에서 그가 한 말을 보면 2인자로서 그가 어느 정도의 노력을 들였는지를 알 수 있습니다.

"당신은 타고난 재능만 너무 믿고 야구를 시작한 것 아닌가?"
(기자의 질문)

"나는 34온스짜리(약 1 킬로그램) 야구방망이를 들고 하루도 거르지 않고 최소한 300 내지 400번 스윙연습을 했다. 아침 여섯시마다 타격코치와 개인 타격연습을 두 시간씩 했다. 그리고 팀 훈련에 참가했고 훈련이 끝나면 다시 타격코치와 저녁 타격연습을 했다. 장갑을 꼈지만 온 손바닥에 물집이 생겼다.

사람들은 내가 재미삼아 한번 야구를 한다고 생각할지 모른다. 하지만 만약 내 손바닥에서 흘러내리던 피와 새벽 연습을 보았다면 그렇게 쉽게 얘기하지는 않을 것이다."

분야(농구와 야구)는 비록 다르긴 합니다만 1인자라는 사람이 이런 식으로 죽기 살기로 2인자로서의 자세와 행동에 올인할 정도면, 범인(凡人)인 우리가 왜 반드시 2인자가 되어야 하는지가 어느 정도 설명이 되지 않나요? 사람들로부터 인정을 받고 있지 않다면, 인정을 받을 수 있도록 실력을 쌓으면 됩니다. 그들이 보내는 썩소와 조롱을 두 배로 돌려줄 정도의 노력을 쌓으면 됩니다. 그리고 그들에게 미소와 유머로 보답하면 게임 끝입니다. 이게 바로 진정한 '2인자'의 모습 아닐까요?

마이클 조던이라는 세계적인 인물을 예로 드니 오히려 감이 떨어진다고 말할 분들이 있을지도 모르겠습니다. 지금 현재의 자신과 너무 차이가 나는 사람이라 오히려 와 닿지 않는다는 말이겠지요. 그런 분들을 위해 하나의 가이드라인을 제공할 겸 2008년에 프레인글로벌의 여준영 대표로부터 받은 편지를 공개해볼까 합니다. 당시에 저는 LG생활건강으로의 이직이 확정된 상태였는데, 문제는 회사에서 경력을 제대로 쳐주지 않아 고민하고 있던 참이었습니다. 그때 여준영 대표에게 조언을 구했고, 여러모로 도움이 되는 답변을 받았지요.

꼼꼼히 읽어나가다 보면 이것이 결국 경력이나 이직에 대한 내용이 아니라 2인자로서 회사생활을 어떤 태도와 자세로 해나가야 하는지에 대한 내용이라는 걸 알 수 있을 겁니다. 2인자로서 자신이 어떠한 마음과 생각과 태도를 가져야 하는지에 대해 여전히 궁금증을 갖고 있는 분이라면, 이 글에서 그것과 관련된 약간의 방향성을 찾아낼 수 있지 않을까 싶습니다.

안녕하세요 허병민 씨.

농구 황제 마이클 조던이 야구를 하겠다고 마음먹고 입단한 곳이 메이저 리그가 아니라 마이너 리그였을 겁니다. 국내 최대 PR회사 오너인 저는 지난해 한 광고회사에서 인턴십을 쌓겠다고 자원했었습니다(몇 가지 개인 사정으로 미뤄졌지만). 조던과 여준영이 농구단과 PR회사로 옮기면 경력사원이지만 야구단과 광고회사에서는 신입이 아닐 이유가 없기 때문이죠.

　회사가 "우리는 당신이 다른 영역에서 쌓은 경력이 우리 일에 도움이 될 것으로 판단됩니다. 그것을 발휘해주십시오."라고 요청하는 일은 있을 수 있는 일이지만, 입사자가 "나는 다른 경력을 쌓았지만 그걸 당신이 다 인정해줘야겠소."라고 말하는 건 적절치 않습니다.

　질문을 나눠보면 명확합니다. 자신의 경력을 살려 경력사원으로 입사하고 싶으신가요, 새로운 분야인 PR을 하고 싶으신가요. 둘 중 하나를 하시면 됩니다. "PR을 하되 경력사원으로 시작하고 싶다."는 조합을 만드는 건 다분히 주관적이라고 생각합니다. 허병민 씨가 두 산동아와 같은 영역의 회사에 입사한다고 치면 경력을 인정받는 경력사원이 되는 게 당연하겠지요? 그 말은 곧 다른 업종에 입사할 때는 그 경력을 인정받을 하등의 이유가 없다는 뜻이기도 합니다. 그럼에도 불구하고 회사가 "당신은 다른 경력이 있으나 PR은 아니니 경력을 다 쳐줄 수는 없소. 반만 인정합시다."라고 합리적으로 제안했다면 좋았을 텐데 그렇지 않았다니 저도 아쉽군요.

참고로 저희 회사에도 그런 경우가 많습니다. 방송국 PD를 하다 신입으로 오신 분도 있고 마케팅 매니저를 하다 신입으로 오신 분도 있고, 건축사무소 중견 설계사를 하다 신입으로 오신 분도 있고. 그러고 보니 모두 다 신입으로 들어오셨군요. 그런데 지켜보니 그런 분들이 1년 정도 일하고 나면 입사할 때 손해 봤던 그 경력을 서서히 보상받기 시작하더군요. 몇 년 뒤엔 대부분 다 역전해서 원래 자신의 '연차'에 맞는 일을 합디다. 회사의 제도와 배려 때문이냐고요? 천만에요. 회사가 인정해주지 않은 그 경력이 진짜 쓸모 있다면 늘 발휘되기 마련이고 아무 경력 없는 신입들은 그들의 경쟁 상대가 안 되기 마련이지요. 결국 그 사람들은 손해 본 경력을 회사의 배려가 아닌 자기 손으로 다 찾아간 셈입니다.

누군가에게 내 경력을 인정해달라는 건 아주 나이브한 발상입니다. 그 경력이 진짜 인정받을 만한 것이라면 나중에 저절로 다 해결됩니다. 즉, 경력은 누가 인정해주는 게 아니라 본인이 사후에 증명해야 되는 것일지도 모르겠습니다.

개인적으로 저는 "내 연차가 얼마인데" 하면서 자신의 '업종 종사 기간'을 늘 내세우는 사람들을 별로 좋아하지 않습니다. 그렇게 따지면 저는 저희 회사보다 한참 못한 PR회사의 부장 정도 할 '연차'요 '경력'입니다. 하지만 세상이 어디 밸런타인이나 조니 워커처럼 17년산 다음 12년산 그렇게 흘러가던가요. 뚜껑 따서 마실 때 그 맛을 제대로 보여주시면 됩니다. 자신 있으면 신입으로 들어가서 그동안의 경력이 PR에 큰 도움이 된다는 걸 증명하고 뒤집으시면 됩니다. 만일 그게 잘 안되고 해보니 다른 신입과 다를 바 없다면, 회사 입장에선 그 경력을 인정 안 해주길 잘한 거지요.

결정은 본인이 하시는 것. 저는 그저 제 개인 생각을 적었으니 참고가 되셨으면 좋겠습니다.

06

오이

五耳

Silence

Listen=Learn=Love

口　耳

① 〈　② 〉　③ ≤　④ ≥　⑤ ≒　⑥ =

성공 vs 경청

DR. COOK'S RECIPE

06

06

귀가 너덜너덜해질 때까지 들어라

내 귀가 나를 가르쳤다. ―칭기즈칸

지금 여러분 앞에는 다음의 네 가지 능력들이 놓여있습니다. 성공에 목을 매는 여러분에게 선택권이 하나밖에 없다고 칩시다. 여러분은 어떤 걸 선택하시겠어요? 단, 한번 선택하고 나면 다른 것으로 교환할 수 없을뿐더러 물릴 수도 없으니 잘 생각하시길 바랍니다. 한 1분 정도의 여유 시간을 드리겠습니다.

① 말하기 ② 듣기 ③ 쓰기 ④ 읽기

잘은 모르겠지만 마음속으로 ①-③-④-② 혹은 ③-①-④-② 식으로 선택한 분들, 꽤 많지 않을까 조심스레 예상해봅니다. 아, 물론 ④와 ②의 순서를 바꾼 분들도 있겠지요. 다소 분명해 보이는 사실은, ①과 ③이 나머지 항목들에 비해 좀 더 높은 점수를 받았을 거라는 것. 혹시 "웃기는 소리! 이 양반아, 읽어야 쓰고 들어야 말하지. 거꾸로 선택하는 건 어느 나라 공식이여?"처럼 기본에 충실한 분들이 있다면, 이번 편은 반 정도만 읽어도 충분하다고 말씀드리고 싶습니다. 만약 "어이 작가 양반, 다른 건 모르겠고 듣기가 넷 중 가장 중요한 것만은 알고말고. 귀가 열려 있어야지, 귀가." 이렇게 말하는 분들에겐 제가 큰절을 올리겠습니다. 이번 편은 넘어가라는 당부를 곁들이면서 말이지요.

[요리 가이드라인 #1] 인간은 깨어 있는 시간의 70%를 의사소통에 사용하고 있다. 그중 48%가 듣기이며 35%가 말하기다. 1%가 읽기, 7%가 쓰기이며 기타가 9%로, 듣기는 실로 의사소통의 절반을 차지하고 있다."
—박노환, 『경청으로 시작하라』에서

저는 듣기 능력, 다시 말해 경청을 할 수 있는 능력이 우리의 성공을 좌지우지한다고 믿습니다. 말하기와 쓰기는 굳이 상대방이 없어도, 즉 남의 의견과 생각과 주장과 입장을 고려하지 않아도 실력을 올리는 데 크게 영향을 미치진 않습니다. 자기만 의지를 갖고 열심히 잘하면 된다는 얘기입니다. 듣기는 완전히 그 반대이지요. 상대방의 의견과 생각과 주장과 입장을 고려하지 않으면 실력 자체를 올릴 수 없습니다. 말하기와 쓰기가 자신이 전권을 휘두를 수 있는 성질의 것이었다면, 듣는 그 권한이 고스란히 상대방에게 넘어가 있습니다.

수십 아니 수백 명 앞에서의 PT? 한번 망친다고 회사에서 쫓겨나진 않습니다. 회사의 명운이 걸린 신사업 추진을 위한 기획안? 못 써도 됩니다. 타박은 받을지언정 마찬가지로 회사에서 쫓겨나진 않습니다. 토론과 논의를 잘못했다고, 보고서나 제안서 하나 제대로 못 써냈다고, 프레젠테이션 한번 죽 쒔다고, 회사 밖에서 에이전시와 협상 한번 깔끔하게 처리하지 못했다고 쫓겨나진 않습니다. 동료들의 말을 잘 안 듣는 경우, 심지어는 무시하는 경우는 어떨까요? 쫓겨날 수 있습니다. 아니, 반드시 쫓겨납니다. 회사에 뼈를 묻겠다느니 CEO가 되겠다느니 하는 등의 염원은 안드로메다 밖으로 날아가 버리지요.

노파심에 환기시켜 드리자면, 회사는 '인간적'인 곳입니다. 섬세하고 자기중심적이면서도 제각각 다 자기 잘난 맛에 사는 인간들이 꾸려가고 있는, 무척 까다롭고 까칠하고 다루기가 만만치 않은 곳이지요. 이런 곳의 입맛을 맞추려면 말 그대로 '인간적'으로 접근해야 합니다. 다시 말해 모든 사람들이 다 자기가 세상의 중심이고 싶어 하고, 다 존중받고 대접받고 인정받고 싶어 한다는 심플한 사실만 잊지 않으면 된다는 겁니다. 우리 모두가 그러하듯이 말이지요.

인지상정이라고, 사람은 누구나 다 상대방이 자기의 말을 들어줬으면 하는 바람을 갖고 있습니다. 자기가 갖고 있는 생각이 얼마나 혁신적이고 새로운지, 자기의 주장이 얼마나 합리적이고 설득력이 있는지, 자기의 아이디어와 제안이 얼마나 독특하고 뛰어난지 등 자신의 목소리에 다들 귀를 기울여줬으면 하지요. 그래서인지 다들 참 열심히도 말하기와 쓰기 능력을 갈고 닦습니다. 물론 이걸 위해 읽기도 정말 많이 읽어댑니다. 분명 다 피와 되고 살이 되는 노력입니다.

하지만 아쉽게도 대부분의 사람들이 다 이렇게 "나! 나! 나!"를 반복적으로 외쳐대고 있기 때문에 성공하기가 쉽지 않은 겁니다. 하나같이 다 자기의 말 좀 들어달라고 하는데, 남의 말에 경청할 겨를과 여력이 남아있겠는지요? 나의 말과 생각과 행동은 진지하고 비중 있게 다뤄주길 바라면서도 남의 말과 생각과 행동에 대해서는 그 정도의 관심을 기울이지 않는 것, 이것만큼 많은 사람들이 별 생각 없이 저질러버리는 실수도 없을 듯합니다.

머리도 식힐 겸 간단한 질문 하나 드리겠습니다. 여러분은 컴퓨터 혹은 인터넷 하면 어떤 기업이 떠오르나요? 아마 대부분 애플이나 구글, 네이버, 마이크로소프트 같은 곳들을 머릿속에 떠올릴 겁니다. 만약 이 기업들을 다 합친 것보다 더 앞선 시대에 더 앞선 기술과 실력을 갖춘 기업이 있었다고 하면 믿어지세요? 믿기 힘들겠지만, 사실입니다. 지금은 완전히 역사 속으로 사라졌지만, 디지털 이큅먼트(Digital Equipment Corporation, DEC)[10]가 바로 그곳입니다.

MIT 출신의 켄 올슨(Ken Olsen)과 할란 앤더슨(Harlan Anderson)이 1957년에 설립한 DEC는 1980년에 약 10만 여명의 종업원을 거느린, 최첨단기술을 갖고 있던 세계 제2의 컴퓨터 회사였습니다. 그들은 1995년 말에 최초의 검색엔진인 알타비스타(Altavista)를 만들었고(구글은 유도 아니란 걸 알겠지요), 사람들이 그 개념조차 제대로 이해하지 못했던 이메일(다음이나 네이버 저리 가라입니다)을 이미 내부적으로 갖추고 있었습니다. 그것도 모자라 MP3 형태의 개인용 음악기기에 대한 연구도 이곳의 연구센터(애플은 감사를 표해야 합니다)에서 시작

---

10 DEC를 잘 모르는 분들이 많겠지만, 사실 DEC는 과거에 최고의 우량기업이었습니다. 세계적인 경영 석학인 톰 피터스(Tom Peters)가 쓴 『초우량 기업의 조건(In Search of Excellence』(더난출판, 2005)이 바로 DEC의 성공을 보고 쓰여졌을 정도니, 말 다했지요.

됐습니다. 지금 각 분야에서 최고라고 불리고 있는 애플과 구글, 마이크로소프트도 울고 갈 회사였던 거지요. 그런데 이렇게 승승장구하기만 하던 회사가 폭삭 망했습니다. 대체 왜? 한번 맞춰보세요.

[요리 가이드라인 #2] 나한테는 문제 이외에는 갖고 오지 마시오. 좋은 뉴스는 나를 약하게 만들거든. —찰스 케터링(Charles Kettering, GM의 전성기를 만든 공학 천재)

주변 사람들의 말에 귀를 기울이지 않았기 때문입니다. 시대를 심하게 앞서나가고 있었기에, 옆이든 뒤든 주변을 전혀 돌아보지 않았던 거지요. 물론 모든 경쟁사를 압도하는 실력을 갖고 있었으니, 돌아볼 필요성 자체를 느끼지 못했을 겁니다. 내 방식만이 옳다는, 지극히 이기적인 DEC 중심의 문화를 지향하던 이곳은 사회와 환경, 시대에 적응하지 못했습니다.

우수한 비전과 기술력을 보유하고 있던 똑똑한 천재 켄 올슨 회장이 1977년에 했던 오만한 말을 잠시 들어볼까요? "아무도 자기 집에 컴퓨터를 두려 하지 않을 것이다(There is no reason anyone would want a computer in their home)." 안타깝게도 이 예측은 보기 좋게 빗나갔지요. 1960년대(80년대도 70년대도 아닌 '60년대'입니다)에 미니컴퓨터를 만들어냈던 DEC가 대략 어떤 길을 걸어왔을지 짐작하게 만드는 이 발언 이후 DEC는 개인용 컴퓨터 사업의 기회를 IBM과 애플에 내주게 됩니다. 뒤늦게 사태의 심각성을 깨달은 DEC는 네 번이나 PC시장에 뛰어들지만 연이어 참패를 하고 결국 1998년에 컴팩

(Compaq)에 합병됩니다. 말 그대로, 공룡이 멸종된 거지요.

자만심에서 우러나오는 거만함이든 오만방자함이든 유연성 부족이든, 결론은 남의 말을 듣지 않았다는 겁니다. 절대로 무너질 리 없다고 모두가 확신했을 이 잘나가는 회사가 무너진 걸 보면 개인의 입장에서 우리도 분명 본받을 게 있다고 생각합니다. 여러분은 지금 회사에서 잘나가고 있는지요? 소위 '자뻑'이 아니 할 대부분 "그쎄요. 하지만 잘나가고 싶은 마음만큼은 가득이죠."라고 나름 겸손하게 말하겠지요. 그런가요? 그렇다면 오늘부터 남의 말에 귀를 여세요. 기왕이면, 그리고 가능하다면 마음의 귀까지 열어젖히세요. 입은 잠시 닫아둬도 됩니다. 열 기회는 쌔고 쌨으니까요.

여기에서 중요한 건, 자신의 말만 줄이면 만사 오케이가 아니라는 것. 진심으로 귀를 기울이고자 한다면 자신의 생각과 입장과 주장은 물론, 자신이 현재 누리고 있는 지위와 위상까지 깔끔하게 버릴 수 있어야 합니다. 자신이 옳지 않을 수도 있다는, 설사 옳다 해도 들어야 할 말은 듣겠다는, 그래서 바꾸거나 개선해야 할 게 있다면 과감하게 뜯어고치겠다는 겸허함과 유연함을 가질 수 있어야 합니다.

완벽하거나 완전하지 않은데, 그래서 알아내야 하고 깨우쳐나가야 할 게 수두룩한데 누가 위고 아래고 따위의 말이 무슨 소용이 있을까요? "나 이런 사람인데, 어떻게 네 앞에서 무릎 꿇냐?" 식의 말은 집에 가서 애한테나 하거나 절친한 지인 혹은 응석부릴 수 있는 애인한테나 하세요. 정말로 아쉬워해야 하는 사람은 다름 아닌 자기 자신이라는 점을 잊지 말아야 합니다.

회사란 살벌한 정글에서 아무나 성공할 수 없는 이유가 어쩌면 여기에 있는지도 모르겠습니다. 신입 때야 전혀 상관이 없을지 모르지만, 직급이 올라가면 올라갈수록 직급이 제공하는 그놈의 근엄함이란 권리(이자 의무) 때문에 다들 목이 조금씩 뻣뻣해지면서 일종의 병목현상을 겪게 되지요. 생기 넘치던 눈은 풀리면서 시야는 점점 좁아지고, 혈기왕성하던 입은 굳게 닫히면서 반벙어리가 되는 등 슬슬 '연약한' 몸짓들을 보이게 됩니다. 문제는, 그 좋던 귀는 또 어디로 갔는지 보청기로도 회복시킬 수 없을 정도의 난청, 아니 불청(不聽) 증세를 보이게 되지요. 다 '자리' 때문입니다.

"내가 말이야, 왕년에는…" "지금 나를 자네 수준으로 보는 건가? 맞먹자는 거야 뭐야?" "나 □년 차야. 그거? 이미 다 해본 고만고만한 레퍼토리지. 집어치우고 다 잊어버리라고." 왕년에 한 따까리를 했고 솜씨가 날라 다니는 수준이고 회사에 뼈를 묻었다고 할 정도의 연차라면 더더욱 주변 사람들의 말에 귀를 기울여야 합니다. 그 정도로 회사에서의 입지를 다진 분이라면, 책임과 의무 또한 높아져있을 게 틀림없는데 매사에 신중하지 않을 수가 있겠습니까?

귀에는 직급이 없습니다. 모르면 이유 불문하고 들어야 하고, 알아도 혹시나 하는 마음 혹은 좀 더 캐내야겠다는 마음으로 한번 더 들어야 하지요. 들어서 손해 봤다고 말하는 사람을 실제로 본 적 있나요? 제가 경험의 폭이 작아서인지는 모르겠습니다만, 저는 단 한 번도 없습니다. 하긴, 제가 본 적이 없는 건 당연한 건지도 모르겠습니다. 항상 제 자신을 중심에 둔 채, 주변 사람들이 제 말을 들어 100% 이익을 봤다고 굳게 믿었으니 말입니다.

이렇게 듣지 않는 걸로 치면 둘째가라면 서러울 정도의 불청(不聽)이었던 제가 과거에 한국대학교육협의회에 재직하면서 겪었던 자승부놀이 떠오르는군요. 이미 여러 편에서 소개했듯이 저는 이곳에서도 참 말을 듣지 않았습니다. 일에 관한 한 이미 모든 계획과 아이디어와 방향성이 제 머릿속에 있었기 때문에 윗사람이든 동료든 다른 사람들의 의견 자체를 그다지 중요하게 여기지 않았지요. 머리가 자신 있었으니, 모든 걸 다 입으로 해결하려 했습니다. 성공학의 대가인 브라이언 트레이시가 말한 성공의 금과옥조인 '첫째도 경청, 둘째도 경청, 마지막까지 경청'을 저는 정반대로 활용했습니다. 즉 첫째도 내 생각, 둘째도 내 입장, 마지막까지 내 주장만 가득한 원맨쇼, 결국 첫째도 내 말, 둘째도 내 말, 마지막까지 내 말을 고수했다는 겁니다. '니들은 들어라, 형님은 달리련다' 식이었다고나 할까요.

눈치? 시달렸다고 할 정도로 주변으로부터 많이 받았습니다. 제가 일관되고 끈질기게 안 들었다면, 다른 구성원들은 그에 비례해일관되고 끈질기게 주의를 줬지요. 동시에 적지 않은 사람들이 간접적으로 혹은 우회적으로 제 방식에 대해 나름대로의 배려심을 갖고 조언을 해줬습니다. 그런데 저는 그걸 배려심이라고 생각한 적이 없었던 것 같습니다. 배려심이기는커녕 오히려 다들 듣고는 있지만 실은 듣는 척, 공감해주는 척만 하고 있고, 그것도 부족해 제 뒷다리까지 걸고넘어지는 거라고 생각했던 거지요.

그렇게 꿋꿋하게 최선을 다해 듣지 않은 결과는 오래 지나지 않아 바로 나왔습니다. 한 2개월쯤 지났나요? 저는 팀 내에서든 팀 밖에서든 사내 대부분의 사람들과 각을 세우게 됐습니다. 제 편이었던 분들마저 점점 떨어져나가기 시작하더군요. 한계효용 체감의 법칙이 작용하기 시작했던 겁니다. 처음에 맥주를 마실 때에는 톡 쏘는 쾌감을 음미하며 맛있다고 하지만 너무 많이 들이부으면 점점 속에서 받아들이지 않게 되고, 그 상태에서 더 달리면 결국 토하는 지경에까지 이르게 되지요. 딱 제 사례와 같습니다. 주변 사람들이 스톱을 외칠 때까지 저는 죽자 사자 '고'를 외쳐댔던 겁니다.

경청에는 총 네 가지 방법이 있다고 합니다. 누구에게나 추천할 만한 맥락적 경청, 그다음으로 적극적 경청, 다음 수동적 경청, 그리고 누구에게도 추천하고 싶지 않은 배우자(spouse) 경청 이렇게 네 가지가 있습니다. 직원들은 처음에는 제 말의 맥락(의도나 감정 등의 배경)을 살피면서 말하지 않은 부분까지 주의 깊게 들으려고 노력했을 겁니다. 상황이 예상보다 만만치 않다는 걸 느낀 후부터는 저에게 눈을 맞추고 고개를 끄덕여주는 정도로 그 수위를 낮췄겠지요. 하지만 여전히 상황이 진전되는 기미가 안 보이자 이젠 안 되겠다 싶어 저로 하여금 그냥 주저리주저리 말하도록 내버려뒀을 겁니다. 말을 가로막지 않을 뿐, 주의를 거의 기울이지 않게 된 거지요.

그렇게 줄기차게 눈치를 줬는데도 제가 전혀 반성의 기미를 보이지 않자, 이젠 더 이상 참을 필요가 없겠다고 생각한 나머지 영구적인 성격의 '귀 파업'을 벌이기로 결심했겠지요. 자신이 해야 할 일을 하면서 건성건성 듣게 되는, 사실상 듣지 않는 상황에 이르게 됐다는 겁니다. 물론 파업 때 간혹 볼 수 있는 비극적인 장면도 연출됐습니다. 말을 때때로 가로막기까지 하는 일 말이지요.

저는 제가 상대방의 말을 듣지 않더라도 상대방은 저의 말을 들을 거라고, 아니 들어야 한다고 생각했습니다. 제가 더 뛰어난 설득력과 논리력을 갖고 있고, 더 많은 재능과 능력을 갖추고 있기에 제 말을 들어야 그들이 진행하고 있는 일도 원활하게 돌아갈 수 있다고 본 겁니다. 물론 그들로서도 결과적으로 이득을 보면 봤지 결코 손해 볼 일은 없을 거라고 확신했던 거지요. 요컨대 제 말이 회사를 쥐락펴락해야 하고, 또 할 수 있다고 굳게 믿었던 겁니다.

이러한 마인드를 갖고 있었음에도 불구하고, '불행하게도' 저는 회사로부터 인정을 받았습니다. 거의 언제나 그렇듯이, 대표적인 밉상인 입 크고 목소리 큰 사람이 회사 안에서는 승승장구하게 되어 있지요(물론 오래 가진 않는다는 게 한계이지만). 그것도 다름 아닌 회사의 대표로부터 인정을 받았으니, 어느 누구도 제 업무 스타일이나 업무 방식, 나아가서 업무 결과에 대해 일언반구도 하지 못했습니다. 덕분에 오만방자함은 점점 더 극에 달해갔지요. 할 말을 하고 싶어도 못하니, 답답함을 참다못한 동료들이 결국 선택한 것? 귀에다 자물통 채우기. 그야말로 자업자득이었던 셈입니다.

들어줄 사람이 없는데 난다 긴다 한다는 게 무슨 소용이 있겠습니까? 업무 진행 및 처리가 점점 마비되었음은 물론, 인간적으로도 고립되어 갔습니다. 저를 좋게 봐주던 분들마저 다 제 곁에서 떨어져나갔을 때쯤, 상황을 반전시킬 기회가 우연찮게 찾아왔습니다. 공교롭게도, 그리고 역설적이게도 그 기회를 마련해준 건 다름 아닌 저를 인정하고 칭찬함으로써 잘나가는 사람이 가질 수 있는 파워를 마음껏 누리도록 부추긴 분, 바로 대표님입니다.

제가 귀를 막고 있다는 사실을 소문으로 들어 이미 익히 알고 있었던 그가 어느 날 저를 부르더군요. "허병민 씨, 요즘 어때요? 일은 재미있나요? 업무와 관련된 새로운 소식도 들을 겸 그간 어떻게 지냈는지 소식도 들을 겸, 이래저래 궁금해서 불렀습니다." 워낙 솔직한 저는 쌓인 문제도, 감정도 깔끔히 정리하고 싶다는 생각에 기회다 싶어 있는 그대로 다 말씀드렸습니다. "네. 일은 재미있습니다. 그런데, 사람들이 제 말을 잘 듣지 않는 것 같습니다. 이렇게 저렇게 하면 될 것 같은데, 협조도 잘 안 하고 도움도 잘 안 주려 하는 것 같습니다. 저 스스로를 위한 것도 아니고 다 회사를 위한 건데도, 참 이해가 안 갈 정도로 듣질 않습니다. 대표님도 그동안 제가 진행해온 일들 다 잘 아시지 않습니까? 적어도 일에 관한 한 실망시켜드린 적은 없다고 생각합니다. 그런데 앞으로도 그렇게 할 수 있을지 잘 모르겠습니다. 솔직히 자신감이 점점 떨어지고 있습니다. 사람들이 제 말을 잘 들어야 하는데 생각만큼 잘 안 따라주는 것 같습니다. 그래서 요즘 그 문제 때문에 고민이 많습니다."

얘기가 끝나고 한참 동안 눈을 감고 있던 그가 서서히 눈을 뜨면서 딱 한마디 건네더군요. "허병민 씨. 그건 말이지요, 남의 말을 들으면 해결되는 문제입니다. 죽을 만큼 그렇게 했는데도 안 된다? 그럼 저에게 다시 오세요. 그때는 제가 직접 도와드리죠." 충격을 받은 전 입이 완전히 닫혔습니다. '죽을 만큼'을 떠나서 귀 자체를 열어본 적이 없는 제가 대표 앞에서 무슨 할 말이 있었겠습니까? 그것도 입을 귀라고 생각해온 마당에 말입니다.

사실 너무나 상식적으로 들리는 이 조언이 저에게 와닿은 이유는, 그가 경청을 일상생활 속에서 실천해왔기 때문입니다. 시도 때도 없이 말단에서부터 경영층에 이르기까지 사람들을 두루두루 불러 그들의 말을 열심히 듣고 또 듣고 해왔던 건 사내 구성원 모두가 아는 사실이었지요. 단지 업무 때문에 부르지도 않았습니다. 예고도 없이 무작정 불러서 다양한 주제로 이런저런 대화를 나누는 걸 즐겼지요.

사실 대화라기보다는 상대방의 독백을 들어주는 수준에 가까웠달까요. 거의 한마디도 하지 않고 그저 묻고 듣고 추임새 넣고 다시 듣고, 또 묻고 듣고 고개 끄덕이고 다시 듣고를 반복하다시피 했습니다. 그것도 좋은 얘기든 나쁜 얘기든 가리지 않고 닥치는 대로 말입니다. 과연 그가 단지, 그리고 정말 뭘 몰라서 그랬을까요? 혹은 듣는 것 자체를 너무나 즐겼기 때문에? 웃긴 질문처럼 들리겠지만, 실은 전혀 웃기지 않은 질문이 여기서 나오지요. 그는 누구를 위해서, 그리고 무엇을 위해서 그렇게 죽자 사자 들었던 걸까요?

[요리 가이드라인 #4] 타인의 언어는 나의 침묵을 필요로 한다. 침묵하면서 타인의 언어를 경청할 때에 비로소 소통이 가능해진다. ─김경욱(소설가)

여러분도 이런 경청형 CEO들을 매체를 통해 종종 접하셨을 겁니다. 신입부터 관계사 CEO들에 이르기까지 모든 사람들의 이야기를 중간에 막지 않고 일일이 다 듣고 생각을 정리하는 심사숙고형 CEO

최태원 SK그룹 회장, 회의를 할 때 결론이 빤히 눈앞에 보이지만 모두가 정답을 찾도록 끝까지 다 들어본 뒤에 결론을 내리는 제프리 이멜트 前GE 회장, 언제나 스스로에게 잘 듣고 있는지를 자문하면서 회의를 할 때 경영층이 주제와 완전히 동떨어진 얘기를 해도 표정 하나 바뀌지 않고 끝까지 들어보는 이건희 삼성전자 회장 등이 대표적으로 회자되는 CEO들이지요. 이들은 회사 안팎에서 다양한 경험을 쌓아오면서 경청을 한다는 게 얼마나 중요한 건지 절실히 느꼈을 겁니다. 이들의 행동 하나하나가 그것을 고스란히 증명해주고 있지요.

자신의 현재 상황과는 너무나 동떨어진 분들 얘기라, 별로 관심 없다고요? 좋습니다. 회사를 굴리고 먹여 살린다는 거창한 논리 따위는 잊어버리고 우리들의 얘기로 돌아가 보지요. 우리는 누구를 위해서, 그리고 무엇을 위해서 경청을 (해야) 하는 걸까요? "내가 지금 이런 당연한 질문에 대답하고 있어야 하나?" 당연하게 들린다면, 더더욱 잘 생각해보세요. 의외로 당연하지 않다는 걸 느끼게 될 테니까요.

경청은 남을 위해 베푸는 '선물'이 아닙니다. 남을 기분 좋게 만들기 위해서 하는 '아부'도 아닙니다. 그건 기회가 되면 할 수 있는 게 아니라, 기회가 나든 말든 해야 하는 일입니다. 다른 누구도 아닌 바로 자기 자신을 위해서이지요. 모순적으로 들리겠지만, 스스로를 위해 경청할 수 있어야 합니다. 그래야 남의 얘기 또한 제대로 들을 수 있습니다. 자신이 왜 죽도록 남의 말을 듣는지, 어째서 그래야 하는지, 무엇을 위해 그러는 건지 등 듣지 않으면 안 되는 이유를 나름대로 정의하고 또 정리해놓아야 하는 이유가 바로 여기에 있습니다.

'성공하고 싶다면 무조건 경청해야 한다'는 조언, 참 질리도록 여기저기서 많이 접하셨을 겁니다. 누구도 부인할 수 없는 지당한 애기지요. 그런데 여기서 많은 사람들이 간과하고 있는 게 있으니, 그건 바로 성공에 대한 자기만의 기준입니다. 아무리 경청이라는 덕목이 다다익선이라고 해도, 그것이 설득력이 있고 공감이 가려면 성공에 대한 자기만의 기준이 있어야 합니다.

성공이란 게 뭔가요? 여러분이 매일매일, 아니 지금 죽을 힘을 다해 빌리는 이유가 뭐냐 이겁니다. 결국 승진과 인정 때문 아닌가요? 그럼 문제는 간단해집니다. 회사 안에서의 자신의 생활, 자신의 모습을 한번 돌아보세요. 자신이 남의 말을 경청하지 않았던 상황들을 하나둘 찬찬히 떠올려보는 겁니다. 의도적으로 경청하지 않았던 건가요, 아니면 경황이 없어 그럴 수 없었던 건가요?

의미가 없다고 생각해서였나요? 아니면 상대방에게 화가 나서였나요? 이것저것 다 아니라면, 혹시 그냥 귀찮아서였던 건 아닌가요? 대체 왜 그랬던 건가요? 일에 치여 죽겠는데 혼자 따로 생각할 시간을 갖겠습니까? 지금 이 기회에 다른 거 다 제쳐두고 한번 냉정하고 정확하고 철저하게 따져보세요.

성격적으로나 인격적으로나 애당초 자신은 경청할 그릇이 못된다? 그럼 그 그릇을 조금씩 넓히면 됩니다. "그릇이란 게 어떻게 넓혀지나? 그건 태어날 때부터 그냥 정해져 있는 거지."라는 생각이 든다면, 하지 마세요. 까짓거 안 하면 그만입니다. 대신, 자신이 생각해왔던 성공에 대한 정의 또한 덩달아 바꿔야 하는 수고도 감수해야겠지요.

자신은 경청을 너무나 하고 싶은데 남들이 자꾸 신경을 건드린다거나 이런저런 말도 안 되고 불합리한 이유로 경청을 막는다? 그럼 그 이유를 경청해보면 됩니다. 누가 보더라도 그건 황당한 난센스이고 억지라면 귀를 막아도 뭐라 할 사람 아무도 없습니다. 오히려 여러분에게 폐를 끼친 그 사람들이 욕을 바가지로 얻어먹겠지요.

하지만 그 이유가 충분히 말도 되고 일리가 있다면, 더더군다나 그게 일정 부분 자신으로부터 비롯된 거라면 문제되는 그 부분을 스스로 조금씩 개선해나가면 됩니다. 역시 하고 싶지 않다? 말리는 사람 아무도 없으니, 하지 마세요. 모든 일이 그렇듯 안 하면 그만입니다. 대신 유치하게 "사실 이렇게 된 건 다 삭막한 회사 때문이야. 나도 원래 이런 사람 아니었다고."라고 둘러대지도 말 것이며, 남들이 그 이유를 경청하지 않는다고 섭섭해하지도 말 것입니다. 여러분에 대한 회사의 인정이 모조리 날아간다 해도 불평할 거 하나도 없습니다. 회사도 나름대로의 이유를 발견한 것일 테니까요.

어쩌면 제가 한국대학교육협의회 대표가 해준 별로 놀랍지도 않은 조언에 충격을 받은 이유는 그것이 제 대학시절의 뼈아프면서도 뼈저린 경험을 상기시켜줬기 때문인지도 모르겠습니다. 대학시절 오랜 역사를 간직한 한 전국영어연합서클의 회장을 맡았던 저는 서클이 결성된 근본 취지에 맞게 전국에서 최고로 잘 나가는 영어 서클을 만들고 싶었습니다. 그래서 가입 기준도 까다롭다고 할 정도로 강화했고, 다들 들어오고 나서 실력이 나아지는지 일일이 점검(사실상 검열)했으며, 상호간의 관계 자체를 영어라는 분명한 목표와 목적에 맞추도록 유도했지요.

결론만 말씀드리자면 제 계획은 수포로 돌아갔습니다. 의도와 방향 자체는 너무나 좋았지만, 문제는 대부분의 회원들이 단순히 영어 때문에 가입하는 건 아니라는 걸 깜빡했던(까마득히 몰랐던 건지도) 거지요. 영어는 그저 명목상의 목적일 뿐, 사실은 99% 이상이 친목 때문에 가입한다는 단순한 진리를 놓쳤던 겁니다. 더 큰 문제는 이러한 대다수의 바람을 정확히 인식하고 나서도 제가 제 뜻을 굽히지 않았고, 대다수를 위한다고는 하지만 사실은 제 자신이 만들어놓은 지극히 개인적이고도 주관적인 취지에만 매달려 그들의 생각을 가볍게 밟아버렸다는 겁니다. 그렇게 서클을 '말아먹은' 저는 그 대가로 서클 역사상 최초로 공청회의 주인공이 되는 영광(?)을 누리게 되었습니다.

서클의 모든 회원들, 심지어는 활동한지 몇 십 년도 지난 나이 지긋한 시니어 회원들까지 '세기의 재판'에 관심이 있었는지 대부분 공청회장에 모여들었습니다. 그리고 두 시간 동안 제 입장과 생각, 그로부터 비롯된 행동들에 대한 해명 요구가 이어졌지요. 전체적인 분위기는 냉랭하기 그지없었습니다. '너 이놈, 딱 걸렸어. 이젠 네가 한번 실컷 당해보라고.' '이 서클이 자네 건가? 서클을 자네 멋대로 굴려?' 식의 분노가 여기저기서 전달되어 오더군요.

그제야 피부로 실감이 되더군요. 제가 그동안 무슨 일을 저질러 왔는가를. 무슨 일을 해야 했고, 무슨 일을 하지 말아야 했는가를. 거기에 쐐기를 박아준 것이 바로 지금까지도 제 머릿속에 생생히 박혀있는 다음 질문입니다.

다른 사람들의 말을, 왜 듣지 않았습니까?

알고 보면 성공은 매우 심플한 것인지도 모르겠습니다. 자신의 의견을 소중하게 생각하는 만큼, 더도 덜도 말고 딱 그 정도로 혹은 그 이상으로 남의 의견을 존중하면 성공합니다. 자신이 말하는 만큼 남의 말을 듣고 받아들이고 소화하는 데 노력을 기울이면 성공합니다. 남의 말이 자신의 성공을 좌지우지할 수 있다고 생각하면 성공합니다. 들어야 하는 이유가 여전히 당장 크게 와 닿지 않는다 하더라도 들을 생각이 조금이라도 있다면, 들어서 손해 볼 게 없다고 생각한다면 앞으로 성공할 가능성이 높다고 할 수 있습니다. 요컨대 말을 듣지 않는 사람은 성공에 관한 한 '싹수가 노랗다'는 것.

남으로부터 인정받고 싶어 하면서도 남을 인정하지 않겠다는 건, 고액의 연봉을 벌면서도 세금을 내지 않겠다는 말과 하등 다를 바가 없습니다. 이게 바로 단물만 쪽쪽 빨아먹겠다는 도둑놈 심보가 아니고 뭐겠습니까? 하지만 안타깝게도 세상 사람들은 바보가 아닐뿐더러, 세상은 그렇게 녹록하게 돌아가지도 않지요.

쉽게 생각하면 됩니다. 남의 얘기를 듣지 않으면 남도 나의 얘기를 들어주지 않습니다. 남이 나의 얘기를 들어주지 않으면 어떤 경로를 통해서든, 어떤 과정을 거쳐서든 일에 지장이 생깁니다. 일적인 면에서만 지원군을 잃으면 다행이련만, 시간이 지나면서 인간적인 면에서마저 지원군을 잃게 되지요. 회사에서 짬밥을 좀 먹어본 분이라면 알겠지만, 일만 잘한다고 해서 인정받을 수도 없고 반대로 인간적으로 괜찮다는 평만 듣는다고 해서 인정받을 수도 없습니다. 일도 잘하고 평판도 좋아야 하지요. 그러기 위해서 절대적으로 필요한 게 바로 경청이라는 덕목입니다.

사람은 누구나 다 기본적으로 자신이, 자기의 말이 중요하다고 생각하지 남이, 남의 말이 중요하다고 생각하지 않습니다. 경청이 쉬워 보이면서도 진정 어려운 이유가 여기에 있습니다. 성선설이니 성악설이니를 떠나 사람들은 100% 다 자기중심적(이기적이란 말과는 엄연히 다릅니다)이기 때문입니다. 자신의 말이 항상 최우선에 놓여있다는 거지요. 그렇다보니 대부분의 사람들이 조지 버나드 쇼가 말한 것처럼 "의사소통이 가지는 문제는 그것이 이미 완성되었다는 착각이다."란 생각을 잠재적으로 다 갖고 있습니다. 불행하게도 이것이 바로 우리들의 성공을 가로막는 가장 일반적이고도 대표적인 증상이지요.

의사소통을 완성해주는 건 우리의 입이 아닙니다. 의사소통을 완성해주는 건, 다름 아닌 우리의 귀입니다. 귀는 의사소통만 완성해주는 게 아니라 우리의 관계를 완성해주고 우리의 일을 완성해줍니다. 그리고 결국에는 우리의 성공을 완성해줍니다. 시나리오 플래닝(Scenario Planning)의 대가인 네이피어 콜린스(Napier Collyns)가 한 워크숍에서 한 말이 이 모든 걸 수렴하고 또한 정리하는 힌트를 제공한다고 생각하기에 여러분께 소개해드릴까 합니다. 그는 보다 나은 세상을 만들어나가기 위해서 우리가 중요하게 여겨야 할 것이 세 가지가 있다고 합니다. 그걸 그는 3L이라고 부릅니다.

Listen Learn Love

이 단어들을 여러분 자신의 상황에 그대로 적용해보세요. 성공을 간절히 원한다면, 남을 사랑하고 남으로부터 배우고 남의 말을 경청하라는 말로 풀이되지 않나요? 오로지 자기 자신만을 사랑하고 남이 자기로부터 배워야 한다고 생각하고 남이 자신의 말을 들어야 한다고 믿는다면, 이건 뭐 생각만 해도 아주 괴로운 세상이 펼쳐질 것 같지 않은지요?

[요리 가이드라인 #6] 듣기는 속히 하고 말하기는 더디 하며 성내기도 더디 하라. —신약성서 야고보서 (1:19)

사실 곰곰이 따져보면 여기에 나와 있는 단어들이 결국 다 같은 뜻이란 걸 알 수 있습니다. 우리가 남으로부터 들으려면 배우고자 하는 자세와 더불어 남에 대한, 일에 대한 관심을 갖고 있어야 합니다. 배운다는 건 또 듣는다는 말이며, 배우고자 하는 대상에 대한 열의를 내포하고 있지요. 무엇보다도 본질적인 관점에서 봤을 때 사랑이 없이는 들을 수도, 배울 수도 없습니다.

성공을 하고 싶으세요? 그럼 사랑하듯이, 배운다는 자세로, 열심히 들으세요. 경청(傾聽)이란 단어에서 청(聽)이란 글자를 따로 떼어내 풀이해보면 '왕(王)의 말씀을 듣는데(耳) 열(十)의 눈(目)과 한마음(一心)이어야 한다'는 뜻이 나오는데, 이런 마음으로 듣는다면 성공하지 않으려야 않을 수가 없지 않을까 싶습니다. 적어도 경청의 세계에서는 "고마해라. 마이 무따 아이가." 따위의 말이 통용되지 않는다는 사실, 부디 잊지 않으셨으면 합니다.

명셰프의 30초 요리팁
토마스 쯔바이펠 前 스위스컨설팅그룹 CEO

❝ 듣기만 잘해도 성공한 CEO가 될 수 있습니다. 가슴이나 어깨 근육처럼 듣는 근육도 훈련을 하면 할수록 발달하지요. 그러니 주의해서 잘 들으세요. 그러면 성공을 위해 절대 하지 말아야 할 것들을 볼 수 있습니다. 이전에는 존재한다는 사실조차 몰랐던 무수히 많은 것들을 볼 수 있게 될 겁니다. ❞

명셰프의 습관
제프 킨들러 前 화이자(Pfizer) 회장[11]

❝ 저는 틈만 나면 듣습니다. 매일 10개의 1센트 동전을 왼쪽 바지 주머니에 넣고 집을 나서지요. 한 명의 직원과 대화하고 그의 고민이나 이야기를 충분히 들어주었다는 생각이 들면, 왼쪽 주머니에 있던 동전 하나를 오른쪽 주머니로 옮깁니다. 매일 하루를 보낸 후 왼쪽에 있는 10개의 동전이 모두 오른쪽 주머니로 옮겨가면, 제 자신에게 '100점'이라는 점수를 줍니다. ❞

---

11 "[Cover Story] 듣고 또 들어라 위기가 뚫린다" (조선일보, 2008. 10. 18)

^故이와타 사토루(岩田聰) _{前 닌텐도 대표}

"세상에서 가장 어려운 일이 뭔지 아니?"

"글쎄요. 돈 버는 일? 밥 먹는 일?"

"세상에서 가장 어려운 일은 사람의 마음을 얻는 일이란다."

─생텍쥐페리의 『어린 왕자』에서

모르긴 몰라도 이번 편만큼 여러분의 신경을 거슬리게 만든 편도 없었을 겁니다. 경청이란 단어만 거의 서른 번이 넘게 등장하는데 거슬리지 않았다면 그게 더 이상하겠지요. 죽어라 '경청해라' '열심히 들어라' '주의 깊게 들어라'를 외쳐대는데 지겹고 짜증나서라도 한 번 들어줘야만 할 것 같습니다. 그런데 마음이 불편한 걸로 치면 제가 더 심하면 심했지 덜하지는 않을 것 같습니다. 기껏 다 쓰고 나서 휴식을 취하고 있는데 온갖 잡생각들이 머릿속을 들쑤셔놓더군요. 요는 '사람들이 과연 공감을 할까'였습니다.

　실제로 어떤가요, 여러분은? 이번 편을 읽고 나서 순순히 고개가 끄덕여지던가요? 아니면 뭔가 2% 부족한 듯 찜찜하고 씁쓸한 기분이 들던가요? 여러분이 후자를 선택한다고 해도 저는 충분히 이해할 수 있습니다. 왜냐하면 저부터가 그럴 것 같으니까요.

　아마 경청의 근본적인 속성 때문이 아닐까 싶습니다. 사람들은 대부분 다 자신이 세상의 중심이라고 생각합니다. '자기중심적(이기적이란 말이 아닙니다)'이라는 거지요. 자신을 모든 것의 중심에 놓고 주변을 이해하면서 일을 풀어나가려 합니다. 결국 의식적으로든 무의식적으로든 입(口)이 주인공이 될 수밖에 없습니다. 그런데 경청이란 게 뭔가요? 입은 꾹 닫는 대신 귀를 활짝 여는 겁니다. 여기에서 주인공의 자리가 뒤바뀌게 됩니다. 자기 자신이 아니라 이제는 남이 주연(主演)의 자리를 꿰차게 된다는 거지요. 찝찝하고 씁쓸한 기분이 정체가 바로 여기에서 비롯되는 겁니다.

안타깝게도 이 기분을 떨쳐내지 못하는 한, 그리고 이것을 자기만의 기준으로 정의해 극복하지 않는 한 경청에 대한 어떠한 조언도 자신의 머릿속에 들어오지 않을 거라 확신합니다. 그럼 대체 뭘 어떻게 해야 하는 걸까요? 이 지점에서 우리가 해야 하는 일은 성공(미래)과 경청과 자신의 성격(성향), 이렇게 셋을 자기 앞에 끌어놓고 삼자대면을 시키는 겁니다.

이런 질문들이 서로 간에 오고 가겠지요. "네 성격 갖고 성공할 수 있겠냐?" "성공하고 싶어? 그럼 경청이나 하셔." "경청이 꼭 성공에 필요한 거냐? 그냥 말이 그렇다는 거지." "경청하려면 성격이 어때야 하는 거냐? 말해봐." "성격이 안 좋으면 경청하기 힘드냐? 경청을 하다가 오히려 성격이 버려지는 거 아냐? 닭이냐 달걀이냐?" "경청 없이 성공 없다고? 그게 맞는 말이냐?" "일단 성공을 해야 마음이 좀 여유로워져서 경청도 할 수 있는 거 아냐?" "성격이 좋아야만 경청할 수 있고 성공할 수 있는 거냐?"

"비슷비슷한 질문들이네, 뭐." 그렇게 보인다면 다행입니다. 맥락은 딱 하나입니다. 성격(성향)과 경청과 성공(미래)이 하나로 이어져 있다는 것. 서로 떨어뜨려 놓으려야 떨어뜨려 놓을 수 없는 불가분의 관계란 것.

자신의 성격이란 장애물을 넘지 못하면 경청을 할 수 없고, 경청이란 장애물을 넘지 못하면 성공을 할 수 없습니다. "성격이 이상하고 괴팍하고 나빠도 잘만 경청할 수 있다, 뭐." 아, 위선적이고 가식적으로 듣는 척하면서 자신의 성격을 감추면 되니까요? 그런데 그게 과연 잘 될까요? 얼마만큼 오랫동안 지속할 수 있을 것 같나요? 또, 사람들이 그렇게 호락호락할 정도로 바보처럼 속아줄까요? "성공하려면 경청하라고? 경청을 뛰어넘을 정도로 말을 끝내주게 잘하면 성공하니까, 걱정 붙들어 매셔." 이거 어쩐다. 걱정이 되는걸요? 말을 끝내주게 잘하는 건 정말 박수칠 만한 일인데, 그 박수를 칠 사람이 한 명도 없다면 어떡하나요?

"어이, 작가 양반. 성격이고 경청이고 뭐고 다 갖다 대보셔. 실력만 있으면 그런 거? 다 눈감아줘. 그러니 헛소리 좀 작작하라고." 이분은 아예 한술 더 뜨는군요. 자기중심적인 게 아니라 아예 이기적으로 나가기로 작정한 분 같습니다. 실력만 있으면 다 용서된다고요? '얼굴이 예쁘면 다 용서된다'는 말이야 숱하게 들어봤지만, '실력이 있으면 다 용서된다'는 말은 지금껏 누구로부터도 들어본 적이 없습니다.

실력만 있으면 된다라. 그럴 것 같지요? 그러나 설령 여러분이 누구의 말도 듣지 않아도 될 정도로 천재라고 해도, 여러분의 회사가 구멍가게 수준이라고 해도, 앞으로 세상이 얼마만큼 어떻게 변한다고 해도 그런 일은 결코 벌어지지 않습니다. 왜냐? 일이란 게 기본적으로 '상대방'을 전제로 돌아가고 굴러가는 것이기 때문입니다. 실력이라는 것도 상대방으로부터 인정을 받아야 실력이라고 할 수 있는 거니까요. 그러니 성공이란 결국 상대방에게서 나오는 거라고 할 수 있지요. 자, 이제 조금 정리가 되지요?

성공은 마음이다.

제가 이런 말씀을 드릴 수 있을 정도로 연륜이 쌓인 건 아닙니다만, 성공은 다름 아닌 마음에 달려 있는 것 같습니다. '자신의' 마음에 달려있다는 건 당연한 거고, 무엇보다도 '상대방의' 마음에 달려있다는 겁니다. 식상한 얘기처럼 들릴 수도 있지만, 어쩌면 우리 자신이 성공에 대해 갖고 있는 마음가짐보다도 남이 우리에 대해 갖고 있는 마음가짐, 즉 우리를 어떻게 이해하고 받아주느냐가 백만 배 더 중요한지도 모르겠습니다. 자신이 아무리 북 치고 장구 치고, 날고 긴다 해도 거기에 동조해주고 동의해주고 공감해주면서 웃음으로 화답해주는 사람이 없다면 무슨 소용이 있을까요? 그렇게 놓고 보면 성공은 두 개의 마음이 합쳐진 결과가 아닌가 싶습니다.

성공 = 성공에 대한 나의 마음 + 나에 대한 남의 마음

나에 대한 남의 마음을 확인하기 위해서도, 그걸 얻기 위해서도 우리는 경청을 해야 합니다. 건성으로 듣는(hear) 대신 좀 더 귀를 기울이면서 들어야(listen) 합니다. 듣는 척이 아니라 진심을 담아 완전히 올인해서 들어야 합니다. 사실은 이게 결코 찜찜하고 씁쓸한 얘기일 수가 없는 게, 다 우리 자신을 위해서이기 때문입니다. "성공을 하고 싶으세요? 일단 (자신을 위해서) 들으세요." 이제야 눈이 번쩍 떠지지요?

여기에서 잠깐. 경청에 대해 중간점검도 할 겸 여러분에게 한 가지 질문을 드릴까 합니다. 아마 대부분 질문은 쉽지만, 대답은 쉽지 않다고 하지 않을까 싶습니다. "허구한 날 질문이야 질문이긴. 열심히 들으면 되잖아. 앞으로 잘할 테니 이제 좀 내버려둬." 열심히 듣는 건 좋은데, 한 가지가 빠진 것 같습니다. 그래서 더 늦기 전에 확인 및 공유 차원에서 묻고자 합니다. 경청의 본질을 딱 한 단어로 표현해야 한다면 뭐가 적합할까요?

경청은 □□이다.

힌트 하나 드리겠습니다. "말로서는 사람을 □□할 수 없다." 혹시 감이 오시나요? 정답은 설득입니다.

말(누가 들더라도 대단하다고 할 만한 말)은 당장은 설득력을 가질 수 있을지 모르나 희한하게도 오래 가지 않는다는 한계를 갖고 있습니다. 재미있는 건, 다들 경험상 이걸 알고 있으면서도 쉽게 포기하지 않는다는 겁니다. 마치 마약과도 같은 거지요. 뿅 가게 해주긴 하는데 몸은 망가뜨려놓고, 그렇다고 해서 스스로 그만두지도 못하는 그런 악순환이라고나 할까요. 화려하고 멋진 말은 사람들의 주의를 집중시키고 질투와 부러움을 선사하긴 하지만, 말하는 사람에 대한 인식과 평판을 천천히 갉아먹고, 이걸 대부분의 사람들이 알면서도 모른 척한다는 거지요. 그러고 보면 말이란 게 참 무섭다는 생각이 듭니다.

하지만 이러한 말의 위험성에도 불구하고, 99%의 사람들이 말에 대한 집착을 포기하지 않을 거라고 봅니다. 뭐, 잘 됐습니다. 기왕 포기 못하는 거 이판사판으로 한번 활용해보도록 합시다. 그래도 여러분을 도와줄 가이드가 한 분 정도는 있어야 할 테니 닌텐도의 ⁂수장이었던 ⁂이와타 사토루를 붙여드릴까 합니다.

⁂이와타 사토루는 사내에서 두 가지 종류의 경청을 실천하는 CEO로 잘 알려져 있습니다. 하나는 여러분이 다 잘 아시는 주의 깊게 듣는 '경청(傾聽)'이고, 다른 하나는 공손하게 자신의 생각과 의견을 청하는 '경청(敬請)'입니다.[12] 분명히 말을(속이 다 시원하지요) 하긴 하되, 상대방에게 일방적으로 주입하는 게 아니라 자신을 낮춰 정중하게 '청한다'는 거지요. 그건 질문일 수도 있고 확인일 수도 있고, 말 그대로 부탁일 수도 있습니다. 보면 하나같이 다 상대방의 피드백을 들어보겠다는 대전제를 깔아놓고 있다는 걸 알 수 있습니다.

이 말을 하기 위해 어쩌면 그토록 뜸을 들였는지도 모르겠습니다. 경청을 귀에 한정시켜 이해하면 할수록 그건 정말 피곤한 일이 되어버립니다. "내가 뭐가 아쉬워서 지금 이 짓을 하고 있나." 식으로 다소 과격하게 말하는 분들도 있겠고 "누구를 위해서 경청을 하

---

12 『닌텐도 이야기』(한국경제신문사, 2009) 참고.

는 거지(For whom the ear opens)?" 식으로 지적(知的)으로 접근하는 분들도 있을 겁니다. 불안한 마음으로 "듣기만 잘하면 정말 성공할 수 있는 거야? 큰 소리 떵떵 쳐대는데, 보장할 수 있어?"라고 재확인하는 분들도 있겠지요. 여러분 스스로를 위한 것이니 경청을 한다고 아쉬워할 것도 없고, 성공에 대해 조급해하거나 불안해할 것도 없습니다. 그저 경청의 방식만 나름대로의 기준을 갖고 제대로 정립해두면 됩니다.

남의 말을 들으려면 주의를 기울여가면서 듣고(傾聽), 거기에 더해 그를 존중하고 존경하는 마음으로 들으며(敬聽), 그에 대해서 할 말이 있으면 공손하게 자신의 입장을 청해(敬請) 또 들으세요. 순서가 맘에 안 든다고요? 그럼 거꾸로 하면 됩니다. 할 말이 있으세요? 그럼 공손하게 자신의 생각과 의견과 주장을 청(敬請)하세요. 그리고 남의 피드백을 주의를 기울여가면서 듣되(傾聽), 그를 존중하고 존경하는 자세로 들으면(敬聽) 됩니다.

피드백이 영 마음에 들지 않는다고요? 그럼 이 과정을 처음부터 다시 반복하면 됩니다. 좋으나 싫으나 될 때까지 이 단계들을 하나하나, 차근차근 밟아나가면 됩니다. 무리하게 건너뛰려다 굴러 떨어지거나, 발을 헛디뎌 나뒹굴 수도 있습니다. 만사가 귀찮은 나머지 단계를 밟지 않고 가만히 서 있다가 사람들로부터 완전히 멀어질 수도 있을 겁니다. "아, 더 이상 안 되겠어. 난 기권! 배 째!"라고 하면서 포기해버리고 내려갈 수도 있겠지요.

세상은 공평합니다. 하기 싫으면 하지 않으면 됩니다. 그냥 마음 편히 잊어버리세요. 아무도 말릴 사람은 없으니까요. 판단도 선택도 다 여러분의 몫입니다. 그리고 그것에 따라다니는 책임 또한 다 여러분의 몫입니다. 권리라고 생각하면 권리이고, 의무라고 생각하면 의무일 겁니다. 전 그저 여러분이 이 과정을 겪어나가는 동안 딱 한 가지만 잊지 않으셨으면 합니다. 온전히 우리의 편인 것은 상대방이 아니라, 아니 상대방 이전에 바로 우리의 귀라는 사실을요. 물론, 입은 보너스입니다.

07

곰탕

Gomtang

多才
多能

다재다능한
사람들은
회사를 빨리 나간다?

일을
□ 하게 하면
반드시 성공한다

DR. COOK'S RECIPE

07

07

감춰라, 알려지리라

있는 듯 없는 듯 묵묵하고 진득하게

마음속의 풀리지 않는 모든 문제들에 대해 인내를 가지라. 문제 그 자체를 사랑하라. 지금 당장 해답을 얻으려 하지 말라. 그건 지금 당장 주어질 순 없으니까. 중요한 건 모든 것을 살아보는 일이다. 지금 그 문제들을 살라. 그러면 언젠가 먼 미래에 자신도 알지 못하는 사이에 삶이 너에게 해답을 가져다줄 테니까. ─라이너 마리아 릴케

만약 제가 회사에 다시 입사해야 해서 면접이라는 관문을 다시 치러야 한다면, 그래서 면접관들로부터 "당신의 일하는 스타일은 어떠한가?"와 같은 질문을 받는다면 저는 딱 한마디로 이렇게 대답할 겁니다. 만약 제가 회사에 다시 입사하게 돼서 팀장으로부터 혹은 임원, 심지어는 사장으로부터 "당신은 어떤 식으로 일을 하나?"와 같은 질문을 받는다면 그때도 역시 딱 한마디로 그렇게 대답할 겁니다. 만약 제가 정든 회사를 다시 떠나야 한다 해도, 그래서 후배들이 "선배는 어떤 식으로 일을 했나요?" 혹은 "회사에서 성공하려면 어떻게 일해야 하나요?"라고 조언을 청해온다면 마찬가지로 예외 없이 딱 한마디로 그와 같이 대답할 겁니다.

있는 듯 없는 듯, 묵묵하고 진득하게.

회사 안을 자세히 둘러보면 재능이 뛰어난 사람들이 의외로 적지 않다는 걸 알 수 있습니다. 혹시 자세히 둘러본 적이 없다면, 오늘부터 주변 사람들을 한번 세밀하게 관찰해보세요. 보통 이들은 일을 화려하기 그지없게 처리하고, 언변도 뛰어난데다 두뇌 회전까지 빨라 아이디어 제조기로서의 역할을 톡톡히 해냅니다. 또 빈틈이 없다는 느낌이 들 정도로 다재다능하며, 그 결과 항상 주변 사람들의 눈에 띕니다. "내가 저 사람만큼 회사에서 인정받을 수 있을까?"라는 질문이 많은 사람들의 머릿속에 떠오를 법도 합니다. 선망의 대상이지만 그만큼 질투의 대상이기도 하지요.

이 말에 혹시 고개를 끄덕이셨나요? 그렇다면 아마 회사를 오래 다니지 않은 분이 아닐까 싶습니다. 회사를 어느 정도 다닌 분이라면 이 재주꾼들이 궁극적으로는 회사로부터 인정을 받지 못한다는 걸 알고 있을 테니까요. "아니, 못하는 게 없는 저런 유의 사람들이 인정을 못 받는다고? 그럼 대체 누가 인정을 받나? 나보고 회사에서 나가란 소리야 뭐야?" 여러분이 스스로 나갈 거 없습니다. 오히려 그들이 제 발로 나가거나 퇴출되거나, 둘 중 하나일 테니 말입니다.

제 경험을 토대로 말씀드리자면 '불인정(不認定)의 메커니즘'은 간단합니다. 재주꾼들은 기본적으로 자신이 '잘났다'는 것을 너무나 잘 알고 있기 때문에 자신감과 자부심, 욕심, 명예에 대한 욕구 등이 하늘을 찌릅니다. 그만큼 실력과 재능을 갖추고 있기에 실제로 이들을 컨트롤할 수 있는 사람도 몇 없어 보이지요. 물론 다 그렇다는 건 아니지만, 거의 대부분 한 조급함(성급함과는 다릅니다) 합니다. 세상이 자신을 우러러봐주고 떠받들어줘야 한다고 생각합니다. 욕심이 작지 않다 보니 작은 것보다는 자신에게 어울리는 큰 걸 노립니다. 이들이 언제 어떻게 어느 방향으로 튈지는 아무도 모릅니다. 그야말로 사방팔방으로 좌충우돌, 동에서 번쩍 서에서 번쩍, 여기저기 다 휘젓고 다닙니다. 다 능력, 능력, 능력, 그놈의 능력이라는 든든한 '빽' 때문이지요.

참을성도 없고 차근차근 단계를 밟아나가는 것도 못 참고 자신의 능력이란 능력은 다 쏟아내지만(이 점은 분명 본받을 만한 점이긴 합니다만), 동시에 그만큼 주변 사람들의 칭송이 즉각적으로 나오길 기대하는, 쉽게 말해 기복이 심한 재주꾼들. 그냥 듣고 있기만 해도 숨이 다 찹니다.

주변 사람들이 이들의 기대에 부응하지 못하는 건 당연합니다. 잘난(그가 실제로 잘났든 잘난 것처럼 보이든 간에) 사람일수록 다들 그것을 배 아파하면서 그를 경계하고 깎아내리려 하지 "인물 났네, 인물 났어!"하면서 부러움에 가득 찬 칭찬을 날리진 않지요. 이건 '팀워크'의 문제가 아닙니다. 냉정하고 현실적으로 봤을 때 엄연히 '경쟁'의 문제이지요. 성공이라는 파이는 절대로 공평하게 나눠지지 않으니까요. 이런 상황에서 '나 잘난 거 봤지? 어서 인정해.'라고 하는 게 번지수를 완전히 잘못 짚은 게 아니고 뭐겠습니까?

생각대로, 뜻대로 되지 않는 재주꾼들은 과연 어떤 선택을 내릴까요? '그래. 뭐 까짓거 알아줄 때까지 실력 발휘해드리지.' 속으로 이런 생각을 할까요? 글쎄요. 그럴 가능성은 그리 높지 않아 보입니다. 아마 '이것들이 그냥. 감히 내 실력을 떠받들지 않아? 고

마워해도 모자를 판에.' 하면서 핏대를 올리겠지요. 그리고 자신이 해온 일에 흥미를 잃거나 사람들과의 관계를 극단적으로 몰고 가거나, 아니면 그렇게 구차하게 할 것도 없이 그냥 퇴사해버리지 않을까 싶습니다. 자신에게 문제가 있을 거라는 생각은 꿈에도 못한 채 말입니다.

회사는 어떨까요? 이런 재주꾼들을 슈퍼급 인재네, 천재네 하면서 승급이니 승진이니 연봉인상이니 팍팍 밀어줄까요? 아무래도 이윤을 추구하는 게 회사의 존재이유이기에 단기적으로는 그럴지도 모르겠습니다. 그러면서 기회를 주겠지요. '앞으로도 쑥쑥 자라 더 업그레이드된 모습으로 회사에 기여를 하라'는 차원에서의 기회뿐만 아니라, '일관성과 인내심을 갖고 자기지배력을 키워 꾸준히 롱런하는 모습을 보여 달라'는 차원에서의 기회를요.

그런데 안타깝게도 너무나 많은 재주꾼들이 이러한 뜻깊은 당근을 그냥 당근으로 받아들입니다. '잘났으니 당연히 인정을 받은 거고, 인정을 받았으니 앞으로도 여태껏 해오던 대로 하면 더욱더 인정받겠지' 식으로 가볍게 생각해버리지요. 회사로서는 분명 채찍성 당근의 의도로 준 건데 말입니다. 이런 식으로 그들은 기회를 제대로 활용하지도 못하고 회사와의 거리를 점점 더 벌려 나갑니다. 그 뒤로 그가 어떤 길을 걷게 될지는 예상하기 어렵지 않을 겁니다.

[요리 가이드라인 #1] 천재성은 누구나 가질 수 없지만, 인내심은 모두가 가질 수 있다. —이승한(前 홈플러스그룹 회장)

지금까지 소개해드린 재주꾼에 대한 이야기가 다소 과장된 면이 있다고 생각할지도 모르겠습니다. "그 정도로 실력 있는 직원이 어디 흔한가." "아무리 잘나도 그렇지, 요즘 저렇게 제멋대로 막나가는 직원이 있나." "그런 직원이라면 아무리 능력이 있다고 해도 당연히 내쳐지지." 등 여러 가지 생각들이 머릿속에 얽혀있으리라 봅니다. 다른 분들은 어떤지 모르겠습니다만, 저는 회사생활을 해오면서 이런 부류의 직원들을 자주 목격했습니다. 그리고 제가 아는 한 이들 중 현재 회사에 남아있는 사람은 단 한 명도 없습니다. 눈 씻고 찾아봐도 경쟁자가 보이지 않을 정도로 꽤 쓸 만한 실력을 갖췄던 그들은 대체 다 어디로 간 걸까요?

혹시 이 이야기가 아직까지 남의 얘기처럼 들리는 분이 있다면, 그분에게 분명히 말씀드릴까 합니다. '행방불명'된 이들은 미래의 자신에 관한 이야기일 수도 있습니다. 능력도 쌓고 인정도 받고, 그렇게 사다리를 타고 계속 올라가다 보면 사람인 이상 누구나 이러한 '재주꾼의 함정(Trap of the Talented)'에 빠질 가능성에 노출됩니다. 마치 우리가 지지리도 가난해서 돈을 벌기 위해 필사적인 노력을 기울이다가, 시간이 지나면서 차곡차곡 돈을 쌓게 돼 어느 정도 배부른 위치에 도달하게 되면 게을러지고 돈이 없는 주변 사람들을 얕잡아보게 되는 등의 초심을 잃는 것과 같습니다.

정말로 재주꾼이라면, 정말로 누구나 다 알아줘야만 하는 실력자라면 굳이 여기저기 자랑하면서 나대지 않아도 알 사람은 다 압니다. 대부분 겉으로만 모른 척하고 있을 뿐, 실제로 모르는 건 아니지요. 결국 회사를 굴리는 게 사람인데 그런 칭찬거리가 이 사람 저 사람을 통해 확산(그것도 무척 쉽고 빨리)되지 않을 리가 있겠습니까? 다들 알고 있는데도 일단 지켜보고 있는 겁니다. 무엇을? 이 사람이 과연 지금처럼 앞으로도 일을 잘해나가는지를. 일을 잘해내는 만큼 일관된 의지를 갖고 노력을 기울이는지를 말입니다.

실제로 특출한 능력을 갖춘 사람들은 이 대목에서 "두고 보고 할 것도 없어. 내 실력 봤잖아. 만천하에 입증됐다고."라고 당당하게 말하겠지요. 그럼 참 오죽 좋겠습니까마는, 회사 일이란 게 항상 자기의 뜻대로 흘러가지만은 않더군요. 아무리 모두가 알아주는 인재라고 해도 회사 안에서 돌아가는 모든 상황과 여건을 다 통제하고 관리할 수는 없습니다(변수는 틀림없이 늘어날 겁니다). 그럼 뭘 어떻게 해야 할까요? 주변 둘러볼 거 없습니다. 우리는 자기 자신이라는 변수를 통제하고 관리하는 데만 신경 쓰면 됩니다.

[요리 가이드라인 #2] 온 세상 사람들이 칭찬해도 우쭐대지 말고, 온 세상이 헐뜯어도 풀이 죽지 말라. —장자

자신을 통제하고 관리한다는 것은 대단한 걸 말하는 게 아닙니다. 최인아책방의 최인아 대표가 언젠가 한 신문 기고문[13]에서 한 말을 살펴보고 있노라면 말이지요. 한번 귀 기울여보시겠습니까?

한 분야에서 일가를 이룬 사람들에겐 공통점이 있다. 위기와

---

13   "[아침논단] 항심(恒心)이라야 한다" (조선일보, 2007. 7. 23)

찬스에 일희일비하지 않는 것. 세평(世評)에 흔들리지 않고 항심을 유지하는 것. 사이클이 올라갈 때나 내려갈 때나 일정한 퍼포먼스를 내는 것. 왜 그렇지 않겠는가. 오르막과 내리막의 사이클을 벗어날 수 없는 것이 생(生)이라면 결국은 슬럼프를, 위기를 어떻게 관리하는가가 성공 여부를 가를 것이다.

한국대학교육협의회에 재직할 당시 모든, 그야말로 모든 직원들의 존경과 인기를 독차지하던 연구원 한 분이 떠오릅니다. 비록 이분은 저와 같은 팀에 소속되어 있진 않았지만, 그에 대한 훈훈한 얘기들은 알음알음 들어왔던 터라 거의 같은 팀에 소속되어 있다는 착각이 들 정도로 가깝게 느껴졌던 분입니다.

처음에는 그냥 "일을 잘하니까 그런가보지 뭐."라고 쉽게 생각하고 넘어갔던 것 같습니다. 그런데 시간이 지날수록 뭔가 좀 '아다리'가 안 맞는다는 느낌이 들더군요. '일을 잘한다'는 얘기가 성립되려면 기본적으로 일과 관련된 구체적인 실적과 성과가 드러나야 하는데, 그가 어떤 특별한 아웃풋을 보여준 적이 없다는 점에서 미스터리가 아닐 수 없었지요. 의아함이 조금씩 쌓이다 보니 이런 질문이 자연스럽게 머릿속에 떠오르더군요. "혹시 이 사람, 사내정치라도 하나?" 그런데 또 그렇다고 볼 수도 없었던 것이, 사람 자체가 너무나 소극적이고 조용하고 수줍어하는 스타일이라 사람들과 터 넣고 지내는 과감성과 대쉬력이 전무해보였기 때문입니다. "회사 안에서는 아닌 척하고, 회사 밖에서 콩깍지 까는 거겠지. 다 그런 거야." 글쎄요. 회사 밖에서까지 정치를 할 배짱이 있었을까요? 저는 잘 모르겠습니다.

그렇게 궁금증이 점점 부풀어 오르고 있을 때 회사에서 전체 워크숍을 갈 기회가 있었습니다. 말이 워크숍이지 사실상 단합대회나 마찬가지였던 이곳에서 제 의아함을 해소시켜줄 단서들이 하나둘 귀에 들어왔습니다. 바로 이 연구원에 대한 수많은 '뒷담화'였지요. 그것도 뒤에서 몰래 떠들어야 할 얘기들이 아니라, 앞에서 떠들어도 되는 좋은 얘기들이었습니다.

"A 연구원 말이야. 우리 협의회 차기 대표감 아니냐? '스캔들' 하나 없지, 이미지 깨끗하지, 무엇보다도 자기 할 일만 묵묵히 하지." "맞아. 자기 자신을 거의 드러내질 않아. 자기 자랑도 남에 대한 뒷담화도 언제나 '사양 모드'야." "그러면서도 남의 얘기에 귀도 잘 기울이고, 남의 부탁도 깔끔하게 잘 들어주고." "난 이 사람이 화를 내는 걸 본 적이 없어. 한 번쯤 보고 싶을 정도라니까." "전혀 튀질 않아, 전혀." "지독하게 겸손하기도 하지." "회사에 없다고 느껴질 정도로 조용하지만, 자기가 해야 할 건 또 다 한다니까." "사람이 이랬다저랬다 하질 않아. 표정이 바뀌는 걸 본 적도 없어." "사람이 어떤 일에도 동요하지 않더라고. 자그마한 제스처조차 없어." "그래서인지, 사람이 참 묵직하고 든든해 보여."

워크숍 때 멋진 프레젠테이션으로 전 직원을 놀라게 하려던 제 계획이 너무나 '없어' 보였습니다. 회사를 다니면서 맛보는 정말 유쾌하고도 긍정적인 굴욕이었다고나 할까요. 아차 싶더군요. 순진하게도 오로지 능력 하나로 회사를 평정할 수 있다고 생각한 철없는 자만심, 남이 인정해주지 않으면 기분이 안 좋아져 업무 결과를 제멋대로 조절하거나 아예 업무 결과 자체를 내지 않는 자기중심성, 결국 기분에 따라 자세와 태도와 역량이 오락가락하는 불안정성 등이 그동안 제 마인드를 점령하고 있었으니 뒤통수 맞은 기분이 들 수밖에요.

직원들이 이 연구원에 대해 목이 마르도록 칭찬한 것들이 어쩌면 제가 그토록 철저하게 숭배해온 '능력'의 진짜 정체가 아니었을까요? 회사생활 초기에 이런 멋진 굴욕을 당했다면 어땠을까, 라는 아쉬움이 들더군요.

[요리 가이드라인 #3] 나의 이기주의를 버려야만 한다. 좀 더 참을성이 있어야 하고 항상 자신을 다른 사람의 처지에 바꿔 놓을 수 있어야 한다. 모든 행동에 난 더 자제심이 있어야겠다. 그렇지 않으면 난 지고 마는 거다. 난 자신을 훈련시키고 단련시켜야 한다. 매일 매일이 크고 작은 모든 잘못과 인간의 불행을 반사하는 정직한 거울이다. 매일매일 향상하지 않으면 안 된다. 그렇지 않으면 자신을 다른 사람의 증오, 혐오로부터 구하지 못할 것이다.

—전혜린(작가)

회사는 업 앤 다운이 은근히, 아니 참으로 많은 곳입니다. 물론 상대적으로 그렇지 않은 회사들도 있긴 하겠지만, 일반적으로 회사는 하루하루가 문제로 시작해 해답으로 끝나야 하는 곳이지요. 문제라는 게 또 어디 업무에만 한정되어 있던가요? 사람들이 모인 곳인 만큼 부하, 동료, 팀장 등 직위 막론하고 사람들과의 관계를 엎치락뒤치락 지지고 볶는 등 잘 조율해나가야 합니다. 이렇게 온갖 문제들이 씨줄날줄 겹겹이 쌓여있는 회사란 곳에서 능력을 보여야 한다는 건 당연한 거지요. 문제는 '어떻게 그것을 드러낼 것인가'입니다.

"자-알 드러내야겠지." 물론입니다. 하지만 대체 어떻게 잘 드러낼 건가요? 그냥 하면 되는(just do it) 건가요? 무턱대고 자-알? 이건 생각보다 쉽지 않은 문제입니다. 아니, 그동안 신경을 쓴 적이 없어서 그렇지 이것은 생각만큼 어려운 문제인지도 모르겠습니다.

우리에게 선택의 여지가 있는 부분이 바로 여기입니다. 우리는 능력을 똑바로, 제대로 발휘하는 방법을 익히고 배워야 합니다. 회사 안에서 미아가 되거나 회사에서 쫓겨나 고아로 전락하고 싶지 않다면 말입니다.

이쯤에서 성공학 대가 나폴레온 힐(Napoleon Hill)의 발언을 살짝 바꾼 질문을 스스로에게 던져볼 것을 권합니다. "만일 내가 경영자라면 나 같은 사람을 승진시키겠는가, 아니면 좀 더 묵묵하게 일하는 사람을 승진시키겠는가?" 여러분은 자신 있게 "물론, 저를 승진시키겠습니다."라고 대답할 수 있습니까?

애기가 좀 복잡하게 얽히고설키는 것 같나요? 좋습니다. 우리 능력이고 실력이고 재주고 천재성이고 다 잊어버립시다. 그저 일에 대한 마인드로만 주제를 좁혀서 생각해보지요. 일을 하긴 하는데 잘하고 싶고, 그걸 통해 인정도 받고 싶다? 그럼 불(火)이 아닌 물(水)이 되면 됩니다. 물은 장애물이 없을 때는 잘 흐르고 장애물이 있을 때는 잘 흐르지 않지요.

눈에 띌 만한 대단한 것을 찾으려고 애를 쓸 필요 없습니다. 상식을 갖고 접근하면 됩니다. 노하우 같은 것도 없습니다. 지극히 평범하면서도 단순하고 당연한 게 해답입니다. 이번 편을 처음 시작할 때 알려드린 대답 기억하지요? 그것을 따르면 된다는 겁니다.

있는 듯 없는 듯, 묵묵하고 진득하게.

좀 더 구체적으로 들어가 볼까요? 자신이 말단 사원이든 팀장이든 자기에게 맡겨진 일에만 충실하면 됩니다. 남의 눈치 볼 것도 없고 남들을 향해 나를 설명할 필요도 없습니다. 디자이너 조르지오 아르마니(Giorgio Armani)가 말했듯, 자신의 노력만으로 바꿀 수 없는 것들을 바꾸기 위해 시간을 낭비하거나 거기에 연연하지 마세요.

보상을 기대하거나 계산해가면서 일하지 말고, 일의 결과(좋은 결과든 나쁜 결과든)에 대해서는 스스로 보상받도록 하세요. 대박을 기대할 시간에 소박을 조금씩 쌓아나가세요. 그게 정신건강에도 좋습니다. 이와 관련하여 한스컨설팅의 한근태 대표가 언젠가 이런 말[14]을 한 적이 있지요.

대박이란 말을 잘 쓰는 사람은 대부분 대박과는 거리가 먼 사람들이다. 이 세상에 대박이란 없다. 이런 자잘한 것들이 쌓여 대박이 되는 것이다. 매번 삼진을 당하면서 언젠가는 홈런을 치고 말겠다고 있는 힘껏 치는 사람보다는 팀 승리를 위해 매번 성실히 작은 안타를 만드는 사람이 팀에도 유리하고 이런 사람이 대성할 수 있다.

남들이 잘 하지 않는, 혹은 하지 않을 것 같은 행동을 하세요. 남들

---

14 "[사람&경영] 디테일에 강해야 성공한다" (머니투데이, 2008. 1. 30)

과는 완전히 다른 정신 나간 괴짜가 되라는 말이 아닙니다. 누구나 본받을 만한 행동이지만 아무나 쉽게 못하는 행동을 해보란 얘기입니다. 소위 성공의 역설(paradox of success)이란 건 아무리 강조해도 지나치지 않지요.

자신이 밝게 빛나면 주변은 상대적으로 어두워질 수밖에 없습니다. 스스로 빛나지 않는 길을 택하세요. 그럼 주변이 밝아질 겁니다. 물론 자신도 덩달아 밝아지게 될 테니 걱정할 거 하나도 없습니다. 자신을 외면할수록 주목받게 되는 법입니다. 자기만의 길을 욕심 부리지 않고 꿋꿋하게 걸어가면 회사가 당신에게 욕심을 갖게 될 겁니다. 자신을 대단한 사람이 아니라고 생각할수록 회사는 정확히 반대로 당신을 대단하게 생각할 겁니다.

"나보고 고작 이런 것 따위나 하고 있으라는 거야 뭐야?"라고 따질 시간이 있으면 '고작 이런 것'이라고 간주한 그 일부터 올인해보세요. 복사든 커피 심부름이든 회의실 청소든 신문 스크랩이든 서류 배송이든 책상 정리정돈이든, 허투루 볼 수 있는 일이란 없습니다. 노하우란 게, 실력이란 게 별건가요? 단계적으로 따졌을 때 말단이 해야 할 작고 사소한 일들을 차근차근 해나가 보세요. 합리적으로 이리 재고 저리 재지도 말고, 감정적으로 어떠한 불평불만도 제기하지 말고 말이지요. 회사가 여러분을 골탕 먹이려는 것도 아니고, 여러분에게 '고작 그런 것 따위'나 하라고 했다면 거기엔 분명다 이유가 있을 겁니다. 우리가 관심을 가져야 하는 것은, 자신이 이것에 어떻게 대응해 나가는가입니다.

다 맞는 말인 것 같은데 왠지 모르게 찜찜함이 남는 것 같다고요?

자신의 실력을 좀 더 알아봐줬으면 하는 아쉬움이 남는다고요? 자신은 이미 팀장급, 아니 임원급의 실력인데 회사가 등잔 밑이 어두운 거 같다고요? 그럴 수도 있겠지요. 회사가 잘못 판단하고 있는 걸 수도 있습니다. 하지만 여기에서 포인트는 그게 아닙니다. 회사가 잘못 판단하든 말든 우리가 그걸 섣불리 판단할 필요는 없다는 겁니다. 회사에서 성공(큰 성공이든 작은 성공이든)을 꿈꾼다면, 그리고 자신이 갖고 있는 능력과 잠재력을 믿는다면 굳이 미리 판을 엎을 필요는 없지요. 그런 가능성은 서서히 저절로 수면 위로 떠오르니까 말입니다.

그러니 "회사 때려치울까?"란 말을 함부로 하지 마세요. 그렇게 말해도 되는 순간은 정말이지 우리가 실제로 회사를 때려치우는 날입니다. 여담이지만, 허무하지 않겠어요? 그동안 자신이 쌓아온 것이 다 날라 간다는 걸 생각하면? 또, 분하지 않겠어요? 그동안 자신이 쌓아온 것을 놔두고 나가야 한다고 생각하면?

그다지 길지 않은 기간 동안 오티스엘리베이터에 다니면서 저는 짧은 재직기간에 어울리지 않는 소중한 수확 하나를 건질 수 있었습니다. 일종의 케이스 스터디(case study)라고 할 수 있는데, 한 가지 질문에 대해 나름의 해답을 찾았다고 보는 게 맞을 겁니다. 사람마다 조금씩 다르긴 하겠지만, 이걸 보면서 회사를 때려치워버리고 싶다는 생각이 그나마 조금은 수그러들지 않을까 싶습니다.

왜 능력이 있는 사람들은 찍히고, 능력이 없는 사람들은 인정받을까?

이건 대체 무슨 시추에이션인가 싶을 겁니다. 질문 자체가 엉뚱하기도 하고, 사실에 입각해있지 않다고 하겠지요. 하지만 잘 생각해보면 완전히 틀린 말도 아니란 걸 알 수 있습니다. 한번 주위를 둘러보세요. 능력이 있다고 회자되는 사람들의 회사 수명은 희한하게도 그다지 길지 않습니다. 반면 능력이 없다고 회자되는 사람들은 의외로 목숨이 질깁니다. 절대로 쫓겨나거나 제 발로 나가는 법이 없습니다.

이전 편에서 소개해드린 제 1년 선배가 능력 있는 사람의 좋은 사례라고 할 수 있습니다. 그는 일에 대한 자신감도 대단했고, 또 그만큼 일을 적극적으로 유도리 있게 처리했지요. 비록 덤벙대는 면이 없지 않아 있었지만 주변 팀원들과 사외 협력업체들과도 싹싹하게 잘 지냈고, 그 덕분에 일도 매끄럽게 잘 진행시켜 업무에 관한 한 제가 본받을 점들이 한두 가지가 아니었습니다. 물론 그는 자신의 실력에 대한 자신감만큼이나 주변 사람들에게 그것을 드러내기도 잘 드러냈습니다. 인정에 대한 욕심을 우회적으로 드러낸 셈이지요. 속으로 '나 이런 사람이야. 멋지지? 부럽지?' 식으로 생각하면서 말입니다.

반면 같은 팀에 또 다른 동료 여직원(저희 둘보다 더 위의 직급)이 한 사람 더 있었는데, 그녀는 신비주의 전략을 활용하는 건지 아니면 실제로 베일에 감춰진 사람인지, 도통 무슨 일을 하고 있는지, 어떻게 해나가고 있는지, 잘하는지 못하는지 전혀 알 수가 없었던 사람이었지요. 일에 관한 한 자신감도 적극성도 전혀 보이지 않았고, 싹싹하기는커녕 꽤나 차갑고 냉정해 보였습니다. "대체 저 사람은 하루 종일 뭘 하는 걸까?"란 질문이 들 만큼 팀원으로서의, 아니 그냥 직원으로서의 자질이 의심스러웠습니다. 그녀는 선배와는 달리 신비주의 모드를 유지하면서 주변 사람들에게 자신에 대한 어떠한 소스(source)도 제공하지 않았습니다. 자신감도 인정에 대한 욕심도 그 어떤 것도 드러내지 않았다는 겁니다.

[요리 가이드라인 #4] 누군가를 정복할 수 있는 사랑은 강한 사람이지만, 자기 자신을 정복할 수 있는 사람은 위대한 사람이다. —노자

자, 여러분 팀에 이런 직원이 두 명 있다고 칩시다. 실제로 누가 인정을 받을 것 같나요? 은근히 헷갈리지 않나요? 둘 다 장단점이 있어 보이니 충분히 그럴 법도 합니다. 저는 이 두 사람을 옆에서 지켜보면서(팀장도 아닌데 무슨) 제가 던진 질문이 잘못됐다는 걸 알게 됐습니다.

능력이 있는 사람은 당연히 인정을 받고, 능력이 없는 사람은 당연히 인정을 받지 않게 돼 있습니다. 능력이 있는 사람이 찍힌다면, 그는 그 좋은 능력을 어떻게 다루고 드러내야 하는지 몰라서 찍히는 걸 겁니다. 또 능력이 없는 사람이 인정을 받는다면, 그는 능력이 없음에도 불구하고 그것을 어떻게 다루고 드러내야 하는지 알아서 인정받는 걸 겁니다. 요컨대 능력이 있는 사람이 능력이 있어 보이는 것일 뿐 실제로는 '쪼다'일 가능성이 높고, 능력이 없는 사람이 능력이 없어 보이는 것일 뿐 실제로는 '진국'일 가능성이 높습니다.

물론 차차 알게 된 사실이지만 동료 여직원은 실제로 일을 잘하는 걸로 이미 윗분들로부터 인정을 받고 있었습니다. 주변에서 잘 몰랐을 뿐이지요. 가장 가까이 있던 선배와 저조차도 몰랐을 정도니 자기관리가 어땠는지를 알 수 있습니다. 아주 얄미울 정도로 자신의 능력을 티 하나 내지 않고 전략적으로 통제하고 관리한 겁니다. 남의 눈이나 뒷담화는 가볍게 무시하며 군말 없이, 잔말 없이 묵묵하고 진득하고 꾸준하고 일관되게 말입니다. 어떻게 보면 얌체 혹은 깍쟁이같이 보이지요.

그런데 따지고 보면 능력이란 그런 겁니다. 아니, 그런 거여야 합니다. 회사에서 살아남으려면 능력을 그렇게 이해하는 게 당연합니다. 우리는 자신이 얼마나 잘났는지를 홍보하기 위해서 회사에 나오는 게 아닙니다. 실은 그렇게 홍보하는 사람치고 진짜 잘난 사람들이 몇 없다는 건 경험상 다들 잘 알 겁니다.

자신이 얼마나 잘났건 못났건 상관하지 말고 그동안 자기 자신에게 맞춰온 포커스를 일과 주변에만 맞춰보세요. 거기에만 한결같이 정성을 쏟으면 그 정성 저절로 다 알려지고 보답받습니다. 직원들을 착취하는 악독 회사가 아닌 한 말이지요.

그런데 우리는 왜 이렇게 자신의 잘남이나 가치에 대한 생각을 버리지 못하는 걸까요? 왜 그리도 포커스를 자기 자신에서 일과 주변으로 전환하는 게 쉽지 않은 걸까요? 다 남을 의식해서입니다. 남과 자신을 비교하면서 자신의 현재 수준과 자신이 처해있는 상황을 판단하려 하기 때문이지요. 남보다 앞서나가는지, 남보다 더 많은 칭찬을 받는지, 남보다 많이 아는지, 남보다 더 스킬이 뛰어난지 등 모든 판단의 기준이 자기 자신이 아닌 남에게 가 있다는 겁니다. 이런 상황에서 능력이 제대로 발휘될 수 있을까요?

"난 그런 거 기대한 적 없는데? 그냥 내 일을 했을 뿐이라고!"라고 억울한 심정으로 말하는 분들이 있다면, 앞으로도 그렇게 계속 해나가면 된다고 감히 말씀드리고 싶습니다. "남보다 못난 게 없는데 이런 일이나 하고 있을 수는 없거든?"이라고 말하는 분들에게는 이렇게 말씀드릴까 합니다. 육체적으로나 정신적으로 문제가 있는 사람이 아닌 이상 '할 수 없는' 일이란 없습니다. 그 일 안 하면 결국 바보 꼴 나는 건 다른 누구도 아닌 자기 자신이지요. 남들이 그런 모습을 보면서 여러분을 '하지 않는' 사람이 아니라 '하지 못하는' 사람으로 여길 테니 말입니다.

어디 그뿐인가요? 자신의 감정과 속마음을 솔직하게 드러낸 것까지는 좋은데, 동시에 '나는 무척 연약하고 쉽게 상처받는 사람'이란 인정하고 싶지 않은 사실까지 모두에게 알린 거나 마찬가지니 손해도 이런 손해가 없습니다. 자신의 능력을 홍보하려다 오히려 자신이 얼마나 무능력하고 미성숙한지를 세트로 홍보한 셈입니다. 그러고 보면 아무 말 안 하고 자기 자신을 낮추는 게 멀리 내다봤을 때 훨씬 남는 장사의 홍보인지도 모르겠습니다.

그리고 '이런 일'이나 하고 있다고 하는데, 여러분이 적어도 10년, 20년 회사생활을 해본 사람이 아니라면 지금 하는 일이 의미가 있네, 없네 말하는 건 난센스입니다(안타깝게도 알고 싶어도 알 수도 없지요). 지금이야 한 그루의 나무밖에 눈에 들어오지 않는데 판단할 거리나 근거, 자격 자체가 있겠습니까? 먼 미래에 그 나무가 하나둘 자라고 모여 숲이 되면 그때서야 그럴 자격이 조금은 생기지 않을까요? 그래서 당장은 우둔해보이더라도 시기를 기다려야 하는 거고, 기다리면서 자신의 내공을 저장해나가야 하는 겁니다. 거기에서 기회라는 게 생겨나는 거고, 안목이라는 게 나오는 거니까요.

시시한 일이라고 생각하면 정말로 시시한 일이 됩니다. 동시에 여러분 자신도 시시한 인간이 됩니다. 시시하다고 생각하는 일을 자신이 하고 있으니 당연한 거 아닌가요? 주변 사람들은 그런 여러분을 어떻게 생각하냐고요? 물론 '시시한 일을 하는 시시한 인간'이라고 생각하겠지요. 아니, 그렇게 낙인찍겠지요.

[요리 가이드라인 #5] 진정한 차이, 그것을 아는 자가 승리한다. ─마사 발레타
(The TrendSight Group 창립자 겸 CEO)

시시한 일, 시시한 인간 하니까 대학생 때 했던 가수활동이 떠오르는군요. 우연한 기회에 가수 선발 오디션에 합격한 저는 하루빨리 가수로서 무대 위에 오르고 싶었습니다. 그런데 가수가 되었다고 바로 무대에 오릅니까? 말도 안 되는 소리. 우선 앨범부터 내야지요. 그런데 앨범을 내려면 뭘 해야 하나요? 아무리 천재적인 노래 솜씨를 갖고 있다 해도 기본적으로 보컬 트레이닝을 받아야 하고, 그걸 통해 다듬어진 실력으로 녹음이란 피 말리는 단계를 밟아야 하지요. '투덜이 스머프'가 별명이었던 전 이 두 가지 관문을 무척 귀찮아한 나머지 거의 해도 그만 안 해도 그만이라고 생각하고 허구한 날 투덜대면서 농땡이 쳤습니다. "연습? 녹음? 다 시시해. 어서 날 무대로 보내라고. 아주 끝내주고 올게." 이런 마음가짐이었다고나 할까요.

저희 팀의 리더는 저와는 완전히 반대였습니다(그래서 리더를 하는 건지도 모르겠습니다). 어떤 일에도 흔들리지 않고, 단 한마디의 불평이

나 짜증도 없이 하는 데까지는 끝까지 최선을 다하더군요. 투덜이? 기분파? 이런 건 애당초 그의 머릿속에 없었습니다. 지금에 와서 돌이켜보면 그가 연습과 녹음을 결코 귀찮거나 시시한 일로 보지 않았기 때문에 그럴 수 있었던 게 아닐까 싶습니다. 가수의 길을 선택한 이상 연습이나 녹음은 너무나 당연했던 거고, 그러니 그 둘을 아무 일도 아닌 것처럼 담담하게 받아들였던 거지요. 그는 자신을, 자신의 일을, 자신의 시간을 급하게 다루지 않았습니다. 그렇기 때문에 자신을, 자신의 수준을, 자신의 페이스를 잃어버리거나 잊어버리지 않을 수 있었던 겁니다.

"어차피 하기로 했고, 해야 할 일이라면 '반복'을 즐기자"는 마음가짐이 아니었을까요? 장기적인 시각에서 바라봐야 하는 인기나 명예 따위가 아니라 지금 눈앞에 있는 스케줄에만 온전히 집중하려 했던 것이 아닐까요? 그러니 지겹고 짜증나더라도 매일 세수하고 양치질하듯 자신이 해야 하고, 할 수밖에 없는 일들을 좋아하려고 노력을 기울였던 거겠고요. 언젠가 프레인의 여준영 대표가 같은 맥락의 얘기를 한 적이 있습니다. 한번 들어볼까요?

일을 그만둔다면 모르겠지만, 어떤 이유로든 일을 해야 한다면 반복을 즐겨야 합니다. 반복은 '피로'를 야기하는 독이기도 하지만 '전문가'를 만들어 주는 약이기도 하지요. 능력 있는 사람은 반복이 주는 피로에 지쳐 중도에 하차하지 않습니다. 반복이 주는 스트레스를 매니지(manage)하는 것 자체가 아주 중요한 능력이기 때문입니다.

회사 안팎에서 혁신이니 창조니 온갖 머리 깨지는 말들이 우리를 따라다니면서 괴롭힙니다만, 결국 요점은 간단합니다. 평범하고 단순한 진리를 따라가라는 것. 회사생활은 대회(contest)가 아닙니다. 자신이 누구보다 앞서가고 있다고 자랑할 것도 없고, 누구보다 뒤떨어졌다고 풀이 죽을 것도 없습니다. 진정 회사 안에서 성공하고자 한다면, 정말 오래 가는 직원으로 남고 싶다면 자신이 눈앞에 주어져 있는 걸 묵묵히 하고 있는지, 거기에서 만족감이 오는지 유심히 지켜보며 업데이트해나가세요(이 과정에서 자신의 능력이 조금씩 업그레이드되겠지요). 덤으로 따라오게 되는 보상은 둘째 문제입니다. 우리가 신경 쓸 문제는 아니라는 거지요. 그건 우리의 몫이 아니니까요.

삶이 어렵고 힘겹다 해도 살다 보면 살아진다. 살다 보면 힘겨움에도 적응이 되는 것이다. 처음에는 도저히 견딜 수 없었던 일들도 겪다 보면 감당할 수 있는 것처럼 여겨지게 된다. 알래스카의 혹한도, 열대 지방의 무더위도 살다 보면 적응해 살아갈 수 있다. 삶에서 견딜 수 없는 고통이란 없다. 다만 견딜 수 없는 순간만이 있을 뿐이다. 견딜 수 없는 순간을 견디는 방법에는 두 가지가 있다. 첫째, 견딜 수 없는 상황을 바꾸어 버린다. 둘째, 견딜 수 없는 상황을 받아들이도록 마음을 바꾼다.

『아내가 결혼했다』란 소설에 보면 중간에 이런 내용이 나옵니다. 혹시 이걸 보면서 회사생활을 하는 내내 겪게 되는 여러 가지 힘든 상황들이 연상되지는 않았나요? 자, 여러분의 선택에 달려 있습니다.

"이런 회사는 도저히 더 이상 못 다니겠다"며 회사 문을 박차고 나오겠습니까? 아니면 "에이, 인생 뭐 있어? 다 그렇고 그런 거지"라며 마음을 편히 가다듬겠습니까? 고냐 스톱이냐, 스스로 잘 판단해야 합니다.

물론 정답은 없습니다. 전자를 선택한다 해서 실패했다 혹은 실패한다고 볼 수도 없고, 후자를 선택한다 해서 성공했다 혹은 성공한다고 볼 수도 없으니까요. 그건 아무도 모르는 거지요. 하지만 적어도 한 가지는 분명한 것 같습니다. 전자는 누구나 할 수 있는 거지만, 후자는 아무나 할 수 있는 게 아니라는 것. 그만큼 자기 컨트롤을 잘해야 후자를 해낼 수 있다는 거지요. 왜 그런 말이 있지 않나요? 독종이란 남에게 독한 사람이 아니라 바로 자기 자신에게 독한 사람이라는 말.

디자이너 코코 샤넬이 '패션은 사라져도 스타일은 영원하다'는 말을 했다면, 저는 감히 이렇게 말하겠습니다. '회사는 사라져도 인내심은 영원하다'고.

명셰프의 30초 요리팁
손욱 서울대 융합과학기술대학원 초빙교수

❝ 흔히 젊은이들이 '이까짓 것'이란 말을 쉽게 합니다. 하지만 이것은 잘못된 말입니다. 이까짓 것을 못하는 사람은 큰 것도 못하는 법이고, 상사도 못 미더워 일을 맡길 수가 없습니다. 작은 것 큰 것 가리지 않고 성실히, 열심히 하는 사람에게 기회는 주어지게 마련이지요. **❞**

나는 전혀 계획하지 않는다. 그저 현재에 살고 있는 것이다. 과거도 아

니고 미래도 아닌 지금. —히스 레저

고생하셨습니다. 이번 편을 읽는 내내 마음이 편치 않으셨지요? 그
어느 편보다도 지루하고 짜증나지 않았을까, 라는 생각을 해봅니다.
"있는 듯 없는 듯 묵묵하고 진득하게라니, 내가 기껏 이런 말이나 들
으려고 이 책을 읽고 있는 줄 알아?" 하면서 애교 있게 항의하는 분
들도 있겠고, "그냥 입 닥치고 회사에 뼈를 묻는 마음으로 충성하
라는 거 아냐. 그렇게는 못하지!" 하면서 과격하게 반대시위를 하는
분들도 있겠지요. 전자든 후자든 그 마음, 충분히 이해하고도 남습
니다. 솔직히 저도 크게 다르진 않을 것 같으니까요.

"꼭 해보지 않은 사람이 남에게는 하라고 권하지. 참, 쉽죠-잉 하
면서 말이야. 그렇게 쉬우면 너부터 해봐." 그 말, 겸허하게 인정합니
다. 저는 회사를 다니면서 한 번도 제대로 뭔가를 묵묵하게, 진득하
게, 꾸준하게 한 적이 없었던 것 같습니다. 거기에서 오는 후회 때문
에 저와 같은 전철을 밟지 않았으면 해서 더더욱 묵묵하게, 진득하
게, 꾸준하게 말씀드리는 걸 겁니다. 쉽다고 생각한다고요? 천만에
요. 그게 쉽다고 생각했다면 제가 왜 회사를 계속 다니지 못했는지
(또 계속 다녔다 하더라도 왜 성공 가능성이 낮은지)를 설명할 길이 없겠지요.

저는 이번 편을 쓰는 내내 사람들이 '기껏' 혹은 '고작'이라고 생각하는 것에 대해 진지하게 고민하는 기회를 가졌으면 하는 마음이었습니다. '묵묵함과 진득함이 정말 하찮고 대수롭지 않은, 실천해도 그만 안 해도 그만인 항목들일까?' '능력이 출중하면 묵묵함과 진득함은 좀 뒤로 밀어놔도 되지 않을까?' '회사에서 성공하기 위해 갖춰야 하는 조건들 중 묵묵함과 진득함은 몇 위정도 될까?' '묵묵함과 진득함을 전혀 갖고 있지 않은 직원의 앞날은 과연 어떨까?' 요컨대 저는 여러분과 제가 '묵묵함과 진득함은 겉으로만 있어 보이는 그렇고 그런 덕목에 불과한 걸까?'라는 질문에 대한 해답을 같이 찾고 공유했으면 했던 겁니다.

저는 이번 편에서 '능력'이라는 단어를 여러 차례 도마 위에 올려놓았습니다. 하나의 반면교사로 삼고 싶었던 거지요. 우리가 의식적으로든 무의식적으로든 신봉해마지 않는 능력의 진짜 의미에 좀 더 가까이 다가가고 싶었던 건지도 모르겠습니다. 능력을 보고서 작성능력이나 PT 능력, 영어능력, 분석력, 추진력, 팀워크 등으로 간단하게 이해하면 되는 건가, 그래도 되는 건가 묻고 싶었습니다. 누구나 회사를 다니면서 출근 전과 퇴근 후에 업무와 관련된 자기계발에 많은 시간을 쏟아붓는데 그게 과연 성공의 지름길인가, 묻고 싶었습니다. 정말이지 다들 능력, 능력, 능력 하는데 그놈의 능력이란 게 대체 뭘까, 한 번쯤은 냉정하게 돌아보고 따지고 싶었습니다.

저는 능력의 베일을 걷어내는 데만 8년을 보냈습니다. 물론 그 정도의 시간을 보냈다고 해서 제가 능력의 정체를 완벽하게 이해하거나 소화했다는 건 아닙니다(만약 그랬다면 회사를 좀 더 오래 다녔을 지도 모르지요). 단지 그걸 살짝 엿보기는 했으니 지금은 그 맛을 조금씩 음미해가는 중이다, 라고는 말씀드리겠습니다. 더불어 그것이 비록 꽤 쓰긴 하지만, 의외로 단맛도 난다고 말씀드리겠습니다.

See the Unseen

저 또한 여느 직장인들처럼 회사를 다니면서 보고서 작성능력이나 PT 능력, 분석력, 추진력, 팀워크 등을 향상시키는 데 많은 시간과 정성을 투자했습니다. 그 덕분에 회사에서 나름대로 인정도 받고 더 높은 수준의 프로젝트도 진행해보고, 나아가서 능력을 구성하는 또 다른 다양한 요소들을 발견해 자기계발의 기회로 삼는 등의 유익한 시간을 보냈지요. 하지만 아무리 많은 시간과 정성을 이런 거에 들이부어도 뭔가 2% 부족하다는 느낌이 사라지질 않더군요. 왠지 이런 것들 너머에 제가 찾지 못한 뭔가가 더 있을 것만 같은 기분이 계속 들었다고나 할까요.

있기는 '개뿔', 뭐가 있겠어요. 그 너머에는 아무것도 없습니다. 그저 자신의 착각만이 있을 뿐이지요. 그러한 '멋지구리'한 능력들을 많이, 그리고 다양하게 갖추는 사람이 성공한다는 단순 논리 말입니다. 여러 가지 능력들을 종합선물세트로 갖춰 매 순간 "짠!" 하고 등장하는 사람이 인정받는다는 단순 사고 말입니다. 저는 이런 환상을 고이 간직한 채 무작정 달렸던 겁니다. 골 지점이 나오기를 기대했냐고요? 그럼 제가 이유도 없이 괜히 달렸겠어요? 그런데 결과는 어땠냐고요? 골 지점이 아닌 골 지점의 신기루만 주구장창 눈에 들어오더군요.

대체 제가 뭘 잘못했던 걸까요? 전 그저 회사에서 먹힐 만한 공식에 충실했던 것뿐인데, 이게 제 불찰이었던 걸까요? 여러분도 회사를 다니면서 한 번쯤은 스스로에게 이런 질문을 해봤을 거라고 생각합니다. 아직 한 번도 해본 적이 없다고요? 이거 남들보다 뒤떨어지는 거 아니냐고요? 별걱정을 다 하십니다. 장담컨대 그런 걱정은 붙들어 매셔도 됩니다. 앞으로 그럴 기회는 질리도록 많이 생길 테니까요.

서론이 길었습니다. 이쯤에서 여러분이 궁금해하는 본론으로 들어가지요. 능력은 '기술'이 아닙니다. 능력이 만약 기술이라면 기술을 많이 갖고 있는 사람이 회사에서 성공가도를 달리겠지요. 다시 말해 앞에서 언급한 능력들을 많이 갖춘 사람이 회사에서 성공할 거라는 겁니다. 그런데 주변을 한번 둘러보세요. 어디 그렇던가요? 그런 능력들을 아무리 많이 갖춰도 성공하지 못하는 사람들은 쌔고 쌨습니다. 능력을 기술이라고 여기는 한, 앞으로도 쌔고 쌜 것 같습니다.

능력은 노력이다.

회사가 눈여겨보는 건, 아니 회사를 떠나서 우리가 눈여겨봐야 하는 건 능력이라는 하나의 '기술'이 아니라 능력이라는 하나의 '본질'입니다. 눈에 훤히 드러나는 능력이 아니라 눈에 잘 드러나지는 않는 능력, 화려하고 삐까뻔쩍한 능력이 아니라 수수하고 평범한 능력, 굵고 짧은 능력이 아니라 가늘고 긴 능력, 결국 능력을 오래도록 지탱해주는 능력에 우리는 더 많은 관심을 가져야 합니다. 그게 뭐냐고요? 누구나 다 알고 있으면서도 쉽게 잊어버리는 능력, 바로 노력입니다. 너무나 단순해서 무시해버려도 될 것 같은 진실이지요.

"그게 다야? 왜 이리 싱거워?" 아, 그렇게 말하기엔 아직 이릅니다. 능력은 단순히 그냥 노력을 말하는 게 아닙니다. 그것은 엄연히 '일관된' 노력을 말합니다. 꾸준하고 진득하고 일관된 묵묵함이 녹아 있는 노력. 이러한 능력을 갖춘 사람은 절대 한눈을 팔거나, 남의 눈치를 보거나, 남의 말에 흔들리거나 하지 않습니다. 청천벽력 같은 일이 터지지 않는 한 그저 무소의 뿔처럼 우직하게 혼자서 걸어가지요.

바보 같은 소리라고요? "그게 능력이라면 개나 소나 다 성공했겠다"고요? 그러게나 말입니다. 그 능력 잘 유지하고 다듬는 데 올인해왔다면 많이들 성공에 가까이 다가가 있을 텐데, 참 안타까운 일이 아닐 수 없습니다. 아무튼 예상과 달리 결과적으로 그 수많은 개와 소가 다 성공하지 못했다는 건 뭘 말해주는 걸까요? 다음의 세 가지 중 하나를 말해주는 거 아닐까요? 그 사실을 간과했거나, 전혀 몰랐거나, 알긴 아는데 실천에 옮기지 않았(못했)거나.

물론 여전히 "그런 능력은 개나 소에게 주던지 해라."라고 하면서 자기만큼은 절대 개나 소의 대열에 낄 일이 없을 거라고 호언장담하는 분도 있을 겁니다. 그런 분들에게 저는 이렇게 말하고 싶습니다. 그토록 많은 관심을 기울이는 보고서 작성능력이나 PT 능력, 영어능력, 분석력, 추진력, 팀워크 등이 어떤 과정을 거쳐 쌓이게 되는지 한번 생각해보라고요. 남과 차별화될 정도로 앞서나가기 위해 여러분은 어떻게 했던가요?

열심히? 물론 그렇겠지요. 그런데 아무 생각 없이 단순히 열심히

만 하면 되던가요? 사람마다 차이는 있겠지만, 그렇지 않다는 걸 다들 잘 알 겁니다. 인정하고 싶지 않아도 역시 '하게' 형제들이 또다시 등장하지요. 묵묵하게, 진득하게, 꾸준하게, 일관되게. 열심히 하는 것만 갖고선 안 된다는 겁니다.

회사생활이 딱 이렇다고 보면 이렇습니다. 누구나 다 앞서 말한 여러 가지 능력들을 쌓는 데 열심입니다. 그리고 아쉽게도, 아니 불행하게도 그게 다라고 생각합니다. 이런 느낌이라고나 할까요? "나 할 만큼 했거든? 내가 갖고 있는 능력들 좀 보라고. 인정받을 이유, 그걸로 충분하잖아." 암, 인정받을 이유 충분하고말고요. 대신 그것만으로 오래오래 인정받겠다는 염치는 아니겠지요(물론 그것만으로 오래오래 인정받을 수도 없긴 하지만)?

혹시 그런 염치없는 생각을 갖고 있는 분이 있다면, 그리고 앞으로 그 염치를 별로 버릴 생각이 없는 분이라면 2008년에 노벨 물리학상을 받은 괴짜 과학자 마스카와 도시히데(益川敏英) 교수가 한 강연에서 한 말을 귀담아들을 필요가 있을 듯합니다. 아마 그 염치, 굉장히 실리적으로 재조정하지 않을까 싶습니다.

두뇌 회전이 빠르다는 건 연구자에게 오히려 마이너스다. 일본에는 '수재병'이란 말도 있다. 수재는 중요한 논문을 금방 이해하고 그걸 발전시키기 때문에 빛이 난다. 하지만 진정한 연구는 그 너머에 존재한다. 난제에 부딪히면 수재는 '어렵네' 하고 그 옆을 돌아본다. 그랬다가 '어, 이건 내가 할 수 있겠네' 하면서 옆길로 새고, 또 어려운 데 부딪히면 다시 옆길로 샌다. 그런 사람들은 대학원생까지는 활약하지만 조교수 급이 되면 점점 사라진다. 조교수 때 가서 잘하는 이는 조금 느리다 싶은 그런 사람이었다. 꾸준히 오래 앉아 있는 사람이 좋은 연구자로 발전했다.

회사에서 별(임원)이 되고 싶다고요? 아니, 그 정도로는 성에 안 찰테니 정정하겠습니다. 별 중의 별(CEO)이 되고 싶다고요? 진정으로 성공하고 싶다면 오늘부터 두뇌 안에 에너자이저를 꽂아 넣으세요. 적어도 묵묵하게, 진득하게, 꾸준하게, 일관되게 일을 해나가려면 그런 '무식한' 방법을 동원해야 합니다. 하루 이틀 일하다가 "에라이 모르겠다. 딴 놈들이 알아서 하겠지."라고 하면서 손 놓아버릴 건가요? 일 년 이 년 일하다 "나 원, 이 회사 진짜 인재를 못 알아보는구만. 날 알아주는 회사로 가야지, 안 되겠어."라고 하면서 작별을 고할 건가요? 그것도 아니면 "난 성공을 원한다고, 성공! 직접 회사를 차려 사장직에 바로 오르겠어."라고 하면서 자칭 성공을 만끽하기라도 할 건가요?

자신에게 한번 물어보세요. "이런 생각을 갖고 회사 안에서 성공할 수 있을까?" 뭐, 사실 물어볼 것도 없이 우리는 이미 그 답을 알고 있습니다. 그런 마인드로는, 그런 자세와 태도로는 세상이 두 쪽나도 성공할 수 없다는 것을.

그런데 가만히 생각해보면 이게 어디 회사나 조직에만 적용되는 얘기인가요? 설마 그럴 리가요. 우리가 매일매일 헤쳐나가고 있는 우리의 일상생활 자체가 바로 이 묵묵하게, 진득하게, 꾸준하게, 일관되게라는 성공원리가 적용되는 실험실이지요.

노벨상을 목표로 하지 말라.

마스카와 교수는 노벨상을 수상하고 난 후 한 인터뷰에서 이런 말을 했습니다. 그런데 뭐 이것이 노벨상에만 해당되는 얘기겠습니까? 여러분처럼 직장인인 경우 이 말을 이렇게 바꿔 이해하면 되겠지요. "연봉을 목표로 하지 말라." "칭찬이나 인정을 목표로 하지 말라." "CEO를 목표로 하지 말라." "성공을 목표로 하지 말라." 다 같은 맥락의 얘기입니다.

결국 지금 여러분이 하고 있는 일, 여러분의 손 안에 주어져 있는 일, 원하지는 않았지만 맡겨진 일을 목표로 하라는 겁니다. 그것도 묵묵하게, 진득하게, 꾸준하게, 일관되게라는 꼬리표를 단 채 말입니다. 그러다 보면 연봉이든 명예든 CEO든 성공이든 저절로 알아서 따라올 겁니다. 적어도 여러분이 스스로가 잘났다고 큰 소리 쳐대며 자랑질을 하거나, 왜 인정을 안 해주냐고 회사에 보이콧을 해서 자신이 원하는 목표를 이뤄가는 것보다는 훨씬 똑똑하고, 남는 장사로 보이지 않나요?

따지고 보면 다 주객이 전도돼서 생기는 문제들입니다. 우리는 너무나 참을성이 없습니다. 자신의 앞에 놓여있는 일과 성공 사이에 훤히 드러나 있는 간극을 메우려 하지 않습니다. 그리고 어린애처럼 회사에 대고 투정을 부립니다. "이 정도는 해줘야 하는 거 아냐?" "날 뭘로 보는 거야?" "인재를 인재로 대우하지 않네." "회사가 이렇게 통이 작아서야." 그렇게 한 결과 뭐가 달라지던가요? 회사가 "아, 우리가 그동안 인재를 몰라봤군요. 죄송합니다."라고 하면서 그 날부터 우리를 인재로 대우해줄까요? 물론 웃자고 한 말이긴 합니다만, 마냥 웃고 넘어갈 일은 아닌 것 같습니다. 의외로 실생활에서 많은 분들이 속으로 이런 상상의 나래를 펴는 것 같으니까요.

마인드를 재정비할 필요가 있어 보입니다. 아쉽지만 성공이 우선이 아닙니다. 우리 앞에 놓여있는 일이 우선이지요. 그리고 그 둘 사이의 간극을 메우는 게 우리가 차차 해나가야 하는 일입니다. 어떻게 메워 나가냐고요? 잘 아시잖아요. 그것에 대한 대답은 이미 지긋지긋할 정도로 많이 언급해드렸지요.

묵묵하게 + 진득하게 + 꾸준하게 + 일관되게

일전에 한 물리학자가 마스카와 교수에게 "솔직히 과학하는 사람들은 노벨상 받는 게 꿈이지 않느냐?"고 물은 적이 있습니다. 그러자 그는 "나는 전혀 안 그랬다. 연구를 하다 보니 노벨상을 받는 것이지, 노벨상을 받기 위해 연구를 하는 것은 바람직하지 않다."고 말했다더군요. 우리가 이 말에 담긴 의미를 이해하지 못한다면, 또 나름대로의 기준을 갖고 제대로 소화해내지 못한다면 그가 "노벨상 수상이 그다지 기쁘지 않다."고 한 기자회견에서 말했듯이 우리에게도 언젠가 "성공이 그다지 기쁘지 않다."고 말하는 날이 오지 않을까 싶습니다. 안 그럴 것 같나요?

[Bonus Tip] Slow and Steady Wins the Race. —미국 속담

08

무

武

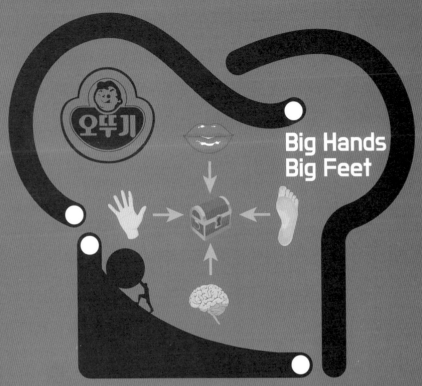

Big Hands
Big Feet

DR. COOK'S RECIPE

08

08

□□□, 살아남으리라
전쟁지도냐 전쟁터냐, 그것이 문제로다

인생이라는 게임에서 승리하려면 무조건 그 게임을 사랑해야 한다.
—Robert B. Stone(철학자, 심리학자)

직장생활을 하면서 회사를 향해 '삿대질'을 해보지 않은 사람이 있을까요? 아마 한 분도 없을 겁니다(그런 분이 있다면 오늘부터 그대를 천연기념물로 임명하겠습니다). 오히려 그동안 너무 많이 해댄 나머지 스스로 지쳐서 나가떨어질 지경이 됐겠지요. 아무런 대답도 보상도 돌아오지 않는다는 걸 잘 알면서도 그런 허무한 행동을 끊임없이 해댔으니 마음고생도 적지 않게 했을 거라고 봅니다. 늦었지만 그동안 쌓였을 스트레스도 풀어드릴 겸 자그마한 위로의 말을 건네 드리고 싶습니다. 토닥토닥, 힘내세요.

말이 나온 김에 그럼 삿대질의 내용을 한번 살펴볼까요? 사람마다 크게 차이는 없을 겁니다. "모든 게 주먹구구식이지. 회사가 무슨 구멍가게도 아니고 말이야." "야야. 고거밖에 못하냐? 에라이, 이 한심한 것아. 그러니 네가 그 모양 그 꼴인 거야." "사수가 나한테 무슨 감정 있나? 나, 병민이라고 허병민. 고작 이런 일을 시켜? 날 물로 봤다 이거지?" "아, 저놈의 팀장. 사사건건 참견에 잔소리에 아주 돌아가시겠네. 목소리나 작으면 몰라. 어디 네가 먼저 돌아버리나 내가 먼저 돌아버리나 한번 해보자고."

뭐, 따지고 보면 다 자기는 맞고(혹은 정당하고) 회사는 틀렸다는 얘기입니다. 가슴에 손을 얹고 한번 생각해보세요. 아닌가요? 만약 부정할 수 없다면, 위로는 잠시 뒤로 하고 여러분의 발언에 대해 잠시 딴지를 좀 걸어볼까 합니다. 물론 여러분의 삿대질에 대해 충분히 공감을 했다는 의미에서 처음에 위로를 건넨 거지만, 여러분이 쏟아내는 삿대질의 내용까지 다 동의했다는 말은 아니니까요. 기분이 살짝 나쁠 수도 있겠지만, 허락해주실 거죠?

삿대질 #1 "모든 게 주먹구구식이야. 회사가 무슨 구멍가게도 아니고 말이지."

회사, 겉으로는 정말 주먹구구식으로 돌아가는 것처럼 보입니다. 아니, 실제로 그렇게 돌아가는 곳이 많을 겁니다. 하지만 아무리 후지게 돌아가는 구멍가게라고 해도 그 안에서 우리가 해야 하는 일, 할 수밖에 없는 일들이 세상에서 최고로 잘 굴러가는 회사 안에서 해야 하는 일, 할 수밖에 없는 일들과 전혀 다르지 않다는 사실, 알고 있나요? 좋으나 싫으나 여러분이 해야 하는 그 일들이 어디로 사라지지도 않습니다. 요컨대 업무의 '본질'이 달라지지는 않는다는 겁니다(물론 자기 자신도 주먹구구식으로 일을 하는 부류라면 할 말이 없겠지만).

삿대질 #2 "야야야. 고거밖에 못하냐? 에라이, 이 한심한 것아. 그러니 네가 그 모양 그 꼴인 거야."

다른 사람들이 정말로 '고거밖에' 못하고 다 그 모양 그 꼴이라고 칩시다. 그들에게 보태준 거 하나라도 있나요? 하늘을 우러러 한 점 부끄럼 없이 자신 있게 "있다!"고 말할 수 있나요? 더 중요한 질문. 남보고 그 모양 그 꼴이라고 말하고 있는 자기 자신은 그 모양 그 꼴이 아니라고 확신할 정도로 일을 완벽하게 해내고 있나요? 혹시 자신을 곁에서 지켜보고 있는 주변 사람들이 면전에서만 상냥하고 뒤에선 "넌 입과 머리만 살아있냐? 에라이, 이 한심한 것아. 그러니 네가 그 모양 그 꼴인 거야."라고 중얼거리고 다니는 건 아닌가요?

삿대질 #3 "사수가 나한테 무슨 감정 있나? 나, 병민이라고 허병민. 고작 이런 일을 시켜? 날 물로 봤다 이거지?"

사수는 자신이 담당하고 있는 직원에게 '감정'이 있을 수밖에 없습니다. 물론 사적인 감정이 아닌 공적인 감정이지요. 너무나 당연한 겁니다. 그게 그의 존재이유이고, 또 그에게 맡겨진 역할이니까요. 우리를 물로 봐서 고작 그런 일을 시키는 게 아니라, 우리가 엄연히 배워야 하는 입장이기에 의도적으로 갈구면서 하찮아 보이는 잔일들을 시키고 또 시키는 겁니다. 우리가 해외 유수 대학의 MBA 출신이든 이전에 한 회사를 운영했던 CEO

든, 심지어는 현직 대통령이라고 해도 자신 앞에 사수라는 검은 그림자가 버티고 있는 한, 그런 갈굼은 절대로 피해갈 수 없다는 걸 알아야 합니다.

삿대질 #4 "아, 저 놈의 팀장. 사사건건 참견에 잔소리에 아주 돌아가시겠네. 목소리나 작으면 몰라. 어디 네가 먼저 돌아버리나 내가 먼저 돌아버리나, 내기 할까?"

이놈의 팀장? 뭐, 팀장뿐이겠습니까? 그런 말을 입 밖에 낼 수 있는 사람이라면 저놈의 상무, 그놈의 사장이라는 말도 충분히 그의 입에서 튀어나올 것 같지 않습니까? 그런데 아쉽게도 우리가 회사를 그만두는 날까지 팀장이든 상무든 사장이든 그 누가 됐든지 간에 그놈의 참견과 잔소리는 멈추지 않을 겁니다(그러니 그냥 랩으로 받아들이세요). 우리가 회사 내부의 역대 승진기록을 모조리 갈아치워 팀장의 윗자리로 발령이 나지 않는 한 말이지요. 그러니 누가 먼저 돌아버리는지 굳이 내기까지 할 필요 없습니다. 팀장이 먼저 돌아버리는 일은 결코 일어나지 않을 거니까요.

"뭔 말을 하려는 거야 대체? 그래서 나보고 어쩌라고? 계속 나만 갖고 뭐라 하네." 네, 미안하지만 여러분만 갖고 뭐라 하는 거 맞습니다. 핏대 올려가며 열심히 삿대질을 했는데 그래도 자신에게 뭔가 좀 돌아오는 게 있어야 하지 않겠습니까? 그래야 좀 덜 억울하지 않겠습니까? 자신에게든 주변 사람들에게든, 아니면 회사 차원에서든 작고 소박해도 좋으니 무슨 변화라도 있어야 하는 거 아닌가 이 말입니다.

복잡한 사회이론 갖다 붙일 거 없이 회사가 바뀔 일이 없다는 것쯤은 이미 잘 알고 계실 겁니다(여러분의 삿대질로 바뀔 회사라면 그런 곳이야말로 정말 구멍가게 아닐는지). 그럼 주변 사람들의 경우는? 주변 사람들은 전혀 생각하지 않아도 됩니다. 시간은 좀 걸릴지언정, 우리가 바뀌면 그들은 저절로 바뀌게 되어 있습니다. 문제는, 바로 나 자신이지요.

여러분이 앞으로도 계속 삿대질을 할 생각이 있다면, 우선 그 전에 다음의 단어를 충분히 숙지하고 익히고 겪어보고 나서 하라고 말씀드리고 싶습니다. 그렇게 해도 절대 늦지 않으니까요. 뭐, 그러고 싶지 않다면 그것도 자신의 판단일 테니 막진 않겠습니다. 단, 무척 피곤하고도 진이 빠지는 회사생활이 될 거라는 각오 정도는 해두시는 게 좋을 겁니다. "대체 뭔 단어이길래 그렇게 뜸을 들이는 거야? 그렇게 자신만만해?" 네, 자신만만합니다. 이 단어가 머릿속에 떠오른 순간 혼자 썩소를 날리면서 고개를 끄덕였지요. 길지도 않습니다. 딱 세 글자로 이루어진 단어입니다. 힌트를 드리자면, 여러분이 궁금해했을 이번 편의 제목 안에 들어가는 단어입니다.

깨져라

우리가 남을 비난하고, 회사에 대고 투덜대고 불평할 수 있으려면 우선 나 자신부터 비난으로부터 자유로울 수 있을 정도로 풍부한 경험을 소유하고 있어야 합니다. 적어도 회사에 대고 "주먹구구식

구멍가게"라고 욕하려면 어떤 면에서 어떻게 주먹구구식이고, 그것의 증상에 대한 해석과 그에 대한 구체적인 처방을 내릴 정도의 실력은 갖추고 있어야 말이 됩니다. 적어도 남보고 뭐라고 하려면 자신이라면 어떻게 할 수 있는지 그 대안을 제시할 수 있어야 할 뿐만 아니라, 실제로 몸소 행동으로 보여야 말이 됩니다. 적어도 사수가, 팀장이 왜 나만 갖고 난리냐고 짜증내려면 그들이 보내는 참견과 잔소리가 정말로 참견이고 잔소리라고 당당하게 말할 수 있을 정도의 내공을 갖추고 있어야 말이 됩니다. 그래서 묻습니다. 여러분은 이러한 경험과 실력, 대안, 행동, 내공을 소유하고 있습니까?

센 놈이 살아남는 게 아니라, 살아남는 놈이 세다는 말이 있습니다. 정확히 말해 센 놈도 살아남고(어떤 측면에서 센 거냐고 묻는다면 그건 또 다른 논란거리겠지만), 살아남는 놈도 셉니다. 하지만 뭐가 우선이냐고 묻는다면 저는 '살아남는 것'이 우선이라고 말씀드리겠습니다. 살아남으면서, 다시 말해 살아남기 위해 피터지게 고생하면서 자연스레 조금씩 세지는 거고, 세지면서 살아남을 가능성을 높일 수 있게 되는 거지요.

그런데 우리는 어떻습니까? 보통 '센 놈'이 되기 위해 죽자 사자 애를 쓰지 '살아남는 놈'이 되기 위해 애를 쓰나요? 그 말이 그 말 아니냐고요? 천만의 말씀, 만만의 콩떡입니다. 센 놈은 쉽게 말해 사수이고 팀장이고 임원이고 CEO입니다. 그 정도의 자리에 어울리는 능력과 연륜을 갖추고 있는 사람을 말합니다. 반면 살아남는 놈은 사수든 팀장이든 임원이든 CEO든 자리와 관계없이 지금 현재 자신이 처해있는 위치보다 더 위로 올라가는 데 노력을 기울이는 놈입니다. 한마디로 올라가는 과정을 즐기면서 그 과정에 몰입하고 올인하는 놈을 말하지요.

"내가 어서 빨리 사수가 되든지 해야지. 더러워서, 원. 사수만 돼 봐, 네 놈은 물론 내 아랫놈들까지 다 끝장이야." 평소에 이런 말, 가슴 툭툭 쳐가며 참 많이도 내뱉지요? 사수라는 단어 대신 팀장이든 임원이든 CEO든 뭘 갖다 붙이든 다 마찬가지입니다. 결국 센 놈이 되고 싶다 이거지요. 그런데 센 놈이란 자격이 어디 하늘에서 거저 떨어지던가요? 일단 살아남고 봐야지요. 그러기 위해서 죽도록 깨져야 한다는 겁니다.

[요리 가이드라인 #1] 비록 당신이 어떤 일을 하는가에 있어서는 선택의 여지가 없다 하더라도, 어떤 방법으로 그 일을 할 것인가에 대해서는 항상 선택의 여지가 있다. ―스티븐 런딘 外, 『펄떡이는 물고기처럼』에서

부딪치고 아작나고 다시 부딪치고 박살나고, 또다시 부딪치고 밟히는 등 깨지고 또 깨져봐야 합니다. 생각만 해도 괴롭고 짜증나고 힘들고 스트레스 받지요? 그런데 우리가 원하는 노하우와 능력이란 게 하나의 칩(chip)처럼 우리의 몸속에 내장돼 있지 않은 이상 이것은 누구도 피해갈 수 없는 단련 프로세스입니다. 스티브 잡스라고 해서, 제프 베조스라고 해서 달랐겠어요? 아니, 세계적인 유명인사까지 갈 것도 없이 여러분이 그르렁대면서 노려보고 있는 여러분의 사수나 팀장도 마찬가지입니다. 그들이라고 해서 달랐겠어요(낙하산들은 제외해둡시다)?

이런 상황에서 위로(벌써 두 번째 위로군요)의 말을 드리는 게 맞는 건진 모르겠지만, 적어도 이건 현실적인 위로인 만큼 드릴까 합니다. 까뮈의 스승인 철학자 장 그르니에가 언젠가 "고독이란 느낌은 어느 정도 시간이 흐르면 그 느낌 자체가 일상적이 되어 다시는 고독감이라 이름 붙일 수 없게 된다. 사람은 고독하지 않기 위해서 고독하다."라고 말한 적이 있는데, 저는 이 말을 살짝 비틀어 다음과 같이 말하겠습니다. "깨진다는 느낌은 어느 정도 시간이 흐르면 그 느낌 자체가 일상적이 되어 다시는 깨지는 느낌이라 이름 붙일 수 없게 된다. 회사원은 깨지지 않기 위해서 깨진다."

이렇게 정리해놓고 보니 여러분 자신만 깨지는 게 아니란 사실을 알 수 있지요? 여러분의 사수도 팀장도 윗분들의 눈치를 보면서 매일매일 깨집니다(지금 이 순간에도 깨지고 있을지도 모릅니다). 하지만 여러분과 다른 점이 하나 있다면, 그들은 깨진다는 거에 적응되었을뿐더러 그걸 노련하게 자신의 것으로 만들어 자기가 진행하고 있는 일에 유용하게 적용하고 응용할 줄 안다는 겁니다. "에이, 그냥 그런 척하고 있지 일은 다 아랫것들 시키더라 뭐. 권위는 또 좀 내세우냐고. 챙길 건 다 챙기면서 할 건 하나도 안 해요."

저도 처음엔 그런 줄 알았습니다. "자리만 지키고 있는 허수아비들!"이라고 속으로 욕도 많이 해댔지요. 하지만 시간이 지난 후 곰곰이 생각해보면 일은 항상 깨끗이 정리되거나 처리되어 있더군요. 물론 아랫사람들이 했을 수도 있고 본인이 직접 했을 수도 있습니다(자신이 아닌 남을 통해 일을 해내는 것도 능력이긴 하니까요). 하지만 중요한 건 그 일에 마침표가 찍혀있었다는 겁니다. 진짜 허수아비들은 허둥

대는 나머지 일에 마침표를 찍지도 못하지만, 설사 마침표를 찍는다 해도 그 마침표를 끌어내는 과정에서 자신의 머리와 주둥아리만 굴린다는 사실, 알고 계신지요?

전자를 전쟁터형(경험론적) 리더, 후자를 전쟁지도형(합리론적) 리더라고 부르도록 하겠습니다. 저는 회사를 다니면서 이처럼 극명하게 대비되는 유형의 리더들과 함께 일할 기회를 가졌습니다. 제가 만약 후자하고만 일을 했다면 철저하게 그가 하는 말만 믿고 따를 뿐, 그걸 검증하겠다는 생각 따위는 하지 못했을 겁니다. 반대로 제가 만약 전자하고만 일을 했다면 현장에서의 실천이나 구체적인 경험만 높이 사 그가 갖고 있는 생각이나 계획 등을 놓쳤을 수도 있겠지요.

[요리 가이드라인 #2] 시작하는 방법은 말을 멈추고 행동하는 것이다. —월트 디즈니

두산동아를 다니면서 저는 운 좋게도 두 분의 팀장을 모실 수 있었습니다. 팀장이 중간에 바뀌었던 거니 각각 다른 시기에 두 분을 모셨던 거지요. 첫 번째 팀장은 아주 지독한 전쟁지도형 리더였습니다. 성격이 느긋하고 말수도 적었지만, 동시에 그만큼 행동도 굼뜨고 일처리가 느려 터졌습니다. 물론 느리다는 건 일장일단이 있는 만큼 무조건 비판받아야 할 특성은 아닐지도 모르겠습니다. 문제는 그것이 일과 직결될 경우 얘기가 완전히 달라진다는 데 있습니다. 기본적으로 그가 일을 진행한 방식은 거의 매번 '기획서나 계획안으로

시작해 기획서나 계획안으로 끝난다'였습니다. 그가 팀원들에게 그렇게 선포하거나 강요했냐고요? 그 이상의 것은 통과된 적이 거의 없으니 말 다한 거지요.

기획서나 계획안으로 시작해 기획서나 계획안으로 끝난다? 그 메커니즘에 대해 잠시 생각해보세요. 뭐가 떠오르나요? 혹시 고민-논의(토론, 제안, 설득)-작성(발표)이 떠오르지는 않나요? 직역하면 '머리에서 시작해 입으로 끝난다'입니다. 그런데 이러한 메커니즘 뒤에서 떡하니 버티고 있는 생각이라는 '괴물'을 고려해야 할 테니, '머리에서 시작해 머리로 끝난다'로 풀이하는 게 더 정확할 겁니다.

대부분 한 번쯤은 경험했을 거라 봅니다만, 이거 겉에서만 보면 정말 뭔가 있어 보입니다. 충분히 기대할 만한 뭔가가 튀어나올 것 같지요. 그러니 리더뿐만 아니라 팀원 전원이 마치 전략의 신, 심지어는 컨설턴트라도 된 것 마냥 황홀감에 빠질 법도 합니다. 저요? 황홀감에 빠지기만 했겠어요? 속으로 '아, 벌써 직업을 전환할 때가 온 건가?'라고 하면서 외국계 컨설팅 회사들의 채용 일정을 수시로 확인하고, 관련 사이트를 수없이 들락날락거렸지요. 뭐, 그건 제 문제였다고 치지요.

머리에서 시작해 입으로 끝나든 그대로 머리로 끝나든, 그것이 필히 실패로 돌아갈 수밖에 없는 이유는 거기에 증명(prove)이라는 중요한 프로세스가 빠져있기 때문입니다. 검토하고 검사해서 증명해나가는 검증의 방식을 택하든, 반대되는 근거를 들어 증명해나가는 반증의 방식을 택하든 직접 몸소 뛰어들어 문제를 해결해나가는 과정이 없다는 거지요. 거꾸로 말해 머리와 입만 갖고서는 문제를 완벽하게 풀어낼 수 없다는 겁니다.

당시에는 하도 일이 정신없이 돌아가 신경 쓸 겨를이 없었지만, 퇴사하고 나서 좀 여유로워지자 그런 의아함이 생기더군요. '그는 왜 이런 당연한 절차를 포기했던 걸까? 아니, 포기한 게 아니라 그냥 무시했던 게 아닐까? 그렇다고 치자. 그렇다면 왜?' 팀장은 무능하고 무식했던 걸까요? 그는 정말 뭘 몰랐던 걸까요? 정말이지 바보가 되려고 작정했던 걸까요?

세상에 그럴 리가 있겠습니까? 제가 생각해본 결과 그는 지극히 영악했던 겁니다. '확실한 성공도 보장돼 있지 않은 상황에서 시간과 노력을 들여 팔과 다리 힘을 쓰라고? 그러다가 실컷 깨지기라도 한다면?' 굳이 그럴 필요가 없다 이거지요. 팀장이라는 위태위태한 자리에 앉아있으면서 본전만 뽑아도 어디겠어요? 그러니 팀장으로서는 '전쟁터'를 버린다 해도 전혀 아쉽거나 아깝지 않았을 겁니다.

[요리 가이드라인 #3] 지인 중에 가장 책임감 강한 사람은 누구인가? 무엇이 그를 책임감 있는 사람으로 보이게 하는가? —세스 고딘(마케팅 전문가)

두 번째 팀장은 첫 번째 팀장과는 스타일이 완전히 달랐습니다. 아주 지독한 전쟁터형 리더였지요. 전 팀장의 소위 NATO(No Action Talk Only) 리더십을 그녀 또한 익히 봐온 터라 팀의 운영원리를 애초부터 '실천 중심'으로 정해 팀원들을 쉴 새 없이 채찍질했지요. 회

사에 몸을 담았던 8년이라는 기간 동안 이 시기만큼 욕의 종류와 횟수가 늘어났던 적도 없을 겁니다. 거의 해병대 교육훈련소에 와 있다는 기분이 들 정도로 군기가 셌습니다.

　물론 그렇다고 그녀가 전혀 미리도 안 쓰고 입 다문 채 행동에만 올인했단 말은 아닙니다. 어디까지나 실질적인 행동에서 오는 경험치에 대해 지나칠 정도로 확실한 믿음을 갖고 있었다는 겁니다. 분명히 이전 팀장과는 업무진행 방식이나 스타일, 그리고 거기에서 수렴되는 지향점이 달랐던 거지요. 그것도, 뼛속 깊이.

　그래서 좋았냐고요? 물론 모든 걸 명확하고 구체적이고 확실하게 하게 해서 뒤탈이나 후회를 남기지 않았다는 점에서는 100점을 주고도 남을 만큼 본받을 점이 많은 리더였지요. 하지만 전쟁터라는 단어에서도 느낄 수 있듯이 진흙탕에 구르는 게 일상생활이었으니 거기에서 오는 짜증과 피로를 충분히 풀어가면서 일을 했다면, 이라는 아쉬움은 남습니다.

　말이야 바른말이지 그녀는 팀원들을 다 전사(戰士)라고 생각했던 것 같습니다. 조금이라도 뒤떨어진다고 생각되는 팀원에겐 직접 전쟁기술을 전수하기까지 했지요. 그러니 시간이 지나면서 하나둘 전사(戰死)했다는 건 전혀 이상할 게 없는 시나리오 아닌가요? 아, 물론 팀장 자신은 제외하고요. 그녀는 말 그대로 철녀(鐵女)였으니까요. 다행히 저 또한 기절은 몇 번 했어도 전사는 안 했으니 지금 여러분에게 이렇게 유유자적 말씀드릴 수 있는 걸 겁니다(그렇다고 제가 철남鐵男이란 얘기는 절대 아닙니다).

[요리 가이드라인 #4] 전망은 아이큐 80만 돼도 할 수 있다. —제프 베조스(아마존 CEO)

비록 한 직장, 그것도 한 팀에서 천당과 지옥을 오가긴 했지만 저는 두 팀장을 모시면서 몇 가지 소중한 수확을 거둘 수 있었습니다. 누군가가 그랬듯이 세상을 바라보기에 책상은 정말로 위험한 장소란 것을, 영리함과 영악함은 분명히 구분할 줄 알아야 한다는 것을, 출세(승급이나 승진 등)라는 건 적당하게든 피터지게든 적절하게든 깨지는 과정 없이는 불가능하다는 것을.

그뿐만이 아닙니다. 첫 번째 팀장의 사례에서도 볼 수 있듯이, 일을 함에 있어 진지함이 부족한 태도는 지양(지향이 아닙니다)되어야 한다는 것을. 그리고 두려움, 특히 실패에 대한 두려움이 모든 문제의 근본 원인이라는 것을.

무엇보다도 일을 한다는 것의 의미가 뭔지 스스로 되새겨볼 기회를 가질 수 있었습니다. 회사는 허구한 날 저에게 문제(그것이 업무와 관련된 것이든 사람과 관련된 것이든)를 던져주고 관심이 없다는 듯 등을 돌려버리는데, 그 주어진 문제에 제 자신이 과연 어떻게 접근하는 게 맞는 건지 고민할 수 있었던 거지요. 그런데 그게 생각보다 전혀 복잡한 게 아니더군요.

그걸 밝히기 전에 한 가지만 말씀드리고 싶습니다. 저는 앞서 소개한 첫 번째 팀장을 전쟁지도형 리더라고 불렀습니다만, 좀 더 정확히 얘기해서 그를 평론가형 리더라고 부르겠습니다. 즉, 머리와 입은 살아있으나 정작 자신 앞에 놓여있는 문제가 정확히 뭔지 모르는 리더를 말하지요. 직접 실천을 하거나 구체적으로 실행에 옮겨본 적이 없으니 문제의 문 앞에도 가보지 않았다는 결론이 나옵니다. 그러니 따지고 보면 일에 착수하지도 않은 셈입니다(당연히 깨져봤을 리도 없습니다). 이 말을 굳이 하는 이유는 여러분의 머릿속에 덕지덕지 엉겨붙어있을지도 모를 이런 평론가적인 마인드를 미리 제거하기 위함입니다. 그래야 문제에 좀 더 수월하게 접근할 수 있거든요. 다시 얘기로 돌아가 봅시다.

문제에 부합하는 가능성 있는 답을 쭉 진열해놓는다(여기에서 순서나 정확성 따위는 중요하지 않다). → 그중 자신이 생각하기에 맞다고 여겨지는 답을 뽑아낸다. → 맞는 답이 아닐 경우 깨진다. → 그런 식으로 답이 나올 때까지 고르고 깨지기를 반복한다. → 뽑을 때 잘 모르겠다는 생각이 들면 잘 모르겠다는 사실 자체를 인정하고 그냥 마음 편히 깨져본다. → 운이 좋으면 필요한 답을 빨리 골라낼 수도 있겠지만, 가급적 최대한 많이 깨져본 후에 골라내는 게 회사생활을 해나가는 데 여러모로 더 유리한 만큼 깨지는 걸 쪽팔려하거나 남들보다 뒤떨어진다고 생각하는 등의 잡생각은 하지 않는다. 그렇게 깨질 거 다 깨지고 나서 얻어지는 결과가 알짜배기니 잘 저장해뒀다 두고두고 써먹는다.

반복적인 시행착오를 통해서 깨질 확률을 조금씩 줄여나가는 것, 그래서 거기에서 나오는 해답으로 일을 추진해나가는 것, 이게 바로 '일을 한다'의 의미가 아닐까 싶습니다. 듣고 보니 의외로 단순하고 명료하지요?

아마 지금쯤 이런 생각들이 여러분의 머릿속에서 스멀스멀 기어 다니고 있지 않을까 싶습니다. "당신, 아주 럭키한 경우였구먼. 나로 말할 것 같으면 아예 전쟁지도를 들고 전쟁터를 누비고 있다네. 그런 아주 원조격 빡센 돌아이 밑에서 일하는 사람도 있다고. 전사(戰死)는 무슨. 시간이 남아도시나? 어디 전사할 시간이 있겠냐고?" "말도 마쇼, 작가 양반. 당신은 뭘 몰라도 한참 몰라. 나야말로 전사라는 걸 좀 해봤으면 하오. 아니, 전사하는 시늉이라도 내봤으면 하오. 전사(戰死)든 전사(戰士)든 그냥 아무거나 줘보이소. 전쟁지도 한 장 없고, 전쟁터는커녕 PX에서 놀고자빠진 인간 밑에서 퍼져 있는 사람도 있소이다. 정말이지 나도 행복한 비명 좀 질러보고 싶소, 이젠."

'진골'들은 말이지요, 원래 마지막에 등장해줘야 제맛입니다. 이런 팀장들과 일해본 적 없냐고요? 없다면, 이번 편은 완전히 앙꼬 빠진 찐빵이겠지요. 저 또한 원조격 빡센 돌아이와 군기 빠진, 아니 군기란 아예 없는 상관 두 분 아주 잘 모셨습니다. 흥미로운 건 두 팀장으로부터 배운 것이 두산동아 두 팀장으로부터 배운 것보다 훨씬 더 많았다는 겁니다. 정확히 말해 많았다기보다 머릿속에 더 제대로 각인되었다고 해두지요.

전쟁지도와 전쟁터 두 가지 다 자유자재로 완벽하게 다루고 통제한 분, 거의 신적인 존재라고밖에 표현이 안 되는 분은 제일기획을 다닐 당시의 제 팀장입니다. 사실 회사생활을 해나가다 보면 저절로 알게 되는 거지만, 둘 다에 올인한다는 건 쉬운 일이 아닙니다. 그래서 다들 선택과 집중을 하지요. 어쩔 수 없이 진흙탕 속에서 하루 종일 굴러야 하는 유의 일을 맡고 있지 않은 이상, 거의 대부분 전쟁지도만 조용히 감상하고 싶어 합니다.

저 또한 별반 다르지 않았습니다. 다행인지 불행인지 팀장은 그런 저의 선택을 존중해줬지요. "아, 역시 회사생활은 이런 맛에 하는 게야. 민주주주의를 신봉하는 리더, 이 얼마나 엘레강스한가. 팀장을 위해 다 같이 건배!"라고 하면서 즐거워했던 때가 떠오르는군요.

그런데 그 즐거움도 잠시였습니다. 시간이 지나면서 팀장은 자신의 본 모습을 드러냈는데, 그 과정에서 제가 간과한 사실 한 가지를 깨닫게 하더군요. 그 사실이 대체 뭐냐? '민주주의는 전쟁터에도 적용된다' 이겁니다. 팀장의 말을 빌리자면 "국민(팀원)들을 위하여 정치(일)를 하는 거야. 국민(팀원)들을 위한 거니 당연히 국민(팀원) 중심주의를 지향해야지, 암." 당시에는 그게 뭔 소린지 몰랐지만, 그것이 결국 '다른 누구도 아닌 여러분 자신을 위해 지도를 들고 열심히 보물을 찾으러 다녀라'는 뜻이란 걸 알아내는 데는 그리 오랜 시간이 걸리지 않았습니다.

적어도 제가 재직한 기간 동안은 제 머리와 입과 손과 발이 성한 날이 단 하루도 없었다고 감히 말씀드릴 수 있습니다. 한번 기절해본 뒤에는 내성이 생겨서인지 다시는 기절 같은 건 안 하게 되더군요. 멀티 플레이어가 되겠다는 생각은 꿈에도 해본 적이 없지만, 실컷 구르다 보니 저도 모르게 어느새 제 자신이 멀티 플레이어로 틀이 잡혀나가고 있다는 걸 알게 되었습니다.

덕분에 제가 얼마나 두뇌에 든 게 없고 말이 알맹이 하나 없이 쓸데없이 많으며, 손놀림이 서투르고 걸음걸이가 느려터진지를 알게 되었습니다. 또 제가 그렇게 욕을 해대던 주변 사람들이 실제로는 얼마나 두뇌를 전략적이고 적절하게 잘 활용하고 말을 적재적소에 시의적절하게 잘하며, 손놀림이 쉴 새 없이 부지런하고 걸음걸이가 박력 있고 빠른지를 알게 되었지요.

이런 대조적인 모습이 눈에 들어오면 들어올수록 한 가지 사실이 점점 분명해지더군요. 두뇌와 입과 손과 발의 활용도를 높이려면 이거 재고 저거 재고 할 거 없이 많이 부딪쳐야 한다는 것을. 두뇌와 입과 손과 발을 날카롭고 정교하게 만들려면 어쩔 수 없이 그것들을 그만큼 갈고 닦아야 한다는 것을. 피곤하고 짜증나고 귀찮다고 한들 누가 옆에서 조언을 줘가며 거둬줄 리도 없고, 더더군다나 대신해줄 리도 없다는 것을. 왜냐? 회사는 엄연히 하나의 전쟁터이고 전쟁에 참여하고 있는 군인은 바로 다름 아닌 저니까요. 다들 똑같이 피 흘리고 있는 마당에 저를 부축해주고 코치해줄 정신 나간 인간은 없는 법. 그럴 여유는 누구에게도 없단 걸 냉정하게 인정해야 했습니다.

[요리 가이드라인 #5] 나를 죽이지 못하는 것은 도리어 나를 더 강하게 만든다. —니체

팀장이 어설프게나마 민주주의 이론을 언급해가며 적자생존 혹은 자립의 방도로서 전쟁지도와 전쟁터가 양립가능하다는 진리를 가르쳐줬다면, 한국대학교육협의회를 다닐 당시의 팀장은 그야말로 아무것도 안 가르쳐줌으로써 많은 것을 가르쳐준 케이스입니다. 두

팀장의 상반된 마인드를 대변해주고 있는 이야기[15]가 하나 있어 소개해드릴까 합니다.

> 2차 대전 때 윈스턴 처칠은 오로지 나쁜 소식만을 전달해주는 임무를 띤 특수 부서를 창설했다. 그는 꾸미지 않은 진실 그대로를 원했다. 반면 히틀러는 전쟁이 한창 후반에 접어들 때까지도 여전히 전쟁에서 이기고 있다고 생각했다. 유능한 리더가 되고 싶다면 너무나 솔깃해지는 고립과 벙커심리(bunker mentality, 고립무원의 상태로 자기방어에만 급급한 심리)로부터 벗어날 길을 찾아야 한다.

한국대학교육협의회 팀장이요? 회사를 다니면서 가장 평화로운 때가 언제였냐, 누구 밑에서 일할 때 가장 편했냐고 누군가 묻는다면 당연히 이분 이름 석 자가 제 입에서 나올 겁니다. 그는 널널함이란 게 뭔지를 아주 정통으로 학습시켜줬지요. 뭐, 널널함만이 전부였겠습니까? 아무것도 가진 게 없어도 회사에 남아있을 수 있다는 무서운 진실을 뼈저리게 깨우치게 한 장본인인데 말입니다. 전쟁지도 하나 없어도, 전쟁터에 나가지 않아도 잘 먹고 잘 살 수 있더군요. 그것도, 충분히.

이쯤 되면 이런 질문이 나올 법도 합니다. "전쟁지도도 없고 전쟁터에도 안 나가고, 이거 완전 신의 아들이네, 신의 아들. 아니지, 그

---

15 실패하는 사람들의 10가지 습관(더난출판, 2009)

냥 신이네. 대체 그 사람, 뭔 깡으로 팀장질 했대?" 팀장이라는 자리, 알고 보면 참 아무나 하는 게 아닙니다. 폭탄을 요리조리 잘 피해가며 주변 사람들에게 총자루를 떠넘기는 것, 그것도 떠넘기는 걸 받아들일 수밖에 없게 만드는 것, 이것이 바로 제 팀장이 갖고 있었던 최고의 '능력'이었지요.

뭐, 다 지나간 일이기에 그를 욕하거나 탓하고 싶은 생각은 없습니다. 아니, 오히려 감사할 따름이지요. 적어도 팀장 덕분에 전쟁지도를 갖고 다녀야 한다느니 전쟁터에 나가야 한다느니 등의 초점을 정하는데 있어 고민 같은 건 할 필요가 없었으니까요. 물론 그 때문에 두 배로 깨져야 해서 정신을 차릴 수가 없었습니다만, 최소한 깨진 보람은 있었습니다. 만약 그렇게 깨지지 않았다면 저 혼자 끙끙대면서 곱절로 많은 시간을 머리, 입, 손, 발을 훈련시키는데 쏟아부어야 했겠지요. 사내에서 진행되는 외부교육이나 출근 전 혹은 퇴근 후에 다니는 학원 강의 등에 들이는 시간도 줄일 수 있었으니 자기계발 공짜로 다 한 겁니다.

경영 컨설턴트들을 연상하면 이해하기 쉬울 겁니다. 이들은 관련 업계에 직접 몸담지 않아도 하루하루 관련 업계 사람들의 얘기를 듣고, 그들을 설득하고, 현장을 찾아가 조사하고, 문제를 같이 공유하고 분석해서 최적의 해답을 찾아내면서 몸담는 것 이상의 경험치를 얻어내지요. 모르긴 몰라도 그 과정을 통과하는 내내 거듭 깨지면서 각자가 소화해내는 훈련량은 상상을 초월할 겁니다.

자, 제가 겪은 것과 경영 컨설턴트들이 겪는 것을 한번 비교해보세요. 내용적으로는 전혀 동일하지 않지만, 그 이치나 맥락은 크게 차이가 없다는 걸 느끼시겠지요? 그러니 제가 팀장에게 감사함을 느낄 수밖에요.

이게 물론 전부는 아닙니다. 제가 몸소 이것저것 겪으면서 힘들게 얻어낸 레슨도 있지만, 팀장이 보여준 생각과 행동을 음미하면서 간접적으로 얻어낸 레슨도 있습니다. 그것들을 하나하나 짚어내면서 정리해볼까요? 이 말에 눈이 다시 초롱초롱해지지요? "팀장 까자는 건데, 나야 완전 브라보지." 팀장을 까는 걸 넘어 눈에 잘 안 보이는 것까지 봐주길 바라마지 않습니다.

① 실패는 '양성' 종양이다.

제 팀장은 아마도, 아니 분명히 실패에 대한 두려움을 갖고 있는 사람이었을 겁니다. 전쟁지도형 마인드를 갖고 있는 사람이든 전쟁터형 마인드를 갖고 있는 사람이든 어느 쪽도 깨지는 절차를 건너뛰겠다는 생각을 하지 않습니다. 또 실제로 건너뛸 수도 없다는 걸 잘 알고 있지요. 그런데 그걸 건너뛸 생각을 하지 않는 이유는 성공에 대한 자신감 때문이라기보다는 실패에 대한 자신감 때문이라고 보는 게 더 정확합니다(실패를 소위 '악성' 종양이라고 보는 사람은 절대로 이해할 수 없는 얘기이지요). 그러니 오늘부터 안심하고 실패해보세요. 실패를 해보고 욕을 얻어먹는 것보다 실패를 안 해보고 욕을 얻어먹는 게 이중 삼중으로 치욕스럽다는 걸 알게 될 겁니다.

② 완벽주의자는 겁쟁이다.

굉장히 의아해할지도 모르겠습니다. 제일기획 팀장이 완벽주의자일 것 같은데, 어째서 한국대학교육협의회 팀장보고 완벽주의라고 하는 걸까.

그렇게 이해하는 건 아마 우리가 그동안 완벽주의에 대해 가져온 잘못된 고정관념 때문일 겁니다. 제일기획 팀장은 분명 최선은 다했지만, 완벽을 추구하진 않았습니다. 다시 말해 자신이 기대한 수준만큼 결과가 나오지 않아도 팀원들을 닦달하면서 후회하거나 괴로워하지 않았다는 거지요. 반면 한국대학교육협의회 팀장은 자신이 전쟁지도도 갖고 있지 않고 전쟁터에 나가지 않아도 항상 완벽을 원했습니다(도둑이 제 발 저리지도 않나 봅니다). 도대체 무슨 심보로 저랬을까, 라는 생각을 아무리 하고 또 해봐도 한 가지 결론밖에 안 나오더군요. 심플하게 말해 그는 겁쟁이였던 겁니다. 겁쟁이들은 유연성이 눈곱만큼도 없지요. 기질상 완벽 이외의 것은 눈에 보이지 않았을 겁니다. 왜? 자신이 두려워하는 결과가 눈앞에 펼쳐질지도 모르니까요.

『마음력』이란 책을 보면 이런 내용이 나옵니다. "'내가 이걸 해낼 수 있을까? 못하면 어떻게 하나?' '남에게 흠을 잡히면 어떻게 하나?' 이런 두려움이 클수록 완벽함에 집착하게 된다. 지나친 완벽주의는 지나친 열등감과 동전의 양면이다. 남에게 약점을 보이지 않으려 는 필사의 노력이다." 어떤가요? 좀 더 터프하게 깨지는 길을 택하겠습니까, 아니면 찌질하게 완벽주의라는 가면을 쓰는 길을 택하겠습니까?

[요리 가이드라인 #6] 우리는 압박을 받을 때 투덜거리고 불평하는 사람들을 알고 있다. 그들은 겁쟁이들이다. 당당하지 못하다. 그러나 같은 압박을 받아도 불평하지 않는 사람들이 있다. 충돌이 그를 연마시킨다는 것을 알기 때문이다. 그것은 사람을 단련시키고 당당하게 만드는 압박이다. —성 아우구스티누스

결국 정리해놓고 보니 두 개의 레슨에서 공통적으로 등장하는 단어가 하나 발견되지 않나요? 찾으셨다면, 크게 소리 내어 읽어봅시다(쪽팔릴 거 없습니다).

두려움

깨지고 싶지 않은 마음, 누군들 안 그렇겠습니까? 팀워크니 멘토니 아무리 좋은 말을 갖다 붙여놔도 결과적으로는 다 경쟁자들인데 그들보다 뒤떨어지는 모습을 보이고 싶진 않겠지요. 그런데 혹시 이거 아시나요? 바로 이 지점에서 여러분이 마음속으로 어떤 마인드를 정립해놓고 가느냐에 따라 회사에서 살아남게 될지 아니면 그러지 못할지 판가름 난다는 사실을. 이 지점에서만큼은 운 같은 거 기대하지 않는 게 좋을 것 같습니다.

　거의 매 편마다 나오는 질문입니다만, 회사에서 잘 나가고 싶나요? 그럼 먼저 회사에서 살아남으세요. 어떻게 살아남냐고요? 간단해요. 우선, 자신을 대단한 사람인 양 너무 심각하게 생각하지 마세요. 어깨에서 힘을 빼야 합니다. 더불어 남의 말도 너무 심각하게 생각하지 마세요. 마음을 편히 갖기 위해 의도적으로라도 그렇게 하려고 노력해보세요. 사람이 둔감해져야(이거 생각보다 실천하기가 어렵습니다) 합니다. 무시해야 하는 건 확실히 무시해버릴 수 있는 배짱이 있어야 하지요. 아직 갈 길이 멀다면, 아직 자기만의 뭔가를 이뤄냈다거나 자신할 만한 입지가 구축된 게 아니라면 앞으로 많이 깨져야 하는데, 그때마다 자신과 남의 눈치를 볼 수는 없지 않습니까?

일을 시키는 사람도, 못 한다고 눈치를 주는 주변 사람들도 다 아니꼽다고요? "아, 그 인간들만 없으면 완전 날라 다닐 텐데. 날개를 아주 훨-훨 펼 텐데."라고요? 언젠가는 리더가 될 여러분에게 리더십과 관련된 가벼운 얘기 하나 해드릴까요? 어느 날 '경영학의 아버지'로 불리는 피터 드러커가 리더십의 가장 중요한 요소에 대해 질문을 받았다고 합니다. 그의 대답이 뭐였는지 아세요? "절대로 누가 옳은지를 물어보지 말고 무엇이 옳은지를 물어라."였습니다. 다른 사람, 심지어는 자기 자신조차도 신경 쓸 거 없습니다. 여러분이 지금 하고 있는 일이, 여러분이 해야 하는 일입니다.

우리는 회사에서 간혹 이런 말을 듣곤 합니다. "겸손하라." 백 번 들어도 지당한 말이지요. 겸손 없이 성공할 수 있는 사람은 이 세상에 단 한 명도 없을 겁니다. 하지만 저는 이 말을 들을 때마다 정말이지 숨이 턱턱 막혀오더군요. 이놈의 호흡곤란증 때문에 애를 먹은 게 한 두 번이 아닙니다. 겸손, 그거 아무나 하는 건가요? "오늘부터 겸손하자"고 해서 뚝딱 겸손해지던가요?

겸손하기 위해서는 일단 나 자신이 강해야 합니다(여기서 '강하다'는 '자존감[16]이 있다'라는 의미로 풀이할 수 있습니다). 강해야 겸손이라는 덕목도 실천할 수 있지요. 물론 강하지 않다고 해서 겸손함을 실천하지 못하는 건 아니지만, 생각만큼 뜻대로 잘 되지 않을 겁니다(와 닿지 않는 얘기라면 직접 경험해보세요). 마치 부자들이 기부에 대해 훨씬 여

---

16 자세히 봐주세요. 자존'심'이 아니라 자존'감'입니다

유로운 마음으로 접근할 수 있는 것과 비슷한 얘기지요.

지금 현재 자신이 '강하다'고 볼 수 있는 입장이나 처지가 아니라면 여러분이 해야 할 일은 자명합니다. 일단 강해지세요.

오스가 와일드가 "세상은 불평하는 자의 것이다."라고 했던가요? 불평하고 싶다면, 강해진 다음에 불평하세요. 그때 해도 절대 늦지 않습니다. 기초를 쌓은 다음에, 죽도록 허우적거려본 뒤에, 누가 보더라도 자만심을 가져도 된다는 생각이 들 때 불평을 하세요. 지금은 무조건 깨지면서, 칼의 날을 가는 데만 집중하세요.

[요리 가이드라인 #7] 이 세상은 어떻게든 살아보고 싶다고 강하게 강하게 바라는 자만을 위해서 존재하는 것이다. 이 세상에 수많은 어려움이 끼어드는 까닭은, 실은 그들을 위함이다. —마루야마 겐지(소설가)

사실 작가로서 지금의 제 일하는 마인드가 바로 이와 같습니다. 누구의 글을 읽어도, 누구의 말을 들어도 그것이 '맞다'고 저 스스로 판단되면 기존에 제가 갖고 있던 입장과 생각을 그날로 바꿉니다. 제 자신이 얼마든지 틀릴 수도 있기에 어떠한 것에 대해서도 고집을 부리지 않습니다. 제가 갖고 있는 오류의 가능성에 대해서 겸허하게 마음의 문을 열어놓는 거지요. 그런데 설사 틀릴 가능성이 있다 해도 모험과 도전을 중단하지는 않습니다. 깨지면서 새로운 뭔가를 발견해낼 수도 있으니까요.

이런 사항들을 실천하기 위해 어떤 원칙들을 정해놓았냐고요? 이미 여러 번 언급해 이제 여러분도 다 아는 얘기입니다만, 아무리 강조해도 지나치지 않은 만큼 마지막으로 한번 더 정리해드리겠습니다.

① 머리만 굴리지 말 것
② 입만 살아있지 말 것
③ 손과 발을 열심히 움직일 것
④ (①+②+③) 철저하게 깨지면서
   증명이라는 경험의 과정을 뚫고 지나갈 것

이러한 원칙들을 지키면서 전 한 가지 분명한 입장을 견지해나가고 있습니다. '나를 믿으면서도, 나를 믿지 말자'는 겁니다. 제 자신을 믿지 말자는 건 부담 없이 깨지기 위한 일종의 마음의 준비입니다. 반대로 제 자신을 믿자는 건 그러한 마음의 준비를 통해 제대로 깨지자는 것, 이 중요한 시기를 잘 통과해내자는 또 다른 마음의 준비입니다. 여러분은 어떤가요? 자신을 믿나요, 아님 자신을 믿지 않나요?

물론 저의 일하는 방식이나 제가 갖고 있는 마인드가 정답이 아닐 수도 있습니다. 사람마다 다 다른 특성을 갖고 있으니 그건 당연하지요. 그래도 여러분이 뺏어 가셨으면 하는 게 딱 하나 있다면 역시 그건 '깨져야 한다'는 자세일 겁니다.

ps) 앞서 제가 네 분의 독특한 개성을 갖고 있는 팀장들을 여러분에게 소개해드렸습니다만, 여전히 풀리지 않는 궁금증을 갖고 있는 분들도 있을 겁니다. "뒤통수 날리는 건 수준급이네. 자기를 돌봐준 건 싸그리 무시하고 말이지. 전 팀장들 아주 겁나게 깨더만, 결론이 뭐야? 결국 전쟁지도 들고 전쟁터에서 구르란 얘기 아니야?" 앞부분에 대해서는 할 말이 없진 않지만 그냥 달게 깨지겠습니다. 뒷부분에 대해서만 간단하게 대답해드리지요. 빙고.

 명셰프의 30초 요리팁
톰 해리슨 前 DAS(Diversified Agency Services)[17] 회장 겸 CEO

❝자신의 한계를 극복한 사람들은 두려움을 '극복'한 것이 아닙니다. 그들은 오히려 두렵다는 사실을 인정하고 기꺼이 두려움을 받아들임으로써 그것을 최소화할 수 있었던 거지요. 두려움은 극복하는 게 아니라 받아들이는 것입니다. ❞

---

17 세계적인 광고·마케팅 그룹 옴니콤 그룹(Omnicom Group)의 계열사. DAS는 브랜딩, 세일즈, 고객관리, 글로벌 브랜드의 의료광고 등 다양한 분야의 마케팅을 담당하고 있으며, 전 세계의 수천여 개의 기업을 확보하고 있다.

사람들은 말한다. 그때 참았더라면. 그때 잘했더라면. 그때 알았더라
면. 그때 조심했더라면. 훗날엔 지금이 바로 그때가 되는데, 지금은 아
무렇게나 보내면서 자꾸 그때만을 찾는다. ─이규경, 『온 가족이 읽는 짧은
동화 긴 생각』에서

회사원들이 가장 하기 싫어하는 일이 뭘까요? 심부름? 보고서 작
성? 외근? 회의 준비? 아니면, 출근? 와우. 목록에 집어넣을 생각은
없었는데, 가만 보니 이거야말로 정답이네요. 일을 '순수하게' 즐기
는 사람이 세상에 몇 없을 테니, 아쉽지만 이건 제외하도록 하겠습
니다. 회사원이라면 누구나 예외 없이 싫어할 일, 회사원으로 일하고
있는 동안만큼은 절대로 하지 않으려고 하는 일, 그게 과연 뭘까요?

깨지기

듣기만 해도 소름끼치고 진절머리가 날 분들 많을 겁니다. "회사를

---

18 김 대표에 대한 소개나 그녀와 관련된 조언·일화들은 "김연희 대표 "정상까지 오기·집
   념으로 정면돌파해야""(매일경제, 2009. 1. 5) 기사, "불황 뚫고 승진한 여성임원들"(매
   경이코노미, 2009. 3. 18) 기사, "감(感)보다 데이터, 책상보다 현장"(조선일보, 2009.
   9. 11) 기사, 그리고 "자기 일 사랑하는 사람이 성공한 리더 될 수 있다"(시사저널 1040
   호, 2009. 9. 29) 기사를 참고해서 인용하였음.

때려 쳐, 말아" "날 잡아 저놈의 상사 날라 차기 한번 해주던가 해야지" "내 실력이 이거밖에 안 되나, 젠장" "그래도 내가 저 인간보다는 잘한다고 자부해왔는데" 머리끝까지 폭발하기 직전의 분노와 땅 밑으로 가라앉기 직전의 절망이 씨줄날줄처럼 머릿속에서 오락가락할 겁니다. 그럼에도 자신이 CEO가 아닌 한 '오늘 하루도 무사히'란 모토(motto)는 절대로 허락되지 않는 모토라는 것쯤은 다 알게 되셨을 겁니다.

왜 이렇게 회사생활이 피곤한 걸까요? 어디에서, 무엇이 잘못된 걸까요? 자기는 정말 잘하고 있는 것 같은데, 왜 이리 다들 잡아먹지 못해서 안달일까요? 그냥 내 할 일 열심히 하고 평화로운 팀 안에서 즐거운 회사생활, 평범한 회사원으로서의 삶을 원했을 뿐인데 왜 이렇게 다들 내 안의 악마를 끌어내기 위해 발악하는 걸까요? 평소에는 그야말로 천사인 나를 왜 건드리냐 이겁니다.

아무리 고민하고 또 고민해도 대부분 정답의 근처에도 못 갈 겁니다. 여러분을 무시해서가 아니라, 오히려 반대로 여러분이 너무 잘났다고(절대 비꼬는 거 아닙니다) 생각하기 때문입니다. 하나같이 너무나 잘났기에 문제의 원인이 정확히 뭔지, 그게 정말로 문제인지를 눈치채지 못하고 있는 겁니다. 다들 못나서가 아니라, 잘나서 말입니다.

잘난 사람들은 보통 자기 자신을 중심에 놓기 때문에 주변에 대한 인식이 느립니다. 세상이 어떻게 돌아가고 있는지를 정확하고 확실하게 분간하지 못하지요. 자신은 아무 문제도 없는 반면 세상은 이상하게 돌아가고 있다고 생각합니다. 예민하고 민감하기에 주위의 돌아가는 상황에 쉽게 적응할 것처럼 보이지만, 실제로 그건 그들에게 아주 벅찬 일입니다. 민감하다면, 그건 분명 '감정적인' 측면을 말하는 걸 겁니다. 깨지니까 애처럼 하소연하면서 달래달라고 하고 싶은 거겠지요.

"왜 무대뽀에 대한 얘기가 나오지? 이번 편 깍두기 편이 아니라 무 편인데. 같은 무라서 순간 헷갈리신 건가?" 헷갈린 것도, 착각한 것도 아닙니다. 지금 말씀드린 '잘난 사람' 이야기는 무대뽀에 대한 이야기가 아닙니다. 막 나가지도 않고 이기적이지도 않은, 지극히 멀쩡하면서도 평범한 우리 자신에 대한 이야기입니다. 더 정확히 말하자면, 그런 정상적인 일반인인 우리 모두가 회사를 다니면서 갖게 되는 마음가짐에 대한 이야기입니다.

회사나 주변 사람들 탓할 거 없습니다. 그들이 문제의 핵심이 아니니까요. 회사생활이 만만하지 않은 이유는, 다름 아닌 우리 자신이 회사생활을 만만하게 보기 때문입니다. 주변 사람들이 자기 뜻대로 움직여주지 않는 이유는, 다름 아닌 우리 자신이 주변 사람들의 뜻대로 움직여주지 않기 때문입니다.

과장된 말 같다고요? 한 5분 정도 드릴 테니 제 말이 정말로 과장된 말인지, 스스로 곰곰이 한번 생각해보세요.

언제부터인지는 몰라도 우리는 회사를 다니면서 한 가지 중요한 사실을 잊어버렸습니다. 아니, 그걸 쳐다볼 용기를 잃어버렸습니다. 회사라는 곳이 돈을 주고 우리를 고용했다는 사실을 까마득히 잊어버린 것 같습니다. 우리는 자원봉사를 하기 위해 회사에 나와 있는 게 아닙니다. 앉아서 놀고먹으면서 수금하기 위해 회사에 나와 있는 건 더더욱 아닙니다. 원리는 간단합니다. 우리는 회사에 노동을 제공하고 회사는 우리에게 임금을 지급하고, 그게 이야기의 전부입니다.

그러니 앞서 나온 이런 말들은 잘못된 겁니다. "나는 정말 잘하고 있는 것 같은데" "왜 이리 다들 잡아먹지 못해서 안달일까" "평화로운 팀 안에서 즐거운 회사생활을 하고 싶었을 뿐인데" 잘못됐다고 볼 수 있는 이유가 도미노 효과처럼 하나하나 연달아 나오지요. 우선 우리가 잘하고 있는지 못하고 있는지는 우리가 판단할 몫이 아닙니다. 이건 다들 동의하죠? 그렇기에 다른 사람들이 우리를 잡아먹을지 말지 또한 우리가 판단할 몫이 아닙니다. 어떤가요, 동의하나요? 결국 평화로운 팀에 있게 될지 또 즐거운 회사생활이 될지는 우리가 판단할 몫이 아니라는 결론이 나옵니다. 이 과정에서 우리가 판단할 수 있는 몫은 딱 하나, 나 자신에 대한 것뿐입니다.

여담이지만, 외국 영화를 보면 이런 대사가 심심치 않게 등장합니다. "You have no idea what you're getting yourself into." 풀이하자면 "당신은 지금 자신이 어떤 상황에 처해있는지 전혀 감을 못 잡고 있다"입니다. 예전의 저를 포함해, 지금의 많은 분들이 회사생활을 하고 있는 걸 보면 딱 이런 표현이 떠오릅니다. 머리 굴리고 입 놀릴 시간 없습니다. 그래서 우리가 모두 각자 해야 할 일을 나름대로 정리해봤습니다. 얼마나 타당한지, 얼마나 납득이 가는지는 여러분의 생각에 달려 있습니다.

① Do Now or Never

회사에서 인정을 받고 싶다면, 나중에 가서 "그때 잘했을 걸"이란 말을 하는 대신 지금 '잘' 하세요. 특출하게 잘하지 못해도 상관없습니다. 빛이 안 나도 전혀 문제없습니다. 대신 아작이 나면 징징대지나 마세요. 오늘부터 자신은 없다고, 자신은 죽은 사람이라고 생각하고 죽도록 하려고, 어떻게든 잘해내려고 애를 쓰면 됩니다.

② Know Now or Never

회사에서 승진을 하고 싶다면, 나중에 가서 "그때 알았더라면"이란 말을 하는 대신 지금 알아두세요. 꿰뚫고 있지 않아도 상관없습니다. 머리가 휙휙 잘 굴러가지 않아도, 지적 세련미를 갖추고 있지 않아도 전혀 문제없습니다. 대신 구박을 받으면 풀이 죽지나 마세요. 오늘부터 자신은 없다고, 자신은 죽은 사람이라고 생각하고 죽도록 알려고, 어떻게든 알아내려고 기를 쓰면 됩니다.

③ Endure Now or Never

회사에서 살아남고 싶다면, 회사를 조금이라도 더 오래 다니고 싶다면 나중에 가서 "그때 참았더라면"이란 말을 하는 대신 지금 참으세요. 타고난 '지랄쟁이'라고 해도 할 수 없습니다. 세상에 태어나서 참아본 적이 없어도, 참을 이유가 전혀 없다고 생각돼도 별 수 없습니다. 욕을 먹더라도 사적인 감정을 개입시키지 마세요. 자기만 바보 됩니다. 오늘부터 자신은 없다고, 자신은 죽은 사람이라고 생각하고 죽도록 참으려고, 어떻게든 참아내려고 용을 쓰세요. "그때 조심했더라면"이란 말은 하나마나한 소리니까요.

자신이 얼마나 능력 있고, 얼마나 소중하고 비중 있는 사람인지 그 자신감과 자존심은 철저히 자기 안에 간직해두세요. 정말로 자신 있고 자존심이 있다면 자신의 능력과 비중을 행동으로 보여주면 됩니다. 무엇보다도 정말로 자신 있고 자존심이 있다면 자신이 얼마나 잘났는지보다는 자신이 얼마나 구르고 깨지는 데 익숙한지를 보여주면 됩니다. 결국 회사생활을 한 단어로 요약하라면, 그건 실력이 아닌 '자세' 혹은 '태도'일 겁니다.

『WHO: 내 안의 100명의 힘』이란 책을 보면 다음과 같은 내용이 나옵니다. 모두가 한 번쯤은 되새겨봐야 할 얘기가 아닌가 싶어 공유합니다.

> 우리 회사는 채용 담당자들이 면접을 볼 때 지원자에게서 가장 찾고자 하는 덕목이 무엇인지를 조사해본 적이 있다. 그들은 다음과 같은 것을 꼽았다.

- 은근하게 느껴지는 자신감
- 믿음이 가게 만드는 리더십
- 전염성을 가진 열정
- 남에게 상처를 주지 않는 한도 내에서의 유머 감각
- 속임수를 쓰지 않는 정직함
- 책임감 있는 성격
- 변하지 않는 충성심
- 언제나 꿈꾸고자 하는 욕망
- 지식에 대한 끊임없는 관심

이 속에 '능력'에 대한 것들이 있는가. 여기 나열된 것들은 모두 삶의 '원칙'이다. 진실된 모습을 보여라. 그러지 않으면 지게 된다.

말이야 바른말이지 우리는 그동안 얼마나 '실력 지상주의'에 빠져 있었습니까? 내 실력이 위네 네 실력이 위네, 실력만 있으면 장땡이네, 나는 이 정도로 잘나가는데 너는, 회사는 어째서 나를 '이런 식으로' 대하는 거지 등 우리는 자신에 대한 자부심을 실력과 직결시키려 하지 않았던가요? "무슨 소리. 당연히 우선 실력을 쌓아야지. 그러기 위해선 우선 신중하고 겸허한 자세로 깨져야 하는 거고. 적어도 난, 그렇게 배웠다고." 스스로 이렇게 자신 있게 말할 수 있는 분 있나요(제가 아직 회사에 남아있었다면, 그리고 이 질문을 받았다면 뭐라고 대답했을지 저도 궁금합니다)?

이런 생각에 이르니 한 분이 제 머릿속에 들어오기 시작하는군요. 글로벌 전략컨설팅업체 보스턴컨설팅그룹의 김연희 아태 유통부문 대표. 사내에서 '여성 최초'란 수식어를 달고 사는 그녀는 2002년 글로벌 컨설팅사 중 최초로 한국 출신 여성 파트너로 선임된 것을 시작으로 업계 최초 여성 디렉터로 선임되었지요. 그도 모자라 여성으로서는 베인 앤 컴퍼니 역사상 최초로 아시아 지역 대표가 되어 화제가 되기도 했습니다. 한 가지 흥미로운 사실이 있다면, 김 대표가 서울대에서 경영학 학사와 석사를 취득했을 뿐, 외국 명문대의 MBA는커녕 그 흔한 유학 한번 다녀오지 않은 토종 출신이라는 겁니다.

그나저나 속된 말로 '열라' 잘나가는 그녀가 난데없이 왜 떠올랐느냐고요? 골드칼라의 대표주자인 김 대표의 이야기는 자신을 너무 초라하게 만든다고요? 완전 딴 세상 사람 얘기 같다, 이거겠지요. 안심하세요. 여러분이 우려하는 섯처럼 '열라' 잘나가서 그녀의 이름 석 자가 떠올랐던 건 아니니까요. 아는 사람은 다 아는 얘기지만, 외국계 컨설팅업체에서 외국 명문대의 MBA 학위, 아니 국내 대학이든 외국 대학이든 MBA 학위 자체가 없이 살아남는다는 건 거의 하늘의 별따기인 상황에서 최고의 자리에까지 오르기 위해 그녀가 겪어온 과정, 그 분투기가 떠올랐기 때문입니다.

김 대표를 보고 있으면 '깨진다'는 자세가 뭔지 그 어떤 CEO보다도 잘 알고 있는 분 같다는 생각이 듭니다. 제대로 깨지기 위해서는 무엇보다도 '자기 일을 사랑하는 사람'이 되어야 한다는 것, '인기 없는 사람'이 되기를 두려워하지 말아야 한다는 것, 독(毒)해져야 한다는 것, 책상머리보다는 현장을 늘 가까이해야 한다는 것 등의 여러 가지 원칙들을 스스로 지켜나가고 있는 독한 전문가이지요.

'자기 일을 사랑하는 사람'이 되어야 한다

두말하면 잔소리지만 자기 일을 사랑하지 않는 사람치고 성공의 사다리를 올라갈 수 있는 사람은 없습니다. 김 대표의 경우 이전 직장에서는 업무도 동료들도 환경도 마음에 안 들어 고생했지만, 베인 앤 컴퍼니로 옮기고 난 후부터는 일과 동료, 환경을 다 사랑할 수 있었다면서 아침마다 출근한다는 생각에 행복하기까지 했다고 합니다. 그녀의 말을 빌리자면 "지금까지 CEO들을 접하면서 이 사회에서 성공한 이들은 하나같이 자기 일을 사랑한다는 것을 깨달았습니다. 아침에 출근하는 것이 행복해야 성공할 수 있어요. 성공을 꿈꾸는 직장인들은 '지금 하는 일을 사랑하는가'라고 끊임없이 자문해야 합니다."라고 하면서 자기 일에 대한 사랑을 특히 강조합니다.

말로는 쉽지만 실천하기란 여간 어려운 게 아닌, 아주 괴로운 주문입니다. 하지만 까놓고 말해 어느 누구도 피해갈 수 없는 당연한 주문이기도 하지요. 더도 덜도 말고 딱 그 수준에서, 그 연장선상에서 이번 편의 주제를 살펴보면 될 것 같습니다. 일을 사랑하고 거기에 미치고 중독되지 않는 사람이 제대로 깨진다? 상상이 가시는지요? 저는 상상력이 부족한지 도저히 상상이 안 갑니다.

참고로 아주 유명한 일화입니다만, 김 대표는 아들을 임신했을 때 만삭인 상태로 출근했다고 합니다. 그것도 출산 예정일 이틀 전까지 말입니다. 그것으로도 성이 안 찼는지 꿈에서까지 일한 적도 부지기수라고 합니다.

아주 지독한 일 중독자인 그녀는 초년 컨설턴트 시절 '제대로 말하기' 위해 꼬박꼬박 하루 20-30분씩 자신이 말하는 장면을 비디오로 녹화해서 분석했다고 합니다. 스스로 깨지는 연습을, 아니 실제로 스스로 깨지기를 반복했던 셈이지요. 평소에 이런 마인드를 갖고 있었으니, 회사에 나가서 다른 사람들로부터 깨진다 한들 눈 하나 꿈쩍이라도 했겠습니까?

'인기 없는 사람'이 되기를 두려워하지 말아야 한다

모르긴 몰라도 적지 않은 분들이 회사생활을 하면서 직간접적으로 '인기관리'를 하고 있을 거라 봅니다. 그 의도가 눈에 뻔히 보이는 아부는 물론이고 조금이라도 덜 깨지기 위해, 아니 아예 안 깨지기 위해 머리와 입 굴리기, 나아가서 자기 몫 혹은 자기 잘못 남한테 떠넘기기 등 정도의 차이는 있겠지만 다 나름대로 자기만의 방식으로 살아남기 위해 고군분투하고 있겠지요.

그런데 앞으로 이런 거 안 해도 됩니다. 일을 좀 못하면 어떻고, 말을 좀 못하면 어떻습니까? 남들보다 머리가 좀 딸리면 어떤가요? 그걸 쪽팔려할 게 아니라 조금이라도 일을 잘하는 것처럼 보이려고, 말을 잘하는 것처럼 보이려고, 머리가 딸리지 않는 것처럼 보이려고, 그야말로 '인기 있는' 사람이 되려고 노력을 하는 자신의 모습을 훨씬 더 쪽팔려해야 합니다.

일도 못하고 말도 못하고 머리도 딸린다고요? 다른 수가 있습니까? 욕을 먹어도 달게 먹고 우스운 꼴이 나도 웃으면서 받아들이는 수밖에는. 대신, 놀림을 당하는 동안 자신이 부족한 부분들에 강점을 보이는 사람들을 원점에서부터 벤치마킹하는 겁니다. 모방이라고, 표절이라고 하면서 자존심 상해할거면 그냥 하지 마세요. 단, 그것이 똥인지 된장인지 명확히 구분할 수 있다는 전제 하에서 말입니다.

물론 '인기 없는 사람'에 이런 뜻만 있는 건 아닙니다. 당연히 거기에는 사람 관계도 포함되어 있겠지요. 다시 김 대표의 이야기로 돌아가 봅시다. 그녀는 직장생활을 하면서 주중에 개인적인 약속은 단 한번도 잡지 않았다고 합니다. 왜 이런 '무서운' 짓을 했냐고 하니 그녀는 이렇게 대답했다더군요. "'실패했다'는 말, '이 정도밖에 못하냐'는 말이 가장 듣기 싫었어요. 매일매일 '서바이벌 게임'을 치르는 생각으로 살고 있습니다." 김 대표의 '서바이벌 게임'과 여러분의 '깨지는 게임', 둘 다 같은 맥락의 얘기로 받아들여지지 않는지요?

독(毒)해져야 한다

조금만 깨져도 울먹울먹, 티격태격, 올그락불그락하는 사람들이 있습니다. 깨진다는 사실 자체를 아무 생각 없이, 마음 편히 받아들이지를 못합니다. 왜? 감정을 이입하기 때문입니다.

상대방이 사적인 감정을 갖고 자신을 다그치는 게 아닌 이상, 자신 또한 사적인 감정을 드러낼 필요가 없습니다(그런 연습은 분명 해둘 필요가 있습니다). 기본적으로 우리는 자신을 까는 상대방으로부터 새로운 뭔가를 배우지만, '깨지는 것'을 있는 그대로 받아들이는 자신으로부터도 새로운 뭔가를 배웁니다. 어느 쪽에 더 포인트를 두든 간에 요는 독해져야 한다는 겁니다. 김 대표의 말[19]을 들어보지요.

커리어를 잘못 쌓는 사람들은 고비가 있으면 다른 곳을 기웃거리면서 자신의 문제를 회피하는 공통점이 있습니다. 직업을 바꿔도 고비는 항상 있기 때문에 정상에 오를 때까지 오기와

---

19 "김연희 대표 "정상까지 오기·집념으로 정면돌파해야"" (매일경제, 2009. 1. 5)

집념으로 정면 돌파하는 것이 최선입니다.

책상머리보다는 현장을 늘 가까이해야 한다

김 대표의 원래 의도는 말 그대로 '사무실보다는 오프라인 현장을 중시해라'였겠지만(그것이 너무나 중요한 말임에는 틀림없지만), 저는 살짝 다른 각도에서, 즉 다음과 같이 '무게를 좀 빼서' 말씀드릴까 합니다.

머리품을 파는 대신 발품과 손품을 팔아라.

자신의 두뇌를 믿지 마세요. 아니, 더 정확히 말해 자신의 두뇌에만 매달리지 마세요. 모든 일을 머리로만 해결하려 하지 말라는 겁니다. 머리를 굴리고 있을 시간에 발품을 팔고 손품을 팔면서 넘어져도 보고 스크래치도 나고 해보세요. 적어도 주변이 어떻게 돌아가고 있는지, 회사일이 어떤 식으로 굴러가고 있는지를 알고자 한다면 흠집도 나보고 상처도 나보는 등 '아픔'을 겪어봐야 합니다(솔직히 상처투성이가 돼야 합니다).

"영업하는 사람들에게나 해당되는 얘기" 아니냐고요? 말 잘 했습니다. 위의 문장들을 본 이상, 앞으로는 아닙니다. 자신을 영업하는 사람이라고 생각하고 일을 해나가세요. 영업 마인드 없이는 '현장'이라는 단어도 쓸모없다는 사실을 잊지 않았으면 합니다.

"항상 자신의 '타이틀'에 걸맞은 삶을 사세요."라고 언젠가 김 대표가 말한 적이 있습니다. 여러분이 CEO가 아니라면 간혹이든 매 순간이든 깨지기를 각오해야 합니다. 그게 우리가 자신의 타이틀에 걸맞은 삶을 살 수 있는 방법입니다. 다시 말해 자신의 위치와 상황에 맞게, 회사가 요구하는 것에 맞춰 차근차근 단계적으로 깨지는 것, 그게 바로 우리에게 매일매일 할당된 몫이라는 겁니다. 회사가 우리를 채용한 것도, 그리고 계속 데리고 있으려 하는 것도 그 안에서 좀 더 업그레이드되는 우리 자신에 대한 믿음을 갖고 있어서일 겁니다.

지금 깨지니까 앞으로도 이렇게 깨질 건지 어쩔 건지 걱정하지 마세요. 적응 안 된다고 한탄하거나 짜증내지도 마세요. 좌절? 단언컨대 불필요하고도 사치스러운 감정입니다(실은 그럴 시간도 없습니다). 우리는 과거에도 깨졌고 현재도 깨지고 있고 미래에도 깨질 겁니다. 원하든 원하지 않든 회사를 때려치우지 않는 한 불가피한 절차이고 과정이지요. 어쩌면 이것이 우리가 회사를 다니고 있고, 또 다녀야 하는 이유일는지도 모르겠습니다.

ps) 깨지는 것을 여전히 '할 수 없고' '해서는 안 되는' 일로 여기고 있는 투덜이들을 위해 김 대표께서 마지막으로 한마디[20]를 남겼습니다(역시 독합니다). 완전히 다운됐던 여러분의 자신감을 조금이나마 회복시키는 계기가 되었으면 합니다. 굿 럭.

자기 자신을 소진시키지 말고 전문성과 경험을 차곡차곡 쌓아나가세요. 해당 분야의 전문가가 되어야 성공할 수 있습니다.

---

20 "자기 일 사랑하는 사람이 성공한 리더 될 수 있다" (시사저널 1040호, 2009. 9. 29)

업종은 상관없어요. 특정 분야에서 전문 지식과 경험을 두루 갖춘 전문가로 성장해야 합니다. 그러기 위해서는 입사 후 10년 동안은 자기가 지닌 지식과 경험을 소비하는 데 급급하지 말고 전문 지식과 경험이라는 사산을 축적해나가야 합니다. 경쟁사에서 더 나은 조건을 제시한다고 입사 2-3년 만에 직장을 옮기는 것은 바람직하지 않습니다. 앞으로 10년은 자기를 완성하는 과정이라고 생각했으면 해요.

09

회

回

Say Anything
Say Everything
Say Something

MADE
to
STICK

만국 공통어 = □□□

A↔B＝A→B→C→D→A

"세상 정말 좁다!"

DR. COOK'S RECIPE

09

피드백은 당신의 브랜드다

Feedback, that's what you are[21]

여러분, 혹시 영화 좋아하시나요? 저는 책을 집필하면서 집중이 잘 안 되거나 어떤 문제에 봉착할 때마다 꼭 영화를 봅니다. 곤두선 신경을 누그러뜨리는데 이만한 만병통치약도 없지 않을까 싶습니다. 작가인데 독서는 안 하냐고요? 하이고, 작가 이전에 저도 평범한 인간이랍니다. 어차피 독서는 매일매일 해야 하는 지겹디 지겨운 의례적인 일이기 때문에 머리 아플 때마저 독서를 한다는 건 대부분의 여러분들이 생각하는 것처럼, 저에게도 마찬가지로 머리 깨지는 독약이지요. 두통을 없애주는 것은 독서 같은 또 하나의 두통거리가 아니라 영화감상 같은 머리를 전혀 쓸 일이 없는 휴식거리 아니겠어요(팝콘이나 음료수 제외)?

그런데 영화를 가리지 않고 즐기는 저이지만, '집중이 잘 안 되거나 어떤 문제에 봉착할 때' 보는 영화는 딱 하나입니다. 뭉친 두뇌 근육을 풀어주기 위해 보는 영화인데, 실은 두통거리를 두 배로 얹어주는 아주 철학적이면서도 고상한 액션영화지요. 그럼에도 불구

---

21 코코 샤넬(Coco Chanel)의 명언 "Style, that's what I am(내가 곧 스타일이다)."
을 변용한 것임.

하고 저는 딱 이 한 편만 봅니다. 비록 보는 동안은 머리가 욱신거리지만 보고 나서는 마치 타이레놀을 복용한 듯 머리가 개운해지기에, 이 영화는 저에게 일종의 카타르시스이자 변증법(正-反-合)적 문제해결 방식처럼 다가옵니다.

"대체 무슨 영화이기에 소개가 이렇게 거창한가?" 힌트 하나 드리겠습니다. 유명한 대사들이 많이 나오지만 아마도 "Free your mind(당신의 마음을 자유롭게 풀어줘라)."가 특히 기억에 남는 영화가 아닐까 싶습니다. 이미 대부분 보지 않았을까 싶네요. 바로 1999년에 나온 영화 『매트릭스(Matrix)』입니다.

이 영화에 나오는 명대사들을 잠깐 복습해볼까 합니다. 여러분도 머리 식힐 겸 쭉 한번 훑어보세요. 다소 지겹지만 지금 살펴봐두는 게 나름대로 도움이 될 겁니다. 이번 편의 주제의식이 일정 부분 여기에 담겨 있으니까요. 자, 그럼 한 문장 한 문장 야근야근 씹어볼까요?

- 매트릭스는 사방에 있어. 바로 이 방안에도 있고 창밖을 내다봐도 있지. 진실을 못 보도록 눈을 가리는 세계야.
- 무슨 진실이요? 네가 노예란 진실. 너도 다른 사람들과 마찬가지로 모든 감각이 마비된 채 감옥에서 태어났지. 네 마음의 감옥.
- 인간은 태어나는 게 아니라 길러지는 거지.
- 모든 걸 버려. 두려움, 의심, 불신까지. 마음을 열어.
- 진짜가 아니잖아요? 생각하기 나름이지.
- 매트릭스는 네가 누군지 말해줄 수 없어.

- 네 마음을 풀어주는 거야. 문까지만 안내할 수 있지. 나가는 건 직접 해야 돼.
- 너도 나처럼 곧 알게 돼. 길을 아는 것과 길을 걷는 것의 차이를.

액션영화치곤 꽤나 철학적이지요? 어떤 큼지막한 문제 덩어리가 우리의 등에 얹혀지는 느낌입니다. 그 문제가 뭔지를 알아내기 위해 여러분에게 질문을 드리고자 합니다. 여러분 자신에 대한 질문이 아니니 마음 푹 놓고 대답해주시면 됩니다.

여러분은 자신이 현재 다니고 있는 회사가 잘 돌아가고 있다고 생각하나요? 아마 단 한 분도 만족스러운 말투로 "네"라고 하지 않을 것 같으니 다음 질문으로 넘어가겠습니다. 회사가 왜 제대로 안 돌아가고 있다고 생각하는지요? 무엇이 정말로, 본질적으로 문제라고 보는지요? 5분 정도의 시간을 드릴 테니 마음껏 회사의 문제와 약점들을 '까보시길' 바랍니다.

생각을 어느 정도 정리하셨나요? 이번엔 제가 『매트릭스』에서 나온 대사들을 하나하나 복원하면서 문제에 좀 더 가까이 다가가볼까 합니다. 미리 밝혀드리지만, 저는 제가 발견할 '문제'라는 게 회사가 제대로 돌아가고 있지 않은 유일한 본질적인 문제라고 보진 않습니다. 여러 본질적인 문제들 중 어디까지나 제가 생각하기에 상당히 본질적이라고 여겨지는 문제를 콕 찍어내는 것뿐이지요. 이 문제를 '이것'이라고 지칭하면서 설명해드리겠습니다.

이것은 하나의 전염병처럼 여러분 주위에 아주 널리 퍼져 있습니다. 대부분의 사람들이 앓고 있을 정도로 무척 흔한 증상이지요. 여러분 앞에 뻔히 드러나 있는 진실을 보지 못하도록 눈을 철저히 가립니다. 그뿐인가요? 이것은 감각이 죽은 상태를 말합니다. 원했든 원하지 않았든 여러분은 자기도 모르는 사이에 이것을 하도록 길러졌습니다. 스스로 감각을 죽인 꼴이지요. 이것은 두려움과 의심, 불신에서 비롯되기도 하지만 그것을 증폭시키기도 합니다.

그래서 반드시 마음을 열어야 합니다. 자기 자신에게도 상대방에게도, 나아가서 이것 자체에도 마음을 열어야 이것을 조금씩 해결해나갈 수 있습니다. 이것이 진짜가 아니라고, 자신의 회사생활에 별 영향을 미치지 않는다고 생각하면 그 불이익이 언젠가는 자신에게 그대로 돌아옵니다. 끝으로 이것은 우리가 누구인지 말해주지 않습니다. 또 말해줄 수도 없습니다. 오히려 반대로 이것을 하지 않음으로써 우리가 누구인지가 조금은 설명이 될 겁니다.

어떤가요? '이것'이 뭔지 감이 오시나요? 여기까지 여러분을 안내해드렸으니, 이것이 정확히 뭔지는 여러분이 직접 궁리해냈으면 합니다(모든 문제에는 해답이 있으니까요). 참, 마지막으로 한 가지 중요한 단서를 드리자면, 이것이 무엇인지 아는 것과 이것을 실천하는 것 사이에는 어마어마한 차이가 있습니다. 오케이, 다 같이 정답을 공유해볼까요?

피드백을 주지 않는 것

이 말에는 피드백을 아예 주지 않는 것은 물론, 피드백을 제대로 혹은 정확히 주지 않는 것까지 다 포함하고 있습니다. "피드백 하나를 갖고 뭐 이렇게 난리 부르쓰인감? 그게 뭐 그리 대수라고? 회사 안에 산적해 있는 굵직굵직한 문제들을 다 제쳐두고 맞춰보라고 한 게 고작 피드백?" 말이야 바른말이지 피드백 하나가 대수는 아닐 겁니다. 하지만 그게 하나둘 모였을 때는 어떨까요? 말 나온 김에 '수신-발신'이라는 메커니즘으로 굴러가는 커뮤니케이션에(소통) 대해서도 한번 생각해보세요. 피드백이란 게 여전히 고작 그렇고 그런 걸로 여겨지나요? 여전히 사소하고도 하찮은 걸로 여기지는지요?

적어도 제가 회사를 다니면서 뼈저리게, 그리고 절실하게 느낀 건 회사가 잘 굴러가기 위해서는, 그리고 그 속에서 자신이 회사생활을 제대로 해나가기 위해서는 커뮤니케이션(소통)만큼 중요한 게 없다는 거였습니다. 그중에서도 제가 상대방에게 일방적으로 보내는 메시지도 아닌, 상대방이 저에게 일방적으로 보내오는 메시지도 아닌, 서로의 메시지에 대해 서로가 서로에게 보내는 피드백이 절대적으로 중요하다는 걸 새삼스럽지만 다시 한번 느꼈습니다.

그런데도 우리는 대부분 피드백의 시급성이나 그 본질적 가치를 가볍게 무시해버리곤 합니다. 자신이 지금 하고 있는 일에만 열중한 나머지 남에게 피드백을 한다는 걸 종종 잊어버리지요. 실은 이거야말로 자신에게 할당된 중요한 '일'인데 말입니다. 자기가 맡고 있는 일에 포커스를 맞춘 발신(send)만이 여기저기 넘겨날 뿐 수신(receive)에 대한 발신은 말도 안 될 정도로 적게 발생합니다. 다들 하나같이 이렇게 발신에만 신경 쓰고 있는데 커뮤니케이션이 잘 될 리가 있겠습니까? 자기 일, 아니 더 정확히 말해 자기 목소리만이 들리기를 바라니 자연히 병목현상이 터지는 난장판이 될 수밖에요.

어찌 보면 피드백이 평가질되는 건 당연한 건지도 모르겠습니다. 많이들 피드백을 주는 행위 자체를 자기 일은 좀 덜고 '남의 일을 해주는 것'처럼 은연중에 생각하고 있을 테니까요. 물론 저도 예외가 아니었습니다. 이런 경험, 겪기도 많이 겪었고 그래서 깨지기도 많이 깨졌지요. 솔직히 그때마다 개선하기는커녕 "당신이 다 아는 거야. 모른다고? 휴, 괜찮아. 몰라도 돼. 내가 굳이 말 안 해줘도 저절로 다 알게 되니까, 그냥 좀 넘어가." 식으로 중얼거리면서 피드백이 얼마나 귀찮고 하찮은지 몸소 증명하려고 노력했던 것 같습니다. 더 솔직히 말해 "당신 일은 당신이 알아서 해." 식의 밉상에 가까운 마인드를 갖고 있지 않았나 싶습니다.

분명히 해둘 필요가 있는 것은, 우리가 상대방에게 피드백을 줘야 하는 건 심플하게 말해 상대방이 뭔가를 물었거나 뭔가를 알려왔기 때문입니다. 그가 정말로 그걸 몰랐는지, 알았는지라는 사실은 중요한 게 아닙니다. 그건 상대방의 몫이지 우리의 몫이 아닙니다. 우리는 그의 생각이나 마음과는 관계없이 자신이 아는 대로 대답을 해주면 됩니다. 마찬가지로 자신이 그걸 알았나?, 몰랐나? 이 역시 중요한 게 아닙니다. 그건 자신의 몫이지 상대방의 몫이 아닙니다. 상대방이 우리의 생각이나 마음까지 알 리는 없으니 우리는 그저 자신이 아는 대로 컨펌(confirm)을 해주면 그만입니다. 자기 식대로 해석할 것도 없고 당연하다고 무시해버릴 것도 없습니다. 그냥 반응만 똑바로 해주면 게임 끝입니다.

남이 뭔가를 물었을 때 '무피드백증(no feedback symptom)'이 자꾸만 도지는 건 사실대로 말해 자존심을 지키는 것과 일정 부분 관련이 있습니다. 누구나 그렇지만 어떤 사안에 대해 잘 모를 경우 피드백을 아예 줄 수가 없지요. 그래서 일단 은근슬쩍 넘어가고 봅니다. 시간이 지나면 저절로 잊힐 거라는 안일한 기대를 갖고 말입니다. 그냥 당당하고 떳떳하게 "죄송합니다. 잘 모르겠습니다. 정확히 알아본 후 빠른 시간 안에 답변 드리도록 하겠습니다."라고 말하면 될 텐데, 이렇게 하기가 영 껄끄럽고 자존심 상하는 거겠지요. 그런데 피드백 하나에 자존심까지 걸 거 뭐 있나요?

브람스는 "고독하지만 자유롭다."고 했습니다. 자신은 고독해야만 자유로움을 느낀다고, 고독은 자신의 일상의 에너지라고 하면서 말입니다. 여러분도 남에게 피드백 같은 거 줄 필요 없이 자기 일만 파고들면 자유로움을 얻을 것 같나요? 저는 자유롭긴 하지만 채워져야 하는 중요한 알맹이가 빠진 것 같은 느낌이 들 것 같습니다. 그래서인지 오히려 브람스의 말을 거꾸로 돌려놓은 '자유롭지만 고독하다'는 말이 좀 더 그럴듯한 표현이 아닐까, 라는 생각이 듭니다. 여러분의 생각은 어떤가요?

우리 모두가 피드백을 위한 '리서치'를 하지 않는 이유는, 혹은 그것을 게을리하는 이유는 단순히 할 일이 너무나 많아서만은 아닐 겁니다. 그보다는 우리가 상대방에 대해, 그리고 상대방이 갖고 있는 생각과 정보에 대해 충분히 알고 있다고 생각하기 때문일 겁니다. 그러니 굳이 들으려 하지 않는 거고, 당연히 피드백 또한 줄 필요성을 느끼지 못하는 거지요. 그런데 세상사가 다 그렇듯 뭐라도 먹은 게 있어야 똥도 나오는 법이지요. 인풋이 없는데 어떻게 아웃풋이 있을 수 있겠습니까? 결국 우리는 지금껏 자신이 알고 있는, 아니 알고 있다고 믿어온 인풋에만 기내온 셈입니다. 전쟁터 속에서, 그것도 한가롭게 거닐면서 말입니다.

[요리 가이드라인 #2] 무지는 단순히 지식의 부족함이 아니라 지식의 격심한 회피와 거부, 문제를 피하는 비겁함, 자만심, 생각의 게으름에서 오는 것이다. —칼 포퍼(철학자)

아무리 강조해도 지나치지 않겠지만, 모르면 알고자 하면 되는 거고 알면 안다고 피드백을 주면 됩니다. 잊어서는 안 되는 건 우리가 회사라는 오류의 가능성이 충만한 곳에서 하루 24시간을 보내고 있다는 겁니다. 아무리 시스템이나 체계가 잘 갖춰진 곳이라 해도 사람이 굴리는 곳인 이상 완벽이라는 건 있을 수가 없기에, 오류는 언젠가는 발견되기 마련입니다. 그래서 우리는 뭐든 확실하게 안다고 자신할 수 없고, 알아도 재차 확인할 필요가 있으며, 그 과정에서 상대방에게 피드백을 줌으로써 오류를 제거해나가야 합니다. 요컨대 돌발변수를 최대한 줄임으로써 커뮤니케이션을 최적의 상태로 유지해야 한다는 거지요. 그 핵심을 차지하고 있는 게 바로 피드백입니다.

　일을 똑바로, 제대로, 정확히, 후회 없이 잘해내고 싶지요? 그렇다면 '애꾸눈'이 되지 마세요. 일을 자신의 일만을 중심으로 단기적이거나 미시적으로, 부분적으로 보지 말라는 겁니다. 일을 장기적인 눈으로, 하나의 전체로서 보는 습관을 길러야 합니다. 어차피 일이란 건 하나의 거대한 사이클이니까요. 일시중단이나 지연이야 있을 수 있겠지만, 정지는 결코 일어나지 않습니다. 그런 관점에서 봤을 때 피드백이 얼마나 중요한 비중을 차지하고 있는지는 굳이 말씀드리지 않아도 잘 아시리라 봅니다.

멀쩡한 두 눈을 아끼지 마세요. 일을 해나가는데 있어 큰 틀, 큰 그림을 볼 수 있어야 합니다. 지금이라도 늦지 않았으니 여러분이 잊고 지내온 혹은 그동안 거의 신경도 쓰지 않았던 피드백이라는 기능을 마음껏 활용해보세요. 혹시 두 눈을 활용하는 것에 대해 막막함을 느끼시는 분이라면, 평생을 장님으로 살았던 헬렌 켈러의 조언이 약간의 도움이 되지 않을까 싶습니다(참고로 다 아시겠지만, 그녀는 장님이자 벙어리이자 귀머거리였습니다).

내가 만약 대학 총장이라면 '눈을 사용하는 법'이란 강의를 필수과정으로 개설했을 겁니다. 사람들이 아무 생각 없이 지나치는 것들을 진정으로 볼 수 있다면 삶이 얼마나 즐거울지를 알게 해주는 강의가 되겠지요. 말하자면 나태하게 잠들어 있는 기능을 일깨우는 겁니다.

자, 여기까지 오시는데 인내심을 발휘해주셔서 감사합니다. 서론이 참으로 길었던 것 같습니다. 눈치가 빠른 분들은 이런 질문을 던지고 싶었던 걸 꾹 참고 있었을 겁니다. "피드백을 하는 건 좋은데 그게 어째서, 그리고 어떻게 나의 브랜드가 된다는 거지?" 좋은 질문입니다.

이렇게 말씀드리는 게 가장 쉽고 빠를 것 같습니다. 저는 회사를 다니면서 사람들이 어떤 식으로 일을 하는지 유심히 관찰해왔습니다(다행인지 불행인지 모르겠지만, 제가 좀 민감하고 눈치가 빠른 편입니다). 사원-대리급부터 팀장급, 그리고 기회가 있을 때마다 임원들과 CEO에 이르기까지 틈나는 대로 조금씩 모니터링을 해왔지요. 통계라고 하기엔 뭐하지만, 적어도 다음의 사항들에 관한 한 공통점이 하나 눈에 들어오더군요.

- ☑ 일을 잘하는 사람과 일을 못하는 사람의 차이가 무엇인가?
- ☑ 일을 못하는 사람은 어떻게 하면 일을 좀 더 잘해낼 수 있는가?
- ☑ 일을 잘하는 사람은 어떻게 해서 일을 못하는 사람으로 전락하는가?

결국 다름 아닌 피드백을 잘하느냐, 피드백을 안 하느냐 혹은 피드백을 못 하느냐에 달려 있었습니다. 피드백을 잘하는 사람치고 일 못하는 사람 본 적 없고, 피드백을 안 하거나 못하는 사람치고 일 잘하는 사람 본 적 없습니다. 여러분 주변을 한번 둘러보세요. 다들 피드백을 어떻게 다루고 있는 것 같나요? 아무 생각 없이? 대충대충, 설렁설렁? 해도 그만 안 해도 그만? 아니면, 신중하고 소중하게?

피드백이 여러분의 브랜드가 될 수 있고, 또 되어야 하는 이유는 지금까지 말씀드린 대로 그것이 사람들 사이에서 평가절하되어 왔기 때문입니다. 그야말로 희소하다는 거지요. 그런데 희소한 것들은 보통 어떻던가요? 그 희소성으로 인해 일반적으로 가치가 올라가지 않던가요? 이런 점 때문에 저는 피드백이 '저평가된 초우량주'가 아닌가 생각합니다.

그런데 피드백이란 게 어차피 우리가 지속적으로 발굴하고 사들여야 하는 초우량주라면, 좀 더 전략적으로 접근할 필요가 있습니다. 『마케팅 불변의 법칙』을 지은 마케팅 전략가 잭 트라우트(Jack Trout)와 알 리스(Al Ries), 한 번쯤 다 들어보셨지요(책 제목이든 저자 이름이든)? 이 두 사람이 창안한 포지셔닝(positioning)이란 개념 또한 대부분 잘 알고 있을 겁니다. 피드백을 바로 이 포지셔닝이라는 개념으로 접근해보자는 겁니다. 다음의 두 가지 진술[22]을 참고해보세요.

① 사람들의 마인드에 들어가는 가장 손쉬운 방법은 '첫 번째'가 되는 것이다.
② 포지셔닝은 거꾸로 사고하는 것이다. 즉 자기 자신에서부터 시작하는 것이 아니라 잠재 고객의 마인드에서부터 출발해야 한다.

말이야 바른말이지 우리가 '피드백'으로 주변 동료들의 마인드에 최고(1등)로 자리 잡을 가능성은 거의 없습니다. 왜? 다들 누구나 할 수 있는 일이라고 여기기 때문입니다. 땡! 과연 그런가요?

피드백. 누구나 할 수 있는 일처럼 보이지만, 아무나 할 수 있는 일은 아니지요. 더 정확히 말해 아무나 '스킬 있고 차별성 있게' 할 수 있는 일은 아니라는 겁니다. 여기에 우리는 올인을 해야 합니다. 남들 다 엉뚱한 거에 정신이 팔려 있을 때, 우리는 지극히 엉뚱하

---

22 『포지셔닝』(안진환 역, 을유문화사)에서 인용했음.

지 않은 거에 정신을 집중해야 합니다. 이게 소위 '기초'란 거지요.

거꾸로 생각해볼까요. 자기 자신이 아닌 남의 입장을 살펴보는 것에서부터 시작해보는 겁니다. 그러기 위해선 불편하더라도 피드백의 본질까지 샅샅이 들여다보는 수고도 마다해서는 안 됩니다. 아래의 질문들을 하나하나 짚고 넘어가보지요.

① 피드백이란 무엇을 말하는가?
② 상대방은 왜 피드백을 받고 싶어 하는가?
③ 우리는 피드백을 어떻게 해줘야 하는가?

피드백이 대체 뭔가요? 크게 두 가지로 나눠 정의를 내릴 수 있을 겁니다. 구체적으로 업무가 어떻게 진행되고 있는지 팀장에게 보고(報告)를 하거나 진행 중인 프로젝트에 대해 제안이나 의견을 제출하는 등의 '업무 중심형' 피드백이 하나이고, 동료들이 어떤 사실에 대해서 물어오거나 어떤 문제를 제기할 때 해주는 응답과 답변, 즉 사실을 확인해주는 것과 문제를 해결해주는 것(나아가서 이러한 사실이나 문제에 대해 다시 질문하는 것) 등의 '커뮤니케이션 중심형' 피드백이 다른 하나입니다. 이미 눈치채셨겠지만, 제가 초점을 맞추고 있는 건 바로 후자입니다.

요컨대 피드백에 대한 정의를 통해서 우리가 알 수 있는 사실은 상대방이 피드백을 받고자 하는 건 사실에 대한 확인 및 문제에 대한 해결, 즉 해답(혹은 정답)을 기대하기 때문이라는 겁니다. 하지만 이것이 과연 다일까요? 우리는 이러한 정의에서 한 걸음 더 나아갈 수 있어야 합니다.

물론 나 자신도 남이 봤을 땐 어디까지나 '남'이기에 마찬가지로 적
용되는 애기겠습니다만, 우리는 상대방이 피드백을 받고 싶어 하는
이유를 '인정(認定)에 대한 욕구'로 바라볼 필요가 있습니다. 그것은
긍정이고 격려이며 칭찬입니다. 한 단어로 말해 존중(respect)입니다.
피드백은 단순히 정보 꾸러미를 상대방에게 보내는 것도 아니고 딱
딱한 수치가 가득 반영된 자료를 보내는 것도 아닙니다.

　다소 과장되게 들릴 수도 있겠지만, 피드백은 엄연히 감정을 주
고받는 행위입니다. 자신이 얼마나 상대방의 말과 생각과 지식에 관
심이 있는지, 또 그것에 대해 얼마나 동의하는지, 동의하지 않는다
면 어떻게 하는 게 서로에게 만족스러운 합의로 돌아올 수 있는지
를 드러내고 체크하고 반영할 수 있는 것, 그게 바로 피드백이란 겁
니다. 『인재전쟁(The War for Talent)』이라는 책을 보면 이런 말이 나오
지요. "우리는 모두 하나의 미션에 동의했는데, 그 미션이란 여기서
일하는 모든 사람들이 누군가가 자신에게 마음을 써주고 있다는 것
을 알 수 있는 직장을 만드는 것이었다."(Jimmy Blanchard) 여러분은
이 말이 어떻게 들리는지요? 혹시 닭살이 돋고 있는 건 아니지요?

　'누군가가 자신에게 마음을 써주고 있다'는 건 절대로 대단한 걸
말하는 게 아닙니다. 자신을 중심에 놓고 보면 그건 커피를 타 달라
는 것도 아니고, 보고서를 대신 써달라는 것도 아니며, 난해한 프로
젝트를 대신 떠맡아달라는 것도 아닙니다. 그저 시의적절한 피드백

을 해달라는 것뿐입니다. 결국 "반응 좀 보여줘! 내 존재감 좀 돌리도!" 이런 마음의 다른 표현이지요.

그래서 우리가 해야 하는 일이 뭐냐고요? 우선 무엇보다도 상대방의 입장에서 생각하는 버릇을 들여야 합니다. 평소 그런 체질이 아니라면 지금부터라도 그렇게 되도록 노력하면 됩니다. 내가 뭔가를 주장하고 요구하기 전에 상대방이 무엇을 주장하고 요구하는지를 생각해보세요. 마찬가지로 내가 뭔가를 알리기 전에 상대방이 무엇을 알려주기를 바라는지를 생각해보세요.

내가 필요한 것은 상대방에게도 필요한 것일지도 모르니 한번 피드백을 구하고, 내 입장이 있는 것처럼 상대방도 입장이 있을 테니 또 한번 피드백을 구하세요. 『한국의 부자들 2』에서도 이런 말이 언급되어 있지요. "상대방의 입장에서 생각하는 사람이 뛰어난 사람이고, 여러 사람의 입장을 생각하는 사람은 위대한 사람이다." 피드백의 의미를 자세히 파고 들어가 보면 이것이 전혀 틀린 말이 아니란 걸 알 수 있습니다. 그것 갖고도 모자르다고 생각되면, 이런 것도 고려를 해보는 겁니다. 나에게 감정이 있는 것처럼 상대방에게도 감정이 있을 테니 다시 또 한번 피드백을 구해보세요.

여기까지 말해놓고 나니 9년 전인 2009년 4월 말에 있었던 일이 떠오릅니다. 제 인생에 있어 그건 분명 잊을 수 없는 경험이자 충고였고, 조언이었습니다. 세 번째 책을 집필 중이었던 저는 책에 집어넣을 인터뷰를 위해 인터뷰이(Interviewee) 후보들 중 한 분이었던 ※장영희 서강대 영문과 교수님께 이메일로 컨택해 인터뷰에 대한 참여 의사를 여쭤봤습니다. 예전부터 몸이 어떤 식으로 불편하셨고, 그간 어떻게 치료하면서 극복해왔는지를 매체를 통해 대략 접해온 저는 큰 기대를 하지는 않았지만, 꼭 인터뷰를 성사시켜야겠다는 마음에 진심을 담아 편지를 작성했지요.

기대만 과했던지 며칠이 지나도 답변이 오지 않아 아쉬운 마음만 가득 안은 채 낙담하고 있었습니다. 하지만 몸이 편치 않으신가 보다, 라고 생각하고 그래도 메일을 읽어주셨다는 것만으로도 감사하다는 생각이 들어 그에 대한 감사편지라도 보내야겠다고 마음을 먹었습니다. 그런데 이게 웬일이겠습니까? 메일을 작성하려고 메일함을 열어보는데 교수님으로부터 메일이 와 있더군요. 그것도 새벽 2시가 훨씬 넘은 시각에 말입니다. 내용은 별거 없었지만, 저는 그 내용을 잊을 수가 없습니다.

제가 현재 입원가료중이라 좀 힘듭니다. 죄송합니다.

이 두 개의 문장이 왜 잊히지 않는지 아시나요? 미처 몰랐던 일입니다만, 교수님은 병세가 악화돼 투병 중이셨습니다. 그리고 몇 주 후에 하늘나라로 돌아가셨지요. 몸을 가누기도 힘들 정도로 아픈 상태에서, 전혀 일면식도 없는 한 남자가 보낸 메일에 대한 답변을 그 늦은 시각에 남기셨던 겁니다. 비록 조금 늦긴 했어도, 그리고 비록 조금 짧긴 했어도 충분히 그 진심이 묻어나는 답변이었습니다.

여러분 같으면 일면식도 없는 사람에게, 그것도 지금 병으로 투병중인 상태에서 답변을 남길 수 있겠습니까? 아니, 투병 중인 건 뺍시다. 일면식도 없는 사람에게 피드백을 남기겠습니까? 자신과 아무런 관련이 없는, 아마 앞으로도 아무런 관련이 없을 사람에게 답변을 남길 수 있을 것 같나요? 과연 그렇게 될 것 같나요?

제가 너무 감상적인 걸까요? 뭣도 아닌 일에 놀라고 감동하는 건가요? 신발을 바꿔 끼고 한번 곰곰이, 정말 곰곰이 생각해보시길 바랍니다.

앞서 「깍두기」 편에서 소개해드린 명셰프 로버트 서튼 교수는 언젠가 이런 말을 한 적이 있습니다. "두 사람의 의견이 언제나 일치한다면 둘 중 한 사람은 없는 것과 같다." '의견'이라는 관점에서 보자면 피드백은 의견의 일치가 아닙니다. 그것은 의견의 일치에 도달하기 위해 거치게 되는 전반적인 과정이고 절차를 말하지요. 다시 말해 그것은 의견에 대한 확인 혹은 반응, 즉 의견에 대한 의견을 말합니다. 요컨대 누군가가 피드백이 진정 필요한 이유, 그것이 상대방에게, 아니 서로에게 진정 제대로 된 가치를 발휘하는 이유를 대라고 한다면 저는 한마디로 이렇게 얘기하지 않을까 싶습니다. 왜 『제리 맥과이어』란 영화 중간에 보면 이런 멋진 대사가 등장하지요? "You complete me." 딱 이거 아닌가요?

자, 상대방이 왜 우리에게서 피드백을 받고 싶어 하는지도 어느 정도 이해가 되셨다면 우리에게 남은 건 하나입니다. 피드백의 테크니컬한 측면, 즉 '우리는 피드백을 어떻게 해줘야 하는가'입니다. "그냥 까이꺼 대충 좀 신경 쓰고 깔끔하게 포장해서 자알 보내면 되지, 뭐." 설마 또 이런 식으로 얼렁뚱땅 넘어가려는 건 아니지요? 뭐, 선택은 언제나 여러분의 몫입니다만, 백날 천날 이렇게 해보세요. 대충 신경 써서도 안 되겠지만, 깔끔하게 어떻게 포장한다는 거며 어떻게 자알 보내면 된다는 건가요? 저를 위해서가 아닌, 여러분 자신을 위해 좀 더 명확하게 설명할 수 있나요?

피드백을 멋지게 성공시키기 위해 우리가 최우선적으로 해야 할 일은 자기만의 스타일을 찾아내는 겁니다. '피드백하는 법'을 소개해놓은 오만가지 기사나 책, 잡지들은 잠깐 잊어버리세요. 다른 누구도 아닌 여러분 스스로가 어떤 식으로 피드백을 할 때 가장 만족스럽고 자연스럽고 자신감이 넘치고 '자기답다'고 여기는지, 그것을 고민해보세요.

글로벌 광고대행사 TBWA의 장 마리 드루(Jean-Marie Dru) 회장은 언젠가 이런 말을 한 적이 있습니다. "애플은 반대하고 IBM은 해결하고 나이키는 설득하고 버진은 계몽하고 소니는 꿈꾸고 베네통은 저항한다. 브랜드는 명사가 아니라 동사다." 딱 부러진 비유는 아닐지 모르겠습니다만, 이 기회에 피드백에 대한 자기만의 자그마한 철학을 정립(혹은 재정립)한다 셈 치고 자신의 피드백에 대한 생각과 입장을 정리해보는 걸 어떨까요? 스스로를 어떻게 세팅(setting)하시겠습니까?

나는 □□한다.

감이 잘 안 잡히실 수도 있으니 제가 한 가지 예를 들어드리겠습니다. 애플 CEO 스티브 잡스를 예[23]로 들어볼까요? 물론 그는 피드백이 아닌 프레젠테이션으로 뜬 인물입니다. 하지만 피드백을 하는 방

---

23   스티브 잡스 & 빌 게이츠와 관련된 내용은 "[성공학 강좌] '단순 명쾌' 잡스 vs '상세 유쾌' 게이츠"(주간동아, 2007. 7. 3) 기사를 참고해 인용한 것임.

식도 프레젠테이션을 하는 방식과 크게 다르지 않을 것 같다는 생각이 드는 건 저 뿐일까요? 그는 프레젠테이션을 하는 데 있어 자기만의 철학과 생각, 입장이 무서울 정도로 뚜렷하고 확실한 사람입니다. 그 뚜렷함과 확실함도 딱 두 단어로 요약되지요. 단순 + 명쾌. 재미삼아 말씀드리자면, 반대로 빌 게이츠의 경우 상세 + 유쾌로 그의 프레젠테이션 철학이 요약될 수 있을 겁니다.

잡스의 프레젠테이션 슬라이드를 보면 한 가지 원칙이 반드시 지켜진다는 걸 알 수 있습니다. 키워드 + 키 비주얼(이미지)이 그것이지요. 좀 더 구체적으로 말해 한 장의 슬라이드 안에 한 개의 이미지와 한 개의 단어, 그리고(혹은) 한 개의 문장이 들어간다는 게 그가 슬라이드를 꾸미는 방식입니다. 여기서 우리는 그가 지향하는 프레젠테이션 철학을 대략이나마 도출할 수 있습니다. 다음의 단어들을 한번 살펴보세요.

- ☑ 단순화(Simplicity)
- ☑ 치밀함(Subtlety)
- ☑ 간결함(Elegance)
- ☑ 함축성(Suggestive)
- ☑ 자연스러움(Naturalness)
- ☑ 여백(Empty space)
- ☑ 편안함(Stillness)
- ☑ 삭제(Eliminating)

[요리 가이드라인 #4] 스타일을 가져야만 한다. 스타일은 당신을 멋지게 계단에서 내려오게 할 수 있고, 아침에 멋지게 일어나게 할 수 있다. 스타일은 인생을 살아가는 하나의 방법이다. 스타일 없이는 당신은 아무도 아니다.

—다이아나 브릴랜드(前 Vogue 편집장, 스타일리스트의 원조)

피드백은 '스타일'입니다. 즉, 여러분만의 색깔이 피드백에 살아있어야 한다는 겁니다. 그동안 피드백 자체에 열중한 나머지 아무런 색깔도 없고 아무런 향도 안 나는 피드백을 보냈다면 앞으로는 자기만의 스타일을 발견해 그것을 알아가고, 거기에 익숙해지는 과정을 밟아나가세요. 색다른 얘기로 다가올지 모르나, 넓게 봤을 때 그게 바로 서비스란 거고 '브랜드'라는 겁니다.

"피드백이 브랜드라니. 피드백에 무슨 스타일이고 색깔이야? 신속하고 정확하기만 하면 되는 거지. 너무 과대포장하시네. 당신이 뭐, 마술사야?" 너무 앞서 나가시는군요. 신속성과 정확성, 그 말에 대해서는 일단 동의합니다(어차피 뒤에서 다룰 얘기니 잠시 넘어가지요). 하지만 그 이외의 멘트는, 글쎄요. 피드백이 자신의 브랜드가 될 수 있다는 건 결코 뻥이 아닙니다. 피드백이 상대방에게 자신의 생각과 아이디어, 입장을 밝히는 하나의 방법이라면, 무작정 & 무조건 피드백을 날리는 것보다는 '자신이 누구인지'가 담긴 피드백을 날리는 게 훨씬 더 기억에 남지 않겠습니까? 자, 그럼 그걸 어떻게 할까요? 어떻게 하는 게 매력적으로 비쳐질까요?

앞서 제가 이런 말씀을 드렸지요. "'피드백하는 법'을 소개해놓은 오만가지 기사나 책, 잡지들은 잠깐 잊어버리세요."라고. 지금이 머릿속에 꼭꼭 저장해둔 그 자료들을 자랑할 수 있는 때입니다. 책(冊)과 잡지, 신문 등에서 뽑아낸 '피드백하는 법' 관련 멋진 문구들을 지금부터 풀어놓는 겁니다. 아낄 거 없습니다. 팍팍 다 꺼내놓아 보세요.

그런데 잠낀. 금강산도 식후경이라고, 그 전에 혹시나 여러분이 잊고 있을지도 몰라, 피드백에 관한 간단한 주의사항들을 알려드리고자 합니다. 다들 알고 있는 내용인데도 불구하고, 업무에 집중하다 보면(그것도 '지나치게' 집중하다 보면) 자기도 모르게 자꾸 간과하게 되는 것들이 있지요. 그중 대표적인 게 아마 다음의 두 가지가 아닐까 싶습니다.

① 피드백은 '상황 대비'입니다. 나중에 터질지 모를 반박이나 비판('네가 대답이 없었잖아' '네가 늦게 보내놓고선 어디서 덤탱이야')을 봉쇄하기 위해서는 확실한 기록을 남겨 하나의 증거로 제시할 수 있어야 합니다. 그래야 서로 다른 말을 하지 않지요.

② 선의(善意)인가 악의(惡意)인가. 그 판단은 자신이 하는 게 아니라 상대방이 하는 것임을 잊지 말아야 합니다. 악의를 갖고 말을 내뱉으면 당연히 악의로 받아들여지겠지만, 악의가 없이 말을 내뱉었다 해도 상대방이 악의로 받아들였다면 그건 악의입니다. 반박의 여지가 없지요.

주의사항들도 점검했으니 이제 본론으로 들어갑시다. '피드백하는 법'에는 뭐, 뭐가 있을까요? 우선 좋으나 싫으나 상대방의 말과 글을 많이 듣고 읽어야 합니다. 많이 듣지도 읽지도 않은 상황에서 피드백이 나온다는 게 애당초 말이 안 되지요. 그다음에는? 많이 써봐야 합니다. '많이 써봐야 한다는 건 맞는 말인데, 어떻게 써야 한단 말인가'가 바로 여러분의 관심사일 겁니다. 여기에서 철학자 비트겐슈타인(Wittgenstein)의 말이 하나의 좋은 접근법이 되지 않을까 싶습니다. 그의 말을 귀담아들어볼까요?

> 말해질 수 있는 것은 모두 명료하게 말해질 수 있으며, 말할 수
> 없는 것에 대해서는 침묵해야 한다.

의외로 많은 사람들이 말해질 수 있는 걸 아껴두거나 대충 말하거나 분명하지 못한 어조로 어중간하게 말해버립니다. 자기 위주로 일을 하기 때문입니다. 피드백을 제대로 하기 위해서는 이런 자기중심성으로부터 벗어나야 합니다. 명확하지 않고 하나마나한 피드백, 온전하거나 완전하지 않은 피드백은 피드백이 아니라 그냥 여러분 혼자서 하는 독백 혹은 방백에 불과합니다.

반면 그 반대로 많은 사람들이 말할 수 없는 것에 대해서 의외로 쉽게 혹은 자신감 넘치는 어조로 말해버립니다. 귀찮거나 자신은 없는데 있는 척을 하고 싶어 하기 때문입니다. 그게 아니라면 피드백을 주긴 줘야겠고 할 말은 없고 하니 피드백을 위한 피드백을 날리는 거겠지요. 이것 역시 따지고 보면 다 자기중심성에서 비롯된다는 걸 알 수 있습니다.

잘 모르면, 할 말이 딱히 없으면 그냥 입을 닫으면 본전이라도 뽑습니다. 입을 열어서 손해를 보는 건 상대방뿐만 아니라 여러분 자

신이기도 하다는 겁니다. 왜? 잘 모른다는 것, 할 말이 별로 없다는 것이 여러분의 말과 글에 다 녹아있기 때문입니다. 지나치게 둔감한 사람이 아닌 이상 여러분의 생각과 태도, 수준이나 상황은 대부분 금방 눈치챕니다. "눈치 거의 못 채더라, 뭐. 흥." 하루가 지나기 전에 다 들통나니 걱정 붙들어 매세요. 일의 진행에 차질을 빚게 되는데 어떻게 그냥 넘어가지겠습니까?

[요리 가이드라인 #5] 무엇을 쓰든 짧게 써라. 그러면 읽힐 것이다. 명료하게 써라. 그러면 이해될 것이다. 그림같이 써라. 그러면 기억 속에 머물 것이다.

—조셉 퓰리처

사실 '피드백하는 법'과 관련하여 아무리 좋은 조언들이 세상에 넘쳐흐른다 해도 딱 두 단어만 지키면 '게임 끝'이라고 생각합니다(두 개의 단어를 같은 비중으로 숙지하고 체질화하면 된다는 겁니다). 대체 이 두 단어가 뭘까요? 앞에서 여러분이 피드백에 대한 지식을 총동원했지요? 이젠 반대로 요약을 해보는 겁니다. 대표선수 두 명만 추천해 주세요.

구체성 + 단순함

사람마다 조금씩 차이가 있겠지만 많은 분들이 이 단어들을 언급하지 않았을까 싶습니다. 두 단어를 비교해봤을 때 저는 '단순함'이 '구체성'보다 좀 더 복잡하다고 보고 있기에 '구체성'에 대해선 간단하게 살펴보고자 합니다. "내가 차출한 대표선수 차별하는 거야 뭐야? 난 둘 다 대표급이라고 본다고." 아이고, 절대 차별하는 거 아닙니다. 둘 다 실력이 있다 하더라도 '체급'은 다를 수 있는 거지요.

'구체성'을 정리하는 데에는 마이크로소프트사의 SMART 원칙이 많은 도움이 될 거라고 봅니다. SMART란 쉽게 말해 Specific(구체적이어야 한다), Measurable(측정할 수 있고 관찰 가능해야 한다), Accountable/Attainable(책임질 수 있고 달성 가능해야 한다), Results-based(결과 위주여야 한다), Timebound(시한이 분명해야 한다)를 말합니다. 자세히 살펴보면 S가 MART를 전체적으로 에워싸고 있는 모습이지요. 혹시 이해가 잘 안 가신다면 하나하나 직접 반문(反問)해보세요.

구체적이지 않은데 측정하거나 관찰할 수 있나요? No. 측정이나 관찰은 기본적으로 구체성에 기반을 두고 있지 않나요? 구체적이지 않은데 책임질 수 있나요? No. 책임질 게 뭔지 정확하지 않은데 뭘 책임진다는 거며, 또 어떻게 책임진다는 건가요? 구체적이지 않은데 달성 가능한가요? No. 이거야말로 며느리도 모르는 게 아닐는지요? 시어머니도 장담할 수 없다고 말하는 게 정확할 겁니다. 구체적이지 않은데 결과 위주일 수 있나요? No. '결과'란 단어 자체가 구체성을 생명으로 하고 있으니 당연히 말이 안 되지요. 구체적이지 않은데 시한이 분명할 수 있나요? No. 구체화시키는 데 시간이 걸리는 만큼, 그리고 그게 얼마나 걸릴지 아무도 모르는 만큼 분명한 기한을 정한다는 것도 마찬가지로 불분명할 수밖에 없습니다.

결국 MS의 SMART 원칙은 구체성을 강조하기 위해 세워진 원칙이라 해도 과언이 아닙니다. 분명하고 명확하고 명료하고 확실한 피드백을 보내세요. 그렇지 못한 피드백은 '회사 안에서' 실제로 아무런 의미도 가치도 없다는 걸 잊지 말아야 합니다. 자기 일이 아니라고 대충, 얼렁뚱땅 넘어가면 여러분만 욕먹습니다. 잘 몰라서 구체적인 피드백을 보내지 못하는 거라면, 스스로 구체적인 피드백을 준비하기 위해 상대방에게 구체적인 정보를 요구하면 됩니다.

친한 친구나 선후배 사이라면 구체성 따위 뭐 필요하겠습니까? 서로 편하게 알아서 생각하고 느긋하게 물어보고, 아니면 말고 식으로 넘어가도 큰 상관은 없지요. 이제 좀 냉정해집시다. 우리는 엄연히 스트레인저(stranger), 그것도 성격과 성향 등이 자신과는 전혀 다른 낯선 이들과 매일매일 머리를 맞댄 채 일을 하고 있습니다. 서로 친해질 수야 있지만, 그건 엄연히 보이지 않는 선을 그어놓은 '친함'일 뿐입니다. 친해졌다고 해서 친구가 되는 것도 아닐뿐더러, 선후배가 되는 것도 아니라는 거지요.

"어이쿠, 회사를 너무 비인간적인 곳으로 평가절하해버리네. 이래 갖고 회사 다닐 맛 나겠어?" 회사는 어차피 '비인간적인' 곳입니다. 좀 더 사실대로 말하자면 인간적인 탈을 쓴 지극히 비인간적인 곳이지요. 회사 다닐 맛은 다른 걸로 대체하시면 됩니다. 일을 잘해보세요. 비인간적인 곳이니 뭐니 그런 말 싹 들어갈 겁니다. 그러니 우선 피드백부터 신경 써보시는 건 어떨까요? 그 첫 단추가 바로 '구체적인' 피드백입니다.

[요리 가이드라인 #7] 사람의 지혜가 깊으면 깊을수록, 생각을 나타내는 말은 단순해진다. —톨스토이

구체성과 더불어 반드시 지켜야 하는 두 번째 원칙은 단순함입니다. 단순함이란 뭘 말하는 걸까요? 곁다리 쳐내기? 자질구레한 것들 없애기? 짧게 요약하기? 물론 다 맞는 말입니다. 하지만 그게 전부는 아닙니다. 오토매틱(Automattic)의 글로벌 헤드인 존 마에다[24](前 로드아일랜드 디자인스쿨 총장)가 단순함과 관련하여 항상 내세우는 단어들이 있지요. 다 '단순화하라'는 말과 일맥상통하는 얘기입니다.

비워라 + 지워라 + 없애라 + 줄여라

이런 단어들이 지향하는 바는 하나같이 다 똑같은(간결함) 것 같은데, 뭔가 빠진 듯한 느낌이 드는 건 저 뿐인가요? 이렇게 생각해봅시다. 다 비워내면 남는 게 뭔가요? 다 지워내면 남는 건 또 뭐고요? 마찬가지로 다 없애면, 그리고 다 줄이고 나면 남는 건 뭔가요?

남는 건, 아무것도 없습니다. 아무런 원칙도 없이 무작정, 무조건

---

24 '단순함'과 관련하여 그가 지은 책으로는 『The Laws of Simplicity』(The MIT Press, 2006)가 있습니다. 우리나라에서는 『단순함의 법칙』(유엑스리뷰, 2016년)이라는 제목으로 번역·출간되었지요.

다 쳐내는데 남는 게 있을 리가 있나요? 단순함이란 게 형식적으로는 쳐내는 과정이지만, 형식이 전부는 아니지요. 이제 무슨 말인지 이해가 되지요? 우리가 간과한 건 바로 단순함의 내용적인 측면입니다. 단순함에 이르는 과정에서 결코 빠뜨려선 안 되는 콘텐츠, 즉 핵심을 말하지요. 핵심 없는 제거는 쫄딱 망하는 지름길입니다. 마치 컴퓨터상에서 중요한 작업을 해놓았다가 저장을 하지 않아 다 날아간 꼴 같다고나 할까요?

그렇다면 과연 핵심은 뭘 말하는 걸까요? 아마 칩 히스 & 댄 히스 형제의 책 『스틱!』에 등장하는 다음의 세 가지 메시지가 여러분에게 힌트를 주지 않을까 싶습니다. 한번 훑어보지요.

① 단순해지라는 건 '정보의 수준을 낮추라'거나 '간단한 요약문을 만들라'는 것이 아니다. 단순하다는 것은 쉬운 말로 골라 쓰는 게 아니기 때문이다. 단순의 정확한 개념은 메시지의 '핵심'을 찾으라는 의미다. 핵심에 이르기 위해서는 남아돌거나 불필요한 요소들을 모두 제거해야 한다.

② 메시지의 핵심을 발굴하려면 우리는 결론을 내리는 명수가 되어야 한다. 무자비할 정도로 곁가지를 쳐내고 중요한 것만 남겨야 한다.

③ '당신에게 좋은 것(What's in it for you)'이야말로 모든 이야기의 중심이 되어야 한다.

돌이켜보면 저도 참 단순했던 것 같습니다. 지금 다루고 있는 좋은 의미에서의 단순함이 아닌, 멍청하고 바보 같다는 의미에서의 단순함 말입니다. 저도 "단순화해, 좀 단순화하라고!" 식의 호통, 참 많이도 들어가면서 회사생활을 했습니다. 나름의 기준을 갖고 단순화하면 혼나고, 하라는 대로 단순화하면 또 혼나고. 뭐, 어쩌라는 건지 당시에는 도저히 감이 안 오더군요. 그래서 '될 때까지 해보자, 네가 죽나 내가 죽나' 식의 마음으로 별 원칙도 방향성도 없이 단순화해댔습니다.

그러던 어느 날 보다 못한 제 사수가 한마디 하더군요. "네가 놓치고 있는 게 뭔지 아직도 모르겠어? 네가 피드백을 통해 뭘 말하려는지가 안 보여. 메시지 안에 알맹이가 없다고 짜샤." 정신이 번쩍 들었습니다. 요컨대 '네가 진짜로 원하는 게 뭐야'의 피드백 버전인 '네가 진짜로 말하고자 하는 게 뭐야'가 머릿속에 들어오더군요. 보너스로 곁들이자면, 기왕에 진짜로 말하고자 하고, 또 말해야 하는 것 상대방이 듣고 싶어 하고 들어야 하고 들을 수밖에 없는 매력 포인트가 담긴 말들을 신중히 골라내야겠다는 생각이 들더라 이겁니다.

[요리 가이드라인 #8] 완벽함이란 더 이상 보탤 것이 남아 있지 않을 때가 아니라 더 이상 뺄 것이 없을 때 완성된다. —생텍쥐페리

상대방에게 쓸데없는 헛소리 하지 않고 핵심만 던지는 것, 이거 생각만큼 쉬운 일이 아닙니다. 그만큼 전체적인 내용과 흐름을 다 꿰고 있어야 한다는 얘기이기도 하지요. 부분에서 핵심을 추출해낼 순 없습니다. 설사 추출해낼 수 있다 해도 그것은 완전한 내용이 아니기에

또 다른 질문-피드백 프로세스가 동반되게 되어 있습니다. 불필요한 시간과 노력을 들여야 하는 셈이지요. 전체에서 핵심을 추출해낼 수 있습니다. 그만큼 전체를 파악하고 꿰뚫어볼 수 있는 안목을 길러야 한다는 겁니다. 그래야 세대로 된 피드백을 보낼 수 있습니다.

전체를 꿰뚫어볼 수 있게 됐다고요? 그럼 이제 남은 일은 딱 하나입니다. 확실한 사실을 담은 결론부터 이야기하고 그에 수반되는 부수적인 설명이나 이유를 정연하게 제시하는 것, 장황하지 않은 단출하고도 짤막하지만 핵심이 분명히 담긴 문장들을 구사하는 것, 나아가 추상적이지 않은 구체적이고도 확인 가능한 내용들을 다루는 것, 이 세 가지를 행동으로 옮기면 됩니다.

노파심에서 한마디만 더 거들자면, 피드백은 에세이(essay)가 아닙니다. 여러분의 피드백이 상대방을 위해 무엇을 하는지, 즉 어떤 역할을 하는지 그것만 신경 써가며 피드백을 꾸며보세요. 적어도 상대방이 심드렁한 반응을 보이지는 않을 겁니다.

명셰프의 30초 요리팁
박웅현 TBWA Korea 크리에이티브 대표

66 아리스토텔레스는 틀렸습니다. 아리스토텔레스에 따르면 소통은 '발신자→메시지→수신자'라는 경로를 거칩니다. 그러나 오히려 '수신자→메시지→발신자'라는 경로가 옳습니다. 제대로 소통하기 위해서는 발신자가 하고 싶은 말을 한다고 되질 않습니다. 수신자가 원하는 것이 무엇인지를 알아야 소통이 쉬워집니다. **99**

고든 램지(Gordon Ramsay) 스타 셰프

> 성공적인 요리사가 되는 비결은 '고객의 입장에 서는 것'이다. 그 말은
> 즉, 그들이 원하는 것에 대해 고심해야 한다는 것이다. —**고든 램지**

여러분, 일을 정말로 잘하고 싶으신가요? 회사에서 일을 가장 잘하는 사람으로 존중받고 인정받고 싶으신지요? 그럼 앞으로 피드백(feedback)에 좀 더 신경을 쓰셔야겠습니다. 회의실에서 토론을 할 때든 이메일 상으로 답변을 작성할 때든 1:1로 업무논의를 할 때든 정신 바짝 차리고 피드백을 하셔야 할 겁니다. 좀 과장되게 들릴 수도 있지만, 피드백 하나로 여러분의 평판과 위상이 왔다 갔다 할 수도 있으니까요.

피드백이 어째서 그 정도의 위력을 발휘하는 건지 아직은 좀 얼떨떨한 분들도 있을 겁니다. 피드백의 본질은, 상대방에게 말 몇 마디 전달하거나 그가 요구해온 일을 해주는 데 있지 않습니다. 피드백은 엄연히 여러분의 일을 바라보고 또 대하는 자세이자 상대방의 여러분에 대한 첫인상입니다. 그것만이 아닙니다. 피드백은 여러분이 일에 대해서 얼만큼 관심과 열정이 있는지, 얼만큼 큰 그림을 보고자 하는지(혹은 보고 있는지)를 가늠하는 바로미터이기도 하지요. 그러나 중요한 게 한 가지 더 있습니다. 피드백은 여러분의 에고(ego)를 담는 그릇이 아니라는 겁니다.

저는 그동안 피드백과 자기 자신을 혼동하는 경우를 적지 않게 봐왔습니다. 물론 그 안에는 저 또한 포함되어 있지요. 허구한 날 회사 선배들로부터 "회사에 출근할 때 네 에고는 집에 놔두고 와라. 그럼 성공한다."란 말을 들으면서 회사를 다녔습니다. 처음엔 잘못 들어서 "네 애는 집에 놔두고 와라."라고 하는 줄 알았습니다(그때나 지금이나 저는 미혼입니다). 어찌되었든 그들의 조언을 제대로 소화해내지 못했던 거지요. 지금이야 사람들과 웃으면서 당시의 얘기를 회상하곤 하지만 그때 좀 더 진지하게 받아들일 걸, 이라는 아쉬움이 남긴 합니다. 이 에고란 놈이 피드백에도 적용된다는 사실을 놓친 거니 그럴 수밖에요.

회사생활을 하다 보면 자신과 전혀 맞지 않는 방법과 방식으로 커뮤니케이션을 하는 사람들과 맞닥뜨리게 됩니다. 기본이 없다고 치부해버려도 좋을 만큼 무식하고 몰상식하게 커뮤니케이션하는 인간들과도 부딪치게 될 거고요. 인간으로서의 품격을 떨어뜨리는 비위 상하는 말도 숱하게 많이 듣게 될 겁니다. 일의 처리보다는 일과 관련된 자신의 입장을 우선시하는 사람들도 만나게 될 거고, 일에 대한 열정이 지나친 나머지 무리한 요구를 해오는 사람들도 만나게 될 거며, 반대로 일에 대한 열정이 너무 없어 '개차반'으로 메시지를 보내오는 사람들도 만나게 될 겁니다. 다 사람 사는 동네니까 겪게 되는 일들이지요.

여러분이 스스로를 정말로 현명하다고 생각한다면, 그리고 일에 대한 열정을 이런 '또라이끼'가 충만한 사람들에게 뺏기거나 훼손당하기 싫다면 그만큼 피드백을 현명하게 해야 합니다. 그런데 의외로 많은 사람들이 이런 인간들과 맞부딪치면서 혼자 씩씩대다 결국 비슷한 또라이식 대응을 하곤 합니다. 그럼 결국 그 또라이나 여러분이나 다를 게 하나도 없는 게 되는 데 말입니다. 아니라고요? 글쎄요. 불행하게도, 그리고 안타깝게도 '보이는 대로 믿는다'고 주변 사람들의 인식은 여러분이 생각하는 것처럼 그렇게 자비롭지는 않을 겁니다.

'피드백하는 법'에 대해선 이미 폭넓게 살펴본 만큼, 저는 살짝 다른 시각에서 여러분에게 피드백에 대한 도움을 드리고자 합니다. 한 30년 전쯤에 『하버드식 교제술』이란 책이 우리나라에 번역되어 나온 적이 있습니다. 이 책을 읽어나가다 보면 교섭(negotiation)에 대한 내용을 다루는 부분에서 다음과 같은 구절들을 발견할 수 있습니다. 저는 이 내용이 여러분이 현명한 피드백을 하는 데 있어 하나의 작은 가이드라인이 되지 않을까 싶습니다. 한번 검토해볼까요?

당사자와 문제를 분리시켜 생각해야 한다. 사람을 비난하지 않고 문제를 공격할 것, 문제에 대해서는 엄하게 대응하나 개인적으로는 상대방을 지지하는 자세를 나타낸다. 즉, 존중하는 마음으로 상대방의 주장을 들어주고 예의 바르게 상대방의 시간과 노력에 대해 감사하는 마음을 표시하여 상대방의 기본적인 요구를 충족시켜 주는 것이 이쪽의 관심사라는 것을 강조한다.

말이야 바른말이지 사실 피드백은 일종의 협상(혹은 협상 과정)입니다. 상대방과의 협상임은 물론, 자기 자신과의 협상이기도 하지요. 적어도 우리가 회사라는 정글을 다니고 있는 한, 우리는 상대방에게 그의 일에 관심이 있음을, 자신이 같이 일할 가치가 있는 동료임을 일깨워줄 책임이 있습니다. 냉정하게 말해 미끼를 던져줘야 한다는 거지요. 나란 사람을 확실하게 각인시키기 위해 피드백을 동원해야 한다는 겁니다.

그뿐 아니라 피드백은 자신이 이 회사에서 제대로 일하고 있는지, 또 진정 일하고 싶은지를 테스트할 수 있는 최적의 방법이기도 합니다. 피드백에 담겨있는 여러분의 에너지와 관심은 자신에 대한, 그리고 자신이 해내는 일에 대한 자존감과 자부심의 다른 표현이지요(과연 이것이 저만의 해석일까요).

이러한 두 가지 맥락을 고려해서 위의 구절들을 다시 정리해보면 답은 나옵니다. 즉, 사람과 문제를 철저히 분리할 것, 입장이 아닌 이해(understanding)에 관심을 기울일 것, 그리고 어떤 결정을 내리기 전에 많은 대안과 가능성들을 떠올릴 것.

우리가 피드백을 잘해야 하는 건 어디까지나 일을 잘하기 위해서지 상대방과 친분을 맺기 위해서는 아니지 않나요? 그러니 노골적이고 무식하고 직설적이고 불성실한 커뮤니케이션 스타일에 뚜껑 열릴 거 하나도 없습니다. 상대방? 자기가 하고 싶은 대로 하게 그냥 내버려두세요. 오로지 그의 말과 글에 들어가 있는 알맹이, 그것의 질적인 측면에만 포커스를 맞추면 됩니다. 감정의 동요 없이, 주관의 흔들림 없이(이 부분이 정말 애매하고도 힘든 부분이긴 합니다만) 오로지 객관적이고 사무적인 일(work)로서만 접근해 그에게 피드백을 날리는 겁니다.

세계적인 셰프 고든 램지(Gordon Ramsay). 그는 요리 실력으로도 최고의 명성을 자랑하지만, 입버릇이 고약한 걸로도 세계적인 명성을 자랑하는 셰프입니다. 그가 셰프라는 직업을 때려치우기 전까지는 아마 어느 누구도 그로부터 우회적인 (표현이 담긴) 피드백을 받지 못하지 않을까 싶습니다. 그만큼 그는 직설적이고 직접적이고 단도직입적이면서, 눈물을 쏙 빼놓을 정도로 매서운 말투와 악랄하기 짝이 없는 혀놀림을 가진 것으로 유명하지요.

언뜻 보면 이런 생각이 들기까지 합니다. "저 인간, 정말 세계적인 셰프 맞아? 다 PR 덕 아니야?" "명셰프고 뭐고 입이 저렇게 더러워서 누가 같이 일하고 싶겠어? 저런 인간하고는 죽었다 깨어나도 일 같이 못 한다." "저게 무슨 피드백이야? 그냥 고래고래 소리 지르는 거고 비난하는 거지. 비판을 위한 비판이라고. 기분 나빠서 한마디도 안 들어오겠다."

물론 이런 불미스러운 뒷이야기들을 듣는 그이지만 대부분의 사람들이 한 가지 사실에 대해서만큼은 이견 없이 동의하는 것 같습니다. 그가 상대방에게 보내는 피드백이 일에 대한 그의 열정의 산물이자 관심의 반영물이라는 것. 비록 그 방식이 너무나 냉정하고 냉혹해 마치 '불난 집에 부채질'하는 것처럼 보이지만, 적어도 분명한 건 그의 피드백이 정직하고 솔직담백하며, 무엇보다도 그 안에 진심이 담겨있다는 것. 그만큼 자신이 뭘 하고 있는지, 뭘 해야 하는지를 알고 있다는 거고, 상대방이 원하는 게 뭔지, 그가 지금 당장 무엇을 절실하게 필요로 하는지를 정확히 꿰뚫고 있다는 말이기도 합니다.

그가 던지는 피드백의 의미를 좀 더 제대로 이해하기 위해서는 그 밑바탕에 깔려 있는 그의 마인드를 이해할 필요가 있습니다. 앞으로 여러분이 피드백을 해나가는데 있어(마찬가지로 상대방의 피드백을 받아들이는데 있어) 다음의 그의 말들이 적지 않은 도움이 되지 않을까 싶어 여러분과 나누고자 합니다. 요리(음식)를 피드백이라 생각하고 음미해보세요.

- 요리사로서 성공하고 싶으신가요? 그럼 일단 강해지세요. 육체적으로도 감정적으로도.
- 우리는 단도직입적으로 말하는 사람들을 '개새끼'라고 생각합니다. 일이 꼬이면 저도 단도직입적이 되죠. 하지만 저는 그들로부터 최고를 기대하는 만큼 제 자신에게도 똑같이 그만큼을 기대합니다.
- 저는 굉장히 강하고 단정적인 말을 사용합니다. 어서 빨리 잠에서 깨어나 죽도록 일에 집중하거나, 아니면 집으로 꺼지라는 의도죠.
- 사람들이 저를 괴물이라고 부릅니다만, 저는 괴물이 아닙니다. 전 그저 사람들이 엄청난 지출을 하고 있는 제 음식에 대해 높은 기준을 유지하고자 하는 것뿐입니다. 요리가 잘못 나왔을 경우 걱정되거나 화가 나는 사람은 아마 전국에서 저뿐일 겁니다.
- 제가 하는 모든 일은 완벽해야 합니다. 또 제가 요리하는 모든 음식은 맛있어야 합니다. 제 동료들이 최선을 다하지 않는 모습을 보일 때 전 지랄합니다.

고든 램지는 요리에 관한 한 분명한 자기만의 철학을 가진 조교이자 코치입니다. 상대방과 자신을 한 단계 업그레이드시키기 위해 그는 기꺼이 '미친놈'이 되기를 자처합니다. 개인적인 감정을 갖고 상대방을 대하는 것도 아니고, 일이 너무나 짜증나서 열불 내는 것도 아닙니다. 그저 자기 일에 대해 엄격한 기준을 적용해, 일관된 마음으로 정직하고 강건하게 일을 처리하려는 것뿐이지요. 사람들이 그의 피드백을 갖고 뭐라고 할 수 없는 결정적인 이유가 바로 여기에 있습니다.

구체적인 예를 하나 들어볼까요? 우리가 피드백을 하나 잘해서 팀장이나 사수로부터 칭찬을 받았다고 칩시다. "이야, 허 군. 그거 꽤 타이밍이 괜찮은 피드백이었는 걸." "허 군의 피드백이 없었다면 일을 시작해보기도 전에 완전 파토날 뻔했어. 이번 판단, 완전 굿인데?" 설마 칭찬을 싫어할 분은 없겠지요? 이런 칭찬 한번 듣고 나면 피드백만큼은 그야말로 '완전 정복'했다는 느낌이 들 겁니다. 문제는 이 한 번의 피드백이 일의 전부가 아니라는 거지요. 다시 말해 퇴사하는 그 날까지 이런 피드백을 계속 멋지게 내보낼 수 있느냐가 관건입니다. 아니, 멋지고 뭐고를 다 떠나 퇴사할 때까지 자기만의 분명한 색깔과 기준, 즉 철학을 유지한 채 제대로 피드백을 내보낼 수 있느냐가 관건입니다. 이렇게 놓고 보니, 문제가 그리 간단해 보이진 않지요?

고든 램지는 한 인터뷰에서 이런 말을 한 적이 있습니다. "저는 매일매일, 그것도 하루에 두 번씩(점심식사 전과 저녁식사 전) 두려움에 시달립니다. 고객은 '발'로 투표를 하지요. 그들은 우리에게 전화를 걸어 친절하게 "흐음, 오늘 식사는 평범하기 짝이 없었어요. 다시는 거기에 안 갈 겁니다."라고 말하지 않습니다. 아무 말 안 하고 그냥 안 오죠. 그들이 다시 찾아오는 건 그 신비로움과 즐거움, 완벽함을 다시 맛보고 싶어 하기 때문입니다. 결국 모든 게 나ㄱ 수준에 이르기 위한 전쟁이라고 보시면 됩니다." 이 말을 다음과 같이 변용해보면 좀 와닿을지도 모르겠습니다. 얼마든지 가능한 여러분에 관한 이야기입니다.

"저는 매일매일, 그것도 하루에 수십 번씩 두려움에 시달립니다. 동료들은 '손'과 '입'으로 투표를 하지요. 그들은 저에게 전화를 걸어 친절하게 "흐음, 오늘 피드백은 정말이지 여-엉 아니올시다였네. 다시는 자네에게 피드백을 요구하지 않을 거야."라고 말하지 않습니다. 가급적 말을 건네지 않거나 글을 보내지 않으려 하겠지요. 그들이 피드백을 요구하는 건 그 과정을 통해 얻게 될 즐거움과 만족감, 완벽함을 맛보고 싶어 하기 때문입니다." 결국 모든 게 다 그 수준에 이르기 위한 전쟁입니다. 진정 일을 잘하는 사람이 되기 위한, 회사에서 인정받기 위한 전쟁인 셈이지요.

피드백에 관한 한 여러분이 보스(boss)입니다. 동료라는 하나의 '고객'을 당연하게 받아들이는 습관을 버리세요. 피드백의 질적인 수준을 유지하기 위해 노력을 기울이는 것은 엄연히 여러분의 몫입니다. 심사위원은 동료들, 나아가서 회사지요. 다시 고든 램지의 말로 돌아가 봅시다.

저는 요리를 내보내면서 절대로 "손님들이 알아채지 못할 거야, 그냥 내보내. 2분 넘게 구운 농어와 정상적으로 구운 농어의 차이를 그들이 알겠어?"라고 말하지 않습니다. 손님들에게 15분 더 기다려달라고 하고 완벽한 요리를 내보내지요.

피드백을 할 때는 완벽함과 일관성을 지키기 위해 노력하세요. 자신의 고유 업무를 처리하는 자세로 상대방에게 피드백을 보내세요. 또 월화수목금 한결같은 피드백을 보내는 데 심혈을 기울이세요. 아침에 프레시(fresh)하게 보내는 피드백과 저녁에 지칠 대로 지친 채 보내는 피드백 사이에 차이가 있어서는 안 됩니다. 마찬가지로 일하기 싫어 미칠 것 같은 월요일에 보내는 피드백과 다음날 쉰다는 생각에 일하고 싶어 미칠 것 같은 금요일에 보내는 피드백 사이에 차이가 있어서도 안 됩니다. 다시 말하지만 여러분의 평판과 위상이 왔다 갔다 할 수도 있다는 사실, 잊지 않았으면 합니다.

✚ 스타 셰프 고든 램지의 추가 요리팁
- 우리는 비판에 무척 예민한, 연약한 영혼들입니다.
- 제가 육두문자를 날리는 건 그저 솔직하고 싶고, 또 완벽하고 싶다는 마음을 표현한 것일 뿐입니다.
- 저는 스트레스가 무척 유익하다고 생각합니다. 그래서 항상 동료들에게 "엄청난 스트레스 속에서 지내라."고 말하지요. 스트레스가 백해무익해지는 건 우리가 스스로 그걸 컨트롤할 수 없을 때입니다.

10

양파

Onion

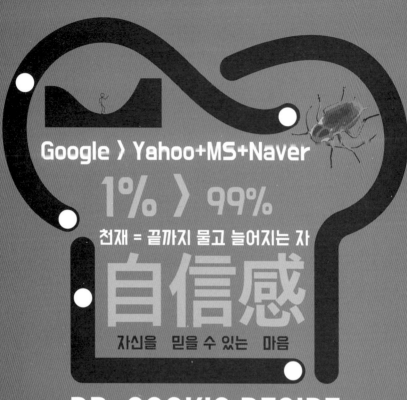

Google 〉 Yahoo+MS+Naver

1% 〉 99%

천재 = 끝까지 물고 늘어지는 자

自信感

자신을 믿을 수 있는 마음

DR. COOK'S RECIPE

10

10

껍질을 벗겨내면 매운맛이 나야 한다

사물의 가장 중요한 모습은 그 단순함과 친숙함 때문에 숨겨져 있다.

—비트겐슈타인

저는 그동안 사내·외에서 다양한 CEO들과 최고의 몸값을 자랑하는 '연봉 킹'들, 존경이란 존경은 다 받는 톱클래스 수준의 직원들과 친분을 쌓아오면서 나름대로의 기준을 갖고 그들을 인터뷰하고 조사해왔습니다. 회사를 다니고 있는 동안은 스스로를 위한 멘토링 차원에서, 그리고 회사에서 나온 뒤로는 집필을 위해 그들을 근접 거리에서 지켜봐왔지요. 여러분도 같은 생각일 거라 봅니다만 저는 몇 가지 궁금증을 해소하고 싶었습니다. 회사에서 큰 탈 없이 오랜 기간 성공을 거두고 있는 사람들은 대체 어떤 사람들일까? 잘났으면 얼마나 잘났기에 계속 잘나가고 있는 걸까? 정말로 일반 직장인들에겐 없는 것이 이들에겐 있는 걸까? 이들에게만, 그것도?

바퀴벌레처럼 회사를 꿋꿋하게 오래오래 잘 다니는, 그야말로 말뚝이라도 박고 뼈라도 묻을 것 같은 사람들, 그중에서도 특히 인정과 명예와 성공을 움켜쥐는 사람들을 관찰하고 있노라니 남들이 갖고 있지 않은 차별화 요소 하나가 분명히 눈에 들어오더군요. 그런데 참 난감한 게, 얼핏 보면 이것이 너무나 단순해 보이는 나머지 "에게게, 고작 저거였어?"라고 반응할 분들이 적지 않을 것 같다는 겁니다.

① 중요한 순간에 진가(眞價)를 발휘한다
② 결정적인 순간에 나만의 내공을 드러낸다

회사에서 얄미울 정도로 잘나가는 1%의 직장인들에겐 분명 남들이 갖고 있지 못한 '한 방'이 있었습니다. 이 한 방이 바로 이들을 눌러도 밟아도 때려잡아도 끄떡도 안 하는 왕 바퀴벌레로 만들어 주는 힘이더라, 이겁니다. 안타깝게도 마음만 먹으면 얼마든지 왕 바퀴로 등극할 수 있는 나머지 99%의 직장인들이 이 한 방의 힘을 과소평가하거나 이것에 전혀 관심을 기울이지 않는다는 겁니다. 허구한 날 친구가 자기보다 더 많은 연봉을 받았다느니 더 빨리 승진했다느니 하면서 치를 떨면서도 막상 어떻게 하면 그렇게 할 수 있는가에 대해선 그다지 연구할 생각이 없어 보이니 안타까울 수밖에요.

일? 잘하면 됩니다. 능력? 보여주면 되지요. 실력? 별걱정을. 발휘하면 그만입니다. 문제는 시기입니다. 언제 끝내주느냐가 관건이라는 거지요. 단 한 번의 '삑사리'도 없이 일관되게 일을 잘해낼 수 있는 사람, 세상에 몇 없습니다. 마찬가지로 뭔가 했다 하면 무조건 쫄딱 망치는 사람도 세상에 몇 없을 겁니다. 어차피 '삑사리'라는 건 언젠가는 나게 되어 있고, 또 깽판이라는 건 언젠가는 치게 되어 있습니다. 다, 사람이 하는 일이니까요.

　그러니 모든 걸 항상 잘하기 위해 신경 곤두세울 거 없습니다. 오히려 우리가 정말로 신경을 곤두세워야 할 일은, 자신이 정말로 회사에 기여해야 할 때 적시타를 날릴 수 있느냐 여부입니다. 백날 천날 홈런을 쳐대도 중요한 시기에 삼진을 당한다면 무슨 소용이 있나요? 마찬가지로 백날 천날 2루타, 3루타를 때려대도 진짜로 굵직한 히트가 필요한 시기에 1루타밖에 못 때린다면 볼넷으로 출루하는 것과 뭐가 다른지요? 이런 분들, 다 몸값 못한다고 손가락질 당합니다.

　요컨대 홈런이 문제가 아니라는 겁니다. 홈런, 물론 언제든 어디에서든 대환영이지요. 그런데 그 홈런이라는 게 언제 때린 홈런이냐는 겁니다. 뭐, 굳이 홈런까지 갈 것도 없습니다. 1루타도 사실 언제든 환영 아니겠습니까? 하지만 이것 역시 문제는 언제 때린 1루타냐는 겁니다. 매번 엉뚱한 순간에 터뜨리는 히트는 여러분에게 당장은 달콤한 스포트라이트를 선물할지 모르나, 궁극적으로는 여러분의 커리어에 독으로 작용할 게 틀림없습니다. "저 인간, 꼭 중요한 순간에 재를 뿌려놓네. 안 되겠어, 선수 체인지!" 뭘 그렇게 멀뚱멀뚱 쳐다보시나요? 짐 쌀 준비하라는 얘기입니다.

　'그때' 여러분이 어떻게 하느냐에 따라 앞으로 회사에서 사랑받는 인재로 쑥쑥 커나가게 될지, 가능성도 없고 미래도 안 보이는 무능력한 낙오자로 낙인찍히게 될지 판가름 날 겁니다. '그때' 준비가 되어 있다면 천만다행이지만, 준비가 되어 있지 않다면 뼈저리더라도 나중을 위해 실패를 제대로 경험해보는 건 물론 그것을 철저하게 공부하고 연구해야 합니다. 지금이야 이 말이 그냥 지나가는 말처럼 들릴 수도 있습니다. 하지만 이 말을 접한 지금이야말로 기초와 기본기를 차근차근 닦아나갈 때입니다. 막상 시간이 지나 '그때'가 다치게 되면 "어더더…" 히디 직장생활 종칠 수도 있습니다. "괜히 겁주는 거 아니야?" 천만에요(저 그렇게 할 일 없는 사람 아닙니다). 엄연한 사실을 말씀드리고 있는 겁니다.

[요리 가이드라인 #1] 생쥐 두 마리가 크림 통에 빠졌습니다. 한 마리는 삶을 포기하고 익사했지만 나머지 한 마리는 끝까지 버텼습니다. 크림 속에서 발버둥친 덕분에 크림은 단단한 버터로 바뀌었고 그 덕분에 빠져 나왔습니다. 여러분, 제 경우가 바로 후자에 해당합니다. —영화 『Catch me if you can』에서

이번 편을 구상하게 된 출발점이 바로 여기에 있습니다. "자꾸만 그때 그때 하는데, 대체 그때가 언제란 말이야?" "그때 뭘 어떻게 해야 한다는 건지, 당췌…" "그때만 잘 넘기면 안전빵이란 거야?" 한동안 이런 질문들이 제 머릿속을 들쑤셔놓았지요. 즉, 성공한 사람들에게 '그때'란 어느 때를 말하는 걸까, 그들은 어떤 식으로 '그때'를 정의하고 풀어나갔을까, 또 평소에는 '그때'를 어떻게 관리해왔을까, 미리 '그때'를 준비해왔다면 무엇을 어떻게 준비해왔을까 등 온갖 궁금증들이 다 떠올랐다는 겁니다.

고심해본 결과 '그때'의 미스터리를 해결하기 위해서는 우선 '그때'를 다음과 같이 세 개의 경우로 나눠서 접근해볼 필요가 있다는 생각이 들었습니다. 물론 이건 머스트-두(must-do)는 아닙니다. 그저

편의를 위해 지정해놓은 것일 뿐, 불편하다면 자기만의 기준을 도입해도 상관없습니다. 단지 시간을 단축하기 위해서라는 점만 염두에 두시면 되겠습니다.

① 사람들의 기대가 높을 때 or 여러분이 성공을 하고 있을 때
② 사람들의 기대가 낮을 때 or 여러분이 실패를 하고 있을 때
③ 사람들이 기대도 실망도 안 하고 있을 때 or 여러분이 실패도 성공도 안 하고 있을 때

힘들고 괴로운 건 빨리 해치워버리는 게 낫다고, ②부터 다룬 후 ①로 갔다 ③으로 끝맺을까 합니다. "왜 ①이 ③보다 먼저 나오냐"고 따질 분도 있을 법하지만, 하나하나 풀어나가다 보면 왜 ③이 가장 뒤에 나와야 하는지 납득이 가실 것이라 봅니다.

#1 사람들의 기대가 낮을 때 or 여러분이 실패를 하고 있을 때

사람들이 여러분에게 큰 기대를 하고 있지 않을 때가 첫 번째 '그때'입니다. 구체적인 예로는 여러분이 어떤 일에 실패해 허덕거리고 있을 때입니다. 이 시기를 어떻게 바라보고, 또 이 시기에 어떻게 자신의 진가를 발휘하느냐에 따라 여러분의 생사가 갈리게 되지요. 세계적인 생활용품업체 P&G의 ▥회장 A. G. 래플리의 경험[25]이 이번

---

25 『위대함의 법칙: 「포춘 Fortune」이 만난 세계 최고 CEO들의 업무방식』에서 인용함.

이야기의 첫 테이프를 끊는 좋은 사례가 될 듯합니다. 다소 엉뚱하게 들리는 그의 이야기를 들어볼까요?

1982년이었던 그때 나는 코네티컷에 있는 한 컨설팅 회사에 들어가기로 결심했었어요. 코네티컷에 이미 집까지 사둔 상태였죠. P&G의 관료주의가 숨 막힐 듯 심각했고 변화가 너무 느렸기 때문이었어요. 나는 브랜드 매니저와 마케팅 이사 중간쯤의 위치에서 여러 세탁 관련 브랜드를 맡고 있었어요. 내가 사직서를 제출하자 비누 사업부 총괄 책임자인 스티브 도노번은 그것을 찢어버리더군요. 그래서 내가 말했어요. "사본도 있습니다." 그러자 그는 "퇴근 후에 내게 전화해"라고만 말했습니다. 바로 그 자리에서 내 마음을 돌리려 애쓰지 않은 것은 현명한 선택이었어요. 그날 저녁 전화를 걸자 그는 "다음 주에는 사무실로 가지 말고 우리 집으로 오게"라고 말했습니다. 그래서 매일 저녁 나는 그의 집으로 가 그와 함께 맥주 한두 잔씩 했습니다. 그는 계속해서 내게 퇴사하려는 이유를 캐물었고 결국 관료주의라는 P&G의 뿌리 깊은 문제와 나의 불만까지 털어놓게 되었어요. 그가 말하더군요. "자네는 도망가는 거야. 여기 남아서 자네가 못마땅해하는 그것을 바꿀 용기는 없는 건가? 앞으로 자네는 무슨 일을 하더라도 힘들어지면 또다시 달아날 게 분명해." 그 말을 들으니 화가 머리끝까지 솟구치더군요. 그래서 회사에 남았습니다. 그리고 그때부터 무슨 일이든 제대로 되지 않을 때마다 내 의견을 소리 내어 말했습니다.

우리는 일을 하다 실수를 하거나 넘을 수 없는 큰 벽에 부딪치거나 별로 승산이 없어 보이거나 남들로부터 좋은 소리를 듣지 못할 것 같다거나 할 때 의외로 쉽게 두 손 들어버립니다. 결코 좋은 선택, 현명한 선택이라고 볼 수는 없지요. 객관적으로 봤을 때 포기를 하는 게 맞고 또 포기를 해야 자신에게나 팀, 회사에 이익이라면 박수칠 만하지만 대부분은 지극히 주관적인 이유로 끈을 놓아 버립니다. 직감하셨겠지만 이 순간이 바로 '그때'에 해당됩니다.

이와 관련하여 마케팅 전문가인 세스 고딘(Seth Godin)은 그의 저서 『The Dip: A little book that teaches you when to quit(and when to stick)』을 통해 우리에게 아주 중요한 어드바이스를 제공합니다. 그는 일종의 포기학(抛棄學, surrenderology)이라는 관점에서 '그때'를 풀어내고 있지요.

그에 따르면 우리는 누구나 일을 하면서 시간과 에너지라는 노력을 투입해 그에 따른 성과(혹은 보상)를 거두게 되는데, 초기에는 노력을 투입한 만큼 좋은 성과를 얻지만 시간이 지나면서 노력 대비 성과는 낮아지고(타성, 무관심, 우유부단 등 이유야 많을 겁니다) 그것이 점점 최저점에 도달하면서 대부분 dip(구덩이), 쉽게 말해 함정에 빠진다는 겁니다(이 구덩이가 바로 우리가 지금 다루고 있는 '그때'에 해당되는 지점입니다). 나름대로 노력한다고 하는데 최악의 스코어를 거두니 많이들 "에라이 모르겠다. 될 대로 되라지. 케세라세라(Que sera sera)!" 하면서 그냥 중도하차해버린다는 거지요.

성공하는 사람과 그렇지 못한 사람의 승패는 여기에서 갈린다고 그는 역설합니다. 그에 따르면 성공하는 사람은 구덩이에서 빠져나오는 길을 택합니다. 그런데 아무 생각 없이 빠져나오는 게 아니라 오히려 구덩이 속에 스스로를 더 열심히 처박고, 더 열심히 밀어붙여 그것을 온전히 자기 것으로 만들면서 빠져나온다고 합니다. 기존의 규칙도 철저히 성과가 나오는 방향으로 바꾸는 등 그야말로 영리하게 이 지점을 지나간다고 하지요.

실패하는 사람은 딱 그 반대라고 보시면 됩니다. 그들은 별 생각 없이(생각이 아예 없지는 않겠지요) 간단히 포기해버립니다. 마음 편히 실패라는 길을 택하는 거지요. 여기에서 세스 고딘은 실패가 뭔지를 정확히 짚어냅니다.

실패는 더 이상 다른 옵션이 없을 때, 그냥 손들어버릴 때, 자신에게 주어진 시간과 자원을 다 써먹을 만큼 포기를 너무나 자주 남발할 때 찾아옵니다. 그렇기 때문에 이 절망스러운 구덩이에 빠지지 않기 위해서는(혹은 거기에서 빠져나오기 위해서는) 불가피하게, 아니 반드시 재헌신(再獻身, rededication)이라는 열정 전략으로 무장해 문제를 해결해나가야 합니다. 즉, 정말로 포기해버리든지 압도적으로 뛰어나버리든지 둘 중 하나를 택해야 한다는 거지요. 물론 압도적으로 뛰어나버리는 길을 택하면 평균(average)이라는 '어정쩡한 중간'은 더 이상 용납이 되지 않는다는 것도 기본적으로 알아둬야 합니다.

세스 고딘은 dip(구덩이)에 대한 이야기를 마무리하면서 끝으로 한마디 조언을 남깁니다. 한번 귀담아들어보길 바랍니다.

CEO가 되는 건 쉽습니다. 진짜 힘든 건 CEO라는 자리에 올라가기까지의 과정이지요. 왜냐? 중간에 아주 큰 구덩이(The

Dip)가 우리를 기다리고 있기 때문입니다. 만약 그 구덩이를 지나가는 게 식은 죽 먹기였다면, 너나 나나 할 거 없이 누구나 CEO가 되려고 했겠지요. 그러면 CEO들은 실제로 그들이 받는 만큼의 연봉을 받지 못할 겁니다, 그죠? 결국 희소성이 가치에 숨겨진 비밀이라는 겁니다. 구덩이가 없었다면 분명 희소성도 없었겠지요.

피망 편에서 이미 부분적으로 말씀드린 바 있지만, 제일기획을 다닐 당시에 저는 큰 구덩이 속에 빠져 허우적대고 있었습니다. PD로서 노력을 힘껏 쏟아부었음에도 불구하고 인정(recognition) 면에서는 별다른 수확을 거두지 못하고 있던 때에 삼성그룹의 공동브랜드 광고 모델에 대한 아이디어를 제출하는 과제가 주어졌던 거지요. 만약 그때 윤송이 박사를 물고 늘어지지 않았다면? 그녀를 회사에 추천하지 않았다면? 그랬다면 나는 과연 어떻게 됐을까? 생각만 해도 등골이 오싹해집니다.

지금에 와서 누군가가 저보고 "다시 그때로 돌아가도 윤송이 박사를 추천하겠냐"고 묻는다면 웃으면서 약간 뜸을 들일지도 모르겠습니다만, 그 당시에 저는 그런 생각을 할 여유가 없었습니다. 이유 불문하고 반드시 성공해야 했고, 윗분들이나 동료들로부터 욕을 먹든 말든 그런 건 아예 눈에 들어오지도 않았지요.

그래서 제가 한 일? 어차피 구덩이 속에 빠진 거 아예 돗자리 깔고 앉아 지금 처박혀 있는 데가 어떻게 생겨먹은 건지 열심히 조사하고 연구했습니다. 왜 윤송이 박사가 모델로 뽑혀야 하는지, 다른 모델과의 차이점은 뭔지, 어떤 임팩트를 가져올 것인지 등에 대한 분석은 물론 그녀를 추천하기 위해 스스로 퇴근 이후의 시간을 바치면서 사수의 엄포에 대한 대응을 마련해나갔던 겁니다. '시도해보지 않았다면 시도해봐야 하는 거고, 일단 시도하기로 마음먹었다면 그만큼의 열정을 쏟아부으면 되는 거며, 그만큼의 열정을 쏟아 부었는데도 안 된다면 그땐 나를 내리쳐도 좋다' 뭐, 이런 생각이었던 겁니다. 다행히도 제 계획과 아이디어는 틀리지도 저를 배신하지도 않았고, 그 덕분에 저는 더 이상 흙바닥에서 뒹굴면서 죽는 소리 해대지 않아도 됐습니다.

[요리 가이드라인 #2] 천재성은 천재적인 영감이 아니었다. 자기에 대한 철저한 믿음과 그것을 끝까지 물고 늘어지는 힘이었다. ―박웅현, 『나는 뉴욕을 질투한다』에서

한국대학교육협의회를 다니면서 겪었던 일도 크게 다르지 않았지요. 사람들의 기대 수준도 낮았고(처음엔 높았지만 점점 급강하했지요)[26] 협의와 협조가 제대로 이루어지지 않고 있었으니 사실상 골로 가는 중이었습니다. "감히 니들이 나를 엿 먹이려 해?" 하면서 이를 바득바득 갈긴 했지만 속마음은 완전히 달랐지요. 미치도록 막막하고 답답했습니다. 이 웅덩이는 또 어떻게 헤쳐나가야 하나, 이번엔 또 어떤 도구로 빠져나가야 하나 고민에 고민을 거듭해야 했지요.

---

26   저의 좌충우돌 스토리는 오이 편에서 확인할 수 있습니다.

제가 선택한 건, 회사가 저를 채용한 이유를 냉정히 돌아보는 거였습니다. 그 누구도 아닌 나만이 할 수 있는 것, 내가 아니면 안 되는 것, 나여야만 제대로 그리고 완벽히 진행될 수 있는 것, 그 일이 대체 뭘까 곰곰이 따져보았던 거지요. 다시 말해 보스턴컨설팅그룹의 SWOT 분석에서 W(Weakness)와 T(Threat)는 날려버린 채 오로지 S(Strength)와 O(Opportunity)에만 시선을 고정시켰다는 겁니다. 면밀히 검토한 결과 영어와 홍보, 딱 두 가지로 추려지더군요. OK, 게임 끝.

새롭고 신선하고 창의적인 일을 기획하는 것은 자신이 있었기에, 저는 제 전공을 마음껏, 정말 마음꺼-엇 활용하기로 했습니다. 국제교류의 경우 시간 낭비 없이 바로 틈새 프로젝트를 짜내 추진했고, 그동안 관계 자체가 없었던 다양한 단체들과의 제휴 및 공동업무 진행을 세팅해놓음으로써 국제협력의 활로를 개척해나갔습니다. 홍보의 경우 대외홍보 담당자가 따로 있었기에 회사에서 관심을 기울이지 않은 사내홍보 쪽으로 눈길을 돌려 직원들이 바라는 것, 궁금해하는 것, 개선해나갔으면 하는 것 등에 대한 전반적인 공감대를 끌어내 모두가 생각하는 강점은 더 강하게 만드는 동시에, 약점은 완벽하게 A/S 처리를 해나갔습니다. 자화자찬을 하는 게 아니라 그런 마음과 자세로 최선을 다했다는 겁니다.

웅덩이에 갇혀 있기 싫어 머리를 굴려야 했지만, 일단 머리가 어느 정도 정리·정돈이 되고 난 후부터는 여유처럼 이리 재고 저리 재지 않았습니다. 그렇게 망설이면서 따질 정신적·시간적 여유가 없었다는 게 정확한 말일 겁니다. 하루라도 빨리 제 약점과 더불어 저를 위협하는 요인들을 파묻어버리고, 제 강점과 저에게 주어진 기회 요인들을 부각시켜야 했지요.

[요리 가이드라인 #3] 이해는 실천으로부터 나온다. 그러니 서둘러라. 옷을 더럽혀라. 먼저 뛰어들고 나중에 계획을 세워라. 그리고 개선시켜라. 우리 시대, 우리 업계에서 혁명은 정확히 이러한 공식을 거쳐 일어난다. —앤디 그로브

희한하다고 생각할지 모르지만, 비록 심리적으로는 여유가 없긴 했어도 저는 일을 할 때만큼은 철저히 쿨한 상태를 유지했습니다. 쉽게 말해 저는 제 자신이 해낼 거라는 거에 대해서 단 1%의 의심도 가지지 않았을뿐더러, 제가 해낸 일을 다들 좋아하고 인정할 거라는 거에 대해서도 역시 단 1%의 의구심도 가지지 않았다는 겁니다. '이유 없는 반항'이 아닌 '이유 없는(너무나 명백한) 확신'이었던 셈이지요. 구글의 공동창립자인 세르게이 브린(Sergey Brin)이 언젠가 한 말이 이런 제 마음과 같지 않을까 싶습니다.

저는 우리가 구글에 손을 대면 댈수록 그것이 완벽해질 거라는 사실을 알고 있었습니다. 언젠가는 세상 모든 사람들이 구글을 해볼 거라는 사실도 알고 있었지요. 그래서 제 생각은 '사람들이 더 늦게 접할수록 우리는 더 좋다'였습니다. 왜냐? 더 좋은 기술로 더 강한 인상을 남길 테니까요. 그러니 사람들보고 지금 당장 써보라고 닦달할 필요가 없었던 거지요. 어차피 내일이면 한층 더 업그레이드된 구글을 접하게 될 테니까요.

요컨대 이건 순전히 자신을 믿는 마음일 겁니다. 즉, 어떤 상황에 처해있든 남의 눈치를 보지 않을뿐더러 결코 흔들리지도 않는 굳건한 '깡', 그것을 가리키는 거겠지요. 그건 나이기 때문에 해낼 수 있고, 나이기 때문에 해낼 거며, 나이기 때문에 반드시 해내야 한다는 자신감을 뜻합니다.

#2 사람들의 기대가 높을 때 or 여러분이 성공을 하고 있을 때

사람들이 여러분에게 큰 기대를 하고 있을 때가 두 번째 '그때'입니다. 사람들이 큰 기대를 하고 있다는 건 여러분이 실제로 회사에서 잘 나가고 있거나 앞으로 잘 나갈 기미가 보인다는 얘기일 겁니다. 아무것도 눈에 들어오지 않을 정도로 자신감 충만한 이때가 여러분에게는 하나의 중요한 터닝포인트가(Turning point) 될 수 있습니다. 재수가 옴 붙어서-난데없이 한쪽 날개가 부러지는 바람에-그대로 추락해-결국 만신창이가 될 수도 있는 시기라는 겁니다.

지금 잘 나가고 있는 분들, 절대 그런 일은 없을 것 같지요? 그러나 아무리 난다 긴다 해도 신이 아닌 이상 그건 아무도 모릅니다. 바로 이 시기를 어떻게 바라보고, 또 이 시기에 어떻게 자신의 진가를 발휘하느냐에 따라 여러분의 생사는 (안타깝지만) 갈리게 됩니다.

흥미로운 점, 구덩이든 웅덩이든 이런 절망적인 시기보다도 '날라 다니는' 이 시기가 오히려 더 힘든 시기가 될 수도 있다는 겁니다. 왜? 일단 눈치채기가 쉽지 않을뿐더러(잘나가고 있는데 뭐가 보이겠습니까), 설사 눈치챈다 하더라도 자신의 진가를 발휘하기가 만만치 않을 테니까요. 쉽게 말해 이런 겁니다. "이미 진가를 발휘해서 잘 날고 있는데, 진가를 또 발휘하라고? 아님 더 발휘하라는 건가? 대체 뭘 어쩌라는 거지?"

두 가지로 정리할 수 있습니다. 하나는, 지금 잘 발휘하고 있는 자신의 진가를 앞으로도 계속 잘 발휘하라는 것. 즉, 그 템포를 그대로 유지해나가라는 거지요. 이건 누구나 시도하는 일일 테니 굳이 따로 언급하지 않아도 될 듯합니다. 문제는 다른 하나입니다. '대부분의 사람들이 인정받고 있을 때 빠지는 함정'에서 뽑아낼 수 있는 사실, 바로 자신의 진가를 돌아보라는 것. 내가 정말 제대로 된 진가를 제대로 된 방식으로 발휘하고 있는 건지, 앞으로도 이렇게 하는 게 바람직한지, 내가 보지 못하고 있는 문제점은 없는지 등을 전체적으로 재검토하라는 겁니다. 그 과정에서 잘못된 부분이나 방향성이 있다면 즉시 바꾸고 개선하는 등 업그레이드를 해나가라는 거지요. 보고 듣는 것처럼 그리 쉬운 일은 아닙니다.

[요리 가이드라인 #4] 함부로 약속을 하지 않는 것이 자기 자신을 지키기 위한 가장 확실한 방법이다. —마크 트웨인

스스로에게 간단한 질문을 하나 던져보세요. 만약 이 질문에 대해 간단하게 대답할 수 있다면 문제는 간단하게 풀릴 거고, 간단하게 대답할 수 없다면 문제에 적지 않은 공을 들여야 할 겁니다. 벤자민 프랭클린의 대표적인 커뮤니케이션 노하우 '거만하거나 똑똑한 척

하지 않는다', 이 지침을 별 어려움 없이 실천할 수 있나요? 예를 들어 "저는 분명히 이렇다고 믿습니다." "그 생각, 완전히 잘못된 겁니다." "그 문제에 대한 답이 뭔지 알고나 설치는 겁니까?" 식의 표현들을 자제할 수 있겠냐는 거지요.

생각만큼 쉽지 않습니다. 왜? 여러분은 지금 성공가도를 달리고 있는 중이니까요. "나는 우리 회사에서 최고야!"라고 거듭 외쳐도 모자랄 판에 "제 생각이 틀릴 수도 있습니다." "제가 뭔가 잘못 알았나보군요. 좀 더 확실하게 알아보겠습니다." 등의 자신의 불완전함이 반영된 싱거운, 밋밋한, 누그러진 표현들을 구사하라고 하니 그게 어디 쉽겠습니까?

그런데 사실대로 말해 자신의 진가를 제대로 발휘하기 위해서는 자신 있는 말은 피해야 합니다. 물론 그렇다고 여러분 스스로를 못나 보이게 만들라는 말은 아닙니다. 진짜로 잘났다면 스스로를 더더욱 돋보이게 하기 위해 한 걸음 정도는 물러설 수 있어야 한다는 겁니다. 이것은 결국 자신의 진가를 계속 발휘할 수 있는 토대를 만들 수 있는 방법이지요.

[요리 가이드라인 #5] "위대한 의사결정은 위대한 사람들과 단순한 한 문장에서부터 시작합니다. 바로 '모르겠습니다'죠. 이에 대한 증거는 아주 확실해요. 오랜 시간에 걸쳐 뛰어난 결과와 훌륭한 의사결정을 연달아 내놓을 수 있게 대비한 리더들은 사실 사태를 정확히 파악할 때까지 '모르겠습니다'라고 말하기를 주저하지 않았죠." ─짐 콜린스(경영컨설턴트)

성공을 하고 있는 사람들이 가장 쉽게 빠지는 함정은 '언어적 허풍'입니다. 갑자기 슈퍼맨이라도 됐는지 도대체 모르는 게 없어 보입니다. 설상가상으로 말이 너무나 많아집니다. 말을 전혀 아낄 줄 모르는 사람이 된 것처럼 보이지요. 요건대 경솔함이 점점 더 극에 달한다는 겁니다.

이렇게 행동하는 거야 여러분의 자유 아니냐고요? 물론이지요. 그런데 그 자유에 대한 대가가 치명적이라면? 그래도 계속 자유 타령을 하시겠습니까? 허풍과 자랑에 빠진, 성공의 길을 걷고 있는 여러분을 사람들은 이러한 눈으로 바라보지 않을까요?

"It was a speech about everything, and therefore about nothing."[27]

소설가 김영하도 그의 소설 『나는 나를 파괴할 권리가 있다』를 통해 비슷한 맥락의 말을 하지요.

압축할 줄 모르는 자들은 뻔뻔하다. 자신의 너저분한 인생을 하릴없이 연장해가는 자들도 그러하다. 압축의 미학을 모르는 자들은 삶의 비의를 결코 알지 못하고 죽는다.

---

27 워싱턴 포스트紙의 전설적 기자인 데이비드 브로더(David Broder)가 1995년 1월 26일 당시 클린턴의 연두 교서 연설에 대해 쓴 칼럼의 첫 문단에서 인용했음.

결국 둘 다 과대포장을 하지 말라는, 아니 그냥 포장 자체를 하지 말라는 얘기입니다. 여러분이 잘나가고 있다는 건 이미 알만한 사람은 다 알고 있습니다. 그러니 '입놀림'이나 행동이나 제스처나 다 이제 좀 적당히 해도 됩니다. 자신이 잘났다는 사실보다는 주변 사람들이 자신을 정말로 우러러볼 수밖에 없는 이유, 그 차별화된 가치를 보여주세요. 쉽게 말해 하지 말아야 할 건 과감하게 하지 않는 자세를 보여 달라는 겁니다.

과거 두산동아에 재직할 때 저는 이 사실을 아주 가볍게 씹어버렸습니다. 편집기획자로서 입사함과 동시에 같은 시기에 신춘문예까지 등단한 저는 회사로부터 기대를 한 몸에 받게 되었습니다. 문제는, 회사가 아니라 저였지요. 저는 이미 스타가 된 사람인 양 자부심과 자신감을 넘어 오만함과 자만심이 하늘을 찔렀습니다. 10년차든 20년차든 그 어떤 편집기획자도 다 제 밑에 있는 조수처럼 느껴졌습니다. 그 바닥에 한 번도 몸담아본 적이 없으면서 이미 그 바닥을 다 쓸고 닦은 사람처럼 말하고 다녔습니다. 여기저기서 보내오는 부러움의 시선만 즐기려 했다는 거지요. 그러니 거기에 딸려오는 기대치에 대해서는 전혀 눈치를 못 챌 수밖에요.

결국 저는 샴페인 뚜껑을 영원히 닫아버릴 수밖에 없는(제대로 따지도 못했지만) 신세에 처해지게 됐습니다. '신춘문예 출신 편집기획자'라는 다소 거창한 수식어에 걸맞는 실력? 전혀 보여주지 못했습니다. 아니, 제대로 보여준 적이 없다는 게 더 정확한 말일 겁니다.

실제로 그 바닥을 경험해본 적이 없는 저는 '편집기획'이라는 게 단순히 머리만 굴려서 되는 것도 아니고 더더군다나 직접 집필하는 것과는 완전히 딴 이야기라는 걸 까마득히 몰랐던 겁니다. 한마디로 전문성(professionalism)이 없었던 거지요. 그것으로도 모자라 전문성을 갖추기 위해 배우려고 노력하기는커녕 "저 인간은 신춘문예 출신이야"라는 그럴듯해 보이는 칭찬에 푹 빠진 채 가식적인 허풍과 알맹이 없는 잘난 척에 더 집착했습니다. 그래야 제 실체(취약한 내공)가 가려질 테니까요. 결국 저는 '호떡'을 갈망했지만 실은 '공갈빵'에 불과했던 겁니다.

[요리 가이드라인 #6] 불어야 커진다./그러나 그만,/멈출 때를 알아야 한다.//옆 사람보다 조금 더 키우려다가/아예 터져서/아무것도 없이 된 신세들을 보라. ―정채봉, 시 「풍선」 전문

요컨대 결정적인 순간에 '한 방'이면 됩니다. 아니, 정확히 말해 제값어치를 하는 한 방이어야 합니다. 프로와 아마추어의 차이가 바로 여기에 있습니다. 일을 할 때 꼭 큰 목소리와 제스처를 사용하는 사람들이 있지요? 막상 핵심으로 들어가 보면 뭔가 공허한 게, 정말로 중요한 게 빠진 것 같아 보입니다. 온갖 데이터란 데이터는 다 동원한 것 같은데 반드시 알아야 하는 건 아무리 찾아봐도 없다는 겁니다. 이래서야 '성공가도를 달리고 있는 사람', '기대를 한 몸에 받을 만큼 뛰어난 직원'이라는 타이틀을 유지할 수 있겠습니까?

정말로 유능한 직원이라면, 그리고 그에 부합하는 인정과 명예를 얻고자 한다면 자신이 얼마나 잘났는지에 대해 떠들어댈 시간에 그냥 행동으로 보여주세요. 어차피 그 행동들이 하나하나 모여 자신

이 얼마나 잘났는지를 드러내줄 테니까 말입니다.

이쯤에서 성공하는 사람들이 갖고 있는 공통적인 특징 한 가지를 공유할까 합니다. 이들은 자신의 우수함을 영리하고도 영악하게 관리(manage)합니다. 구체적으로 말해 '행동이 말하게 하는' 길을 택한다는 거지요. 거대한 명품제국 LVMH그룹을 총지휘하고 있는 베르나르 아르노(Bernard Arnault) 회장이 간직하고 있는 철칙[28] 두 가지가 그 좋은 예일 겁니다.

① 나는 어디까지나 행동으로 말하길 원하는 타입이며, 무엇을 이루느냐로 판별받기를 바라는 쪽입니다.
② 나는 유명해졌다고 해서 자연스럽게 웅변가로 변하는 그런 류의 사람이 아닙니다. 나는 단지 필요할 때만 말을 하고 그 밖의 너저분한 얘기들은 늘어놓길 싫어하는 성미죠.

마키아벨리는 "모든 사람들이 당신이 어떻게 나타나는가를 보지만 당신이 정말로 무엇인지를 아는 자는 소수에 불과하다."라고 말했습니다만, 저는 이 말을 약간 변용해 "모든 사람들이 당신이 어떻게 나타나는가를 보지만 당신이 정말로 무엇인지를 아는 자는 당신 자신뿐이다."라고 말하겠습니다. 진짜로 잘났다면 잘난 값을 하면 됩니다. 아니, 그래야 '잘났다'는 타이틀을 얻으실 수 있습니다.

---

28 『나는 내 꿈에 뒤진 적이 없다』(수수꽃다리, 2001)에서 인용함.

#3 사람들이 기대도 실망도 안 하고 있을 때
or 여러분이 성공도 실패도 안 하고 있을 때

자, 드디어 내망의 '그때'가 왔습니다. 지금 이 글을 읽고 있는 99% 의 분들이 느긋한 마음으로 이 시기를 누리고 있지 않을까 싶습니다. 그동안 '1%도 안 되는 사람들이 ②를 누리고 있'고 또 '1%도 안 되는 사람들이 ①을 겪고 있다'고 생각해 그것을 남의 이야기로 간주해버렸겠지요(둘 다 합하면 1%가 됩니다). 사실 ①이야 누구나 많이 겪는 일이고, 자주 벌어지는 건 아니지만 ② 또한 누구나 때때로 겪는 일인데도 말입니다.

그런데 이번 경우는 어떤가요? 여러분의 평소 모습이 그대로 담겨있는 시기이지만, 또 바로 그렇기 때문에 쉽고 무심하게 지나쳐버릴 수 있는 기회 만땅의 시기입니다. 만반의 준비를 해둘 수 있는 평화로운 시기이면서도 조심하고 주의해야 하는 긴장의 시기이지요. 이 시기에는 악명 높은 dip도 웅덩이도 구덩이도 없습니다. 매일매일 그날이 그날이지요.

그래서 대부분 눈치를 잘 못 챕니다. 이 시기를 어떻게 다뤄야 성공에 이를 수 있는지 말이지요. 바로 이때를 어떻게 바라보고, 또 이때에 어떻게 자신의 진가를 발휘하느냐에 따라 여러분의 운명은 갈리게 됩니다.

우선 이야기로 들어가기 전에 한 가지 전제를 깔고 시작할까요. 회사는 냉정한 곳입니다. 회사가 여러분을 자비롭게 다뤄줄 거라고 기대하지 마세요. 그냥 대충 넘어가주고 눈감아주고 봐줄 거라고 생각하지 말란 얘기입니다. 엄연히 아까운 돈 들여가며 여러분의 활약을 기다리고 또 기대하고 있는데(그것도 꽤나 똥 빠지게) 실책이나 범하고 스트럭 아웃이나 당하면 쓰겠습니까? 말할 것도 없이 '콜드게임'으로 회사생활은 끝나지요.

[요리 가이드라인 #7] 우수한 비즈니스맨에게서 볼 수 있는 공통적인 특징은 일상 속에서 자기 혁신을 게을리하지 않는다는 것이다. —피터 드러커

우리 심플하게 풀어가보지요. '사람들이 기대도 실망도 안 하고 있을 때' 혹은 '여러분이 성공도 실패도 안 하고 있을 때'를 쉽게 표현하면 뭘까요? '여러분은 지금 평균(average)에 위치해 있습니다' 아닌가요? 다시 말해 이도 저도 아니란 거지요. 열심히 달려 ①성공을 하든 실패를 하든 아니면 ②그냥 아무것도 안 하고 가만히 있으면서 평균을 유지하든, 어느 쪽 길을 택하든 일단 발을 떼야 합니다.

그런데 대다수의 사람들이 이 지점에서 어떤 선택을 내리던가요? 꿋꿋하고 당당하게 ②에 안주해버리는 길을 택합니다. 아니라고요? 가슴에 손을 얹고 한번 생각해보세요.

이런 편한 길을 택한다는 건 굳이 긁어 부스럼 만들지 않겠다는 것과 같습니다. 가만히 있어도 꼬박꼬박 월급이 나오는데(물론 팀장으로부터 잔소리야 좀 듣긴 하겠지만) 진가고 내공이고 신경 쓸 게 뭐가 있겠습니까? 안 그런가요?

자, 그럼 이제부터 뱃 뉴스(bad news)를 알려드리겠습니다. 우선

앞서 dip(수렁)으로 우리에게 성공을 위한 자그마한 가이드라인을 제시한 세스 고딘의 조언으로 시작할까 합니다.

> 평균(average)은 안전하게 느껴지시만, 실제로는 선혀 안전하지 않습니다. 평균이라는 건 결국 '눈에 보이지 않는다'는 거니까요. '평균이 되고자 하는 것', 그것은 여러분이 내릴 수 있는 최후의 선택입니다. 그 유혹은 포기(quitting)의 또 다른 이름이지요. 여러분은 평균보다 나은 대접을 받을 자격이 있습니다.

어떤가요? 정신이 좀 드시나요? 의식을 했든 안 했든(혹은 못했든) 평균을 지향하는 사람들은 하루하루를 낭비하고 있는 셈입니다. 월급이야 챙길 수 있겠지만 업무적·정신적인 업그레이드가 제로니 시간이 지나면 지날수록 있던 기본이고 능력이고 퇴화될 게 뻔하고, 끝내 쫓겨나는 건 시간문제가 되겠지요.

궁금한 건, 대체 뭐가 아쉬워서 여러분이 이런 생활을 지속하고 있냐는 겁니다. 테레사 수녀는 언젠가 "오늘날 최악의 병은 나병이나 결핵이 아니라 자신이 필요 없는 존재라고 느끼는 것이다."라고 말한 적이 있지요. 여러분은 회사에서 잉여인간으로 남아있고 싶은 건가요?

여러분에게 있어 회사생활의 어제와 오늘이 다르지 않다면, 즉 일하는 방식이 하나의 매뉴얼처럼 항상 똑같다면, 업무라는 게 다른 사람을 흉내 내는 거에 불과하다면, 오늘이라도 회사를 때려치우는 게 났겠습니다. 얻을 것이라고는 그야말로 이미 얻은 것뿐인 소모적인 악순환일 테니까요. 차라리 그 시간에 여러분 자신의 정체성과 주체성을 지킬 수 있는, 자신이 진정 원하고 또 잘하는 일에 열중하는 게 백배 나을 겁니다.

"뭔 소리야? 맘대로 재단하지 말라고. 내가 뭐 장난하러 회사에 들어온 줄 알아?" 그런가요? 진짜로 장난하러 회사에 들어온 게 아니라면, 우두커니 가만히 서 있지 마세요. 몸을 사리지 말라는 겁니다. 실패를 할지 성공을 할지 그 결과는 아무도 모르지만, 일단 행동으로 옮겨야 성공이든 실패든 맛보지 않겠습니까? 남의 일터에 놀러온 마냥 고개를 젖힌 채 나 몰라라 하면 그 손해는 고스란히 여러분에게 돌아갑니다. 언젠가는, 그리고 반드시.

대부분의 직장인들이 회사를 다니면서 점점 정적(靜的)이 되어가는 이유는, 나이 많은 베테랑 골퍼가 젊은 신인급 골퍼에게 지는 이유[29]와 통하는 면이 있습니다. 한번 자세히 들여다볼까요? 아마 다들 뒤통수가 좀 근질거리지 않을까 싶습니다. 아니면 뒷골이 좀 땡기든가.

어느 정도 연배가 있는 골퍼들은 경기에서 이기지 못한다(이것은 절대적인 법칙이 아니라 일반적인 법칙일 뿐이다). 사실 이들도 젊은 골퍼들만큼이나 공을 멀리 칠 수 있다. 뿐만 아니라 칩샷과 퍼팅도 똑같이 잘 칠 수 있고, 아마 코스에 대해서도 더 잘

---

29 『생각을 뒤집어라 : 나와 세상을 뒤집는 역발상의 기술』(김앤김북스, 2007)에서 인용함.

알고 있다. 그렇다면 이들은 왜 쓸데없이 너무 공을 들인 나머지 승리를 빼앗기게 되는 걸까? 그것은 바로 이들이 가지는 경험 때문이다. 그들은 자신들이 내려갈 때도 있다는 것을 안다. 그리고 일이 잘못되면 어떤 일이 일어나는지도 안다. 그래서 좀 더 신중해지는 것이다. 한편 젊은 선수들은 이런 것에 대해 잘 모르거나 알더라도 별로 개의치 않는다. 이것이 바로 이들의 강점이다. 우리 모두도 마찬가지다. 알면 오히려 안전을 추구하게 된다. 경기에서 이기는 비결은 그냥 어린아이의 상태로 남아있는 것이다.

말이야 바른말이지 우리는 생각이 너무나 많습니다. 좋게 말하면 분석적인 거고, 나쁘게 말하면 얍삽 혹은 얍실한 겁니다. 머리 굴리지 마세요. 남들 눈에 훤히 다 보입니다. 이렇게 하면 팀장이 소리 지르겠지, 저렇게 하면 일이 옴팡 많아지겠지, 이렇게 하면 이직할 때 나름대로 도움이 되겠지, 저렇게 하면 저 인간들이 죽어라 내 뒷담화를 하겠지 등 오만가지 잡생각을 할 시간에 조금이라도 더 성공적인 커리어를 만들어가기 위해 좀 더 소통하고, 좀 더 움직이고, 좀 더 치밀하게 준비하는 등 실천에 집중해보세요.

거듭 강조하지만, 벗겨내면 뜨거운 맛이 나야 합니다. 회사에서 살아남은 왕 바퀴들을 보면 바로 이 결정적인 순간에 자기만의 뜨거운 맛을 잘 부각시켰을 뿐만 아니라 그것을 꾸준히 유지하고 오래오래 지속시켜 그 따끔한 맛을 두고두고 선사해왔음을 알 수 있습니다. 혹시라도 이들이 심심하고도 밋밋한 맛을 보여준 적이 단한 번이라도 있다면 저에게 신고해주세요. 초강력 살충제로 완전히 박멸해버리겠습니다.

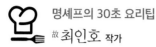

명세프의 30초 요리팁
故 **최인호** 작가

  내 최고의 목표는 글이에요. 그 이상도 그 이하도 아니오. 작가가 글을 못 쓰면 뭐해. 그리고 지금 자기 글이 어떤가를 제일 잘 아는 것은 자기입니다. 남도 아니야. 작가가 작품 이외의 것으로 평가받기는 쉬워요. 적당히 포장해서. 하지만 '많은 사람을 잠깐 속이기는 쉬운데 영원히 속일 수는 없다'고. 그게 진리예요.

베라 왕(Vera Wang) 웨딩드레스 디자이너
미우치아 프라다(Miuccia Prada) 패션 디자이너

> 자신의 가치를 알라. 자신을 아는 것이 자신을 표현할 수 있는 지름길
> 이다. ─미우치아 프라다(패션 디자이너)

발휘해라, 조심해라, 노력해라, 배워라, 실천해라(아이고 지긋지긋해라). 자기계발서에서 절대로 빠지지 않는 표현들입니다. 읽는 사람 입장에서는 참 거북하겠지만 글을 쓰는 저자 입장에서는 피할 수 없는 표현들이 아닌가 합니다. 아마 저자들마다 이런 표현들을 얼만큼 쓰는 게 적당하고 또 얼만큼 써야 독자들의 신경을 건드리지 않을지, 쓰지 않는다면 달리 어떤 식으로 은은하게 드러낼지 등에 대한 입장 차이가 좀 있을 겁니다. 독자들도 나름대로 고생하겠지만 저자도 마찬가지로 스트레스가 이만저만이 아닌 게 사실입니다.

아무튼 이번 편도 보시는 데 수고가 많으셨습니다. 이거 해라, 저거 해라 아주 돌아버리시는 줄 알았지요? 그 부분에 대해선 정중하게 사과드리겠습니다. 한 가지 고백하자면 이번 편을 쓰면서 제 자신도 적지 않게 괴로웠습니다. 스스로 이런 주문들을 외우고 또 외워댔지요. "가급적 이거 해라, 저거 해라 하지 말자." "좀 더 세련되고 우아하면서도 누구에게나 와 닿는 어법과 문장들을 구사하자." "내가 소화불량에 걸리면 독자들도 소화불량에 걸린다." 효과가 있었냐고요? 내용을 보셔서 아시겠지만, 아쉽게도 효과는 별로 없었던 것 같습니다.

한 가지 더 고백하자면 저는 이번 편을 쓰기 시작한지 얼마 안 돼 주문 외우는 걸 중단했습니다. 이거 해라, 저거 해라 등의 표현들을 꼭 써야 한다면 그냥 편하게 쓰기로 마음먹기로 한 겁니다. 물론 그러한 마음을 먹게 된 데에는 한 가지 이유가 있습니다.

이번 편의 타이틀은 '껍질을 벗겨내면 매운맛이 나야 한다'입니다. 저는 세 가지의 경우를 기준 삼아 각각의 경우에 맞게 우리가 어떤 식으로 회사에 자신의 '참맛'을 보여줘야 하는지를 말씀드렸습니다. 하나같이 다 자신이 어떻게 대처하고 대응해야 하는지에 대한 내용들이었지요. 몇몇 분들은 이걸 보시면서 "이거 해야 한다, 저거 해야 한다. 다 안다고. 작작 좀 해." "회사가 나에게 해준 게 뭐가 있는데? 시스템이 제대로 정비가 되어 있어, 연봉 수준이 괜찮아. 내 책상과 컴퓨터, 10년 전에 쓰던 것들이라고. 이래서야 동기부여가 되겠냐 말이지."라고 생각했을지도 모르겠습니다.

그런데 갑자기 그런 생각이 들더군요. 여러분 모두 자기 발로 회사에 들어간 거 아닌가요? 억지로 등 떠밀려 들어가신 분 있나요? 단순히 돈을 벌기 위해서든, 언젠가는 CEO 자리를 꿰차기 위해서든, 그냥 달리 할 일이 없어 들어간 것이든 어쨌든 자발적으로 들어간 거 아니냐는 거지요. 만약 그렇다면 연봉이든 환경이든 시스템이든 잔소리든 푸념을 늘어놓으실 이유가 전혀 없습니다. 들어가는 것도 여러분의 선택이었듯이 나가는 것도 여러분의 선택입니다. 맘에 안 들면 나가면 그만입니다.

자, 그럼 이쯤에서 우리 한번 입장 바꿔 생각해볼까요? 여러분이 자발적으로 회사를 선택한 것처럼 회사 또한 자발적으로 여러분을 선택했습니다. 회사 입장에서는 소중한 자산을 들여 인재라고 생각되는 여러분에게 투자를 한 겁니다. 그런 여러분을 그냥 나 몰라라 내버려둘까요? 설마요. 물론 설마가 사람 잡는다고, 그냥 내버려두는 회사들도 있겠지요. 하지만 적어도 개념을 갖춘 회사라면 여러분에 대한 기대치를 뽑아내기 위해서라도 충분한 자산을 들여 교육에 투자할 게 틀림없습니다.

그런데 나름대로 돈을 들인다고 들였는데 별 효과를 거두지 못한다면? 다시 말해 여러분이 교육시킨 만큼의 실력을 발휘하지 못하면 어쩌냐는 거지요. "저놈 알고 보니 완전 고물일세. 저 골칫거리를 어떻게 퇴출시킨담." 뭐 그따위 회사가 다 있냐고요? 하지만 잘 생각해보면 그렇게 감정적으로 받아들일 일이 아닙니다. 기브 앤 테이크라고, 회사는 엄연히 여러분에게 투자를 한 것이고 여러분은 하나의 상품으로서(불쾌하게 들리겠지만 사실입니다) 회사에 최소한 본전 이상의 수익을 가져다줘야 하는 게 당연한 이치입니다.

결국 자신의 마인드를 '테이크'에서 '기브'로 전환해야 한다는 얘기입니다. 아니, 그동안 '테이크' 중심으로만 생각해왔다면 이제는 '기브'에 대해서도 진지하게 고민해봐야 한다는 거지요.

회사의 입장이 이해가 간다면 다음의 기사들을 참고해보는 것도 나쁘지 않을 것 같습니다. 우선 긍정적인 내용이 담긴(여러분의 입장에서 봤을 때) 기사부터 살펴보지요. 참, '대졸 신입'을 기준으로 작성된 거라는 점을 참고하세요.

기업 48% "신입사원 교육 프로그램 있다" 한국재경신문, 2009. 7. 28

우수한 인재를 발굴하고 확보하는 것이 기업성장의 핵심으로 인식되면서, 직원교육에 대한 관심이 더욱 높아지고 있다. 실제로 기업 10곳 중 5곳은 신입사원을 위한 교육 프로그램을 실시하고 있는 것으로 조사됐다. 27일 온라인 취업사이트 사람인에 따르면 기업 593개사의 인사담당자를 대상으로 "신입사원 교육 프로그램이 있습니까?"라고 설문한 결과, 48.1%가 '있다'라고 응답했다.

실시하고 있는 프로그램으로는 '업무기초 교육'(77.5%, 복수응답)이 가장 많았다. 이 외에도 '조직 및 시스템 교육'(57.2%), '현장 실습 및 체험'(43.5%), '비즈니스매너, 직장예절'(42.1%), '전문 실무교육'(31.2%) 등이 있었다. 교육기간은 '5일 미만'(34%), '5~10일 미만'(18.3%), '25~30일 미만'(12.3%), '3개월 정도'(11.2%) 등의 순으로 평균 27일 정도 실시하는 것으로 집계됐다.

신입사원 1인당 교육비로 지출하는 비용은 평균 98만원이었다. 자세히 살펴보면, '50만원 미만'(53.7%), '50~100만원 미만'(20.4%), '100~150만원 미만'(9.8%), '150~200만원 미만'(6%) 등의 순이었다. 교육을 할 때 가장 중점을 두는 부분은 '조직생활 이해 및 적응'(48.4%)을 첫 번째로 꼽았다. 다음으로 '직무능력 향상'(32.3%), '인성 함양'(7.4%), '협동심, 팀워크 함양'(6.3%) 등이 뒤를 이었다. [중략]

이번엔 반대로 부정적인 내용이 담긴(회사의 입장에서 봤을 때) 기사를 살펴보겠습니다.

대졸 신입사원 실전투입해 제몫 하려면… 동아일보. 2008. 11. 17

6088만원 들여 19.5개월 재교육해야

경총, 483개 기업 조사

4년제 대졸 신입사원이 입사 후 실무에 투입되는 데 평균 19.5개월 걸리고, 이에 따른 1인당 재교육 총비용이 6088만4000원에 이른다는 조사 결과가 나왔다. 한국경영자총협회는 최근 종업원 100인 이상 기업 483개를 대상으로 '대졸 신입사원 채용 및 재교육 현황'을 조사한 결과 이같이 나타났다고 16일 밝혔다.

종업원 300인 이상 대기업의 1인당 재교육 기간은 27.2개월로 중소기업(100~299명)의 14.9개월보다 12.3개월이나 길었다. 순수 교육비용과 임금총액, 4대 보험 기업부담분 등을 포함한 '재교육 총비용'도 대기업은 1인당 1억147만3000원으로 중소기업(4118만6000원)보다 6028만7000원 많았다. 경총 측은 "대기업이 중소기업보다 순수 교육비용과 대졸 신입사원 초임 등을 월등히 많이 지출하기 때문"이라고 설명했다.

이상철 경총 사회정책팀장은 "2005년 조사 때(1인당 평균 재교육 기간 20.3개월, 총비용 6218만4000원)보다 다소 개선됐지만 여전히 입사 후 재교육에 막대한 시간과 돈이 들고 있다"며 "산업계 수요가 반영된 대학 교육이 이뤄지도록 해야 한다"고 말했다. 그는 "이번 조사 결과를 전국 100명 이상 기업 전체로 확대 적용하면 대졸 신입사원 재교육 비용은 2조3049억 원에 이를 것으로 추산된다."고 덧붙였다. [중략]

두 개의 기사 다 신입에 초점을 맞추고 있지만, 루키(신입)든 올드 루키[30]든 올드 보이든 결론은 같습니다. 회사는 여러분을 위한 교육에 투자를 하고 있다는 것, 그래서 반드시 교육 대비 성과를 거두고자 한다는 것. 상황이 이렇다면 우리가 선택할 수 있는 건 하나밖에 없습니다. 머리 굴리지 않고 열심히 제대로 배우는 것, 대신 배운 만큼의 실력을 수단과 방법 가리지 않고 발휘하는 것.

이 두 가지 항목만큼 사람 맥 빠지게 만드는 것도 없을 겁니다. 너무나 많이 들어온 말인데다가 너무나 잘 알고 있는 얘기지만, 너무나 하기 싫은(때로는 하기가 쉽지 않은) 일이기 때문이지요. 그래서 제가 여러분께 작은 도움이 되고자 두 분의 멘토를 모셔왔습니다. 첫 번째 멘토는 결혼을 앞둔 신부들뿐 아니라 세상 모든 여성들의 로망인 '베라왕 드레스'를 만드는 베라 왕(Vera Wang)[31]이고, 두 번째 멘토는 영화 『악마는 □□□를 입는다』로 다시금 회자가 된 명품 브랜드 '프라다', 바로 이곳의 수석 디자이너인 미우치아 프라다(Miuccia Prada)입니다. 이 두 분이 여러분이 학습과 실천이라는 두 마리 토끼를 잡는 데 든든한 힘이 되어줄 겁니다.

---

30 취업난으로 인해 원하는 곳에 바로 입사가 어렵게 되자 문턱이 낮은 곳에서 먼저 경력을 쌓아서 원하는 곳으로 더 나은 대우를 받기 위해 움직이는 사람들. 같이 입사한 다른 사원들에 비해 나이가 많은 단점도 있지만 사회 초년생들에 비해 경험적으로 노련하고 해당직무에 더욱 빠르게 적응하게 된다. ("구직자 77%, '올드루키라도 좋다.'"(연합뉴스, 2009. 4. 9)에서 참고)

31 여담입니다만, 여성 연예인들이 결혼할 때마다 결혼식 날 누구 드레스 입었네, 얼마짜리네 하면서 매체에서 떠들어대지요? 그 엄청난 고가의 드레스들이 다 그녀의 작품이라고 보면 됩니다.

진가는 □□다.

공부. 진가는 공부입니다. 자신을, 자신이 하는 일을, 주변을 모르는 데 진가를 발휘한다? 그 사람, 사이비 종교의 교주일 가능성이 높습니다. 단언컨대 공부 없이 진가 없습니다. 상식적으로 봤을 때 채운 게 없는데 어떻게 나오는 게 있겠습니까? 그렇기에 한 방을 날리려면 반드시 공부를 해야 합니다.

그런데 이 세상에 공부를 좋아하는 사람이 있나요? 저도 비록 작가이긴 합니다만, 매번 새로운 글을 쓸 때마다 그에 부합하는 새로운 자료를 수집하면서 공부를 해야 하는데 솔직히 아주 죽을 맛입니다.

흥미롭게도 이렇게 다들 진절머리를 내는 공부지만 여기에도 분명 메리트가 있다는 겁니다. '다들 싫어한다'는 말은 '다들 잘 안 하려 한다'는 말과 같은데, 다들 잘 안 하려 하는 건 대부분 다 그렇듯이 희소성을 갖고 있지요. 하기 싫어 죽기 직전인 공부에 희소성이 있다고요? 다행히도 공부는 진가를 발휘하는 것(혹은 성공에 이르는 것)과 직결되어 있기에 희소성이 있을 뿐 아니라, 오히려 그로 인해 희소성이 배가된다고 봐야 합니다.

그렇다면 이 지겨운 공부를, 우리는 어떻게 해야 하는 걸까요? 여러분, 한번 고3 시절로 돌아가서 생각해보세요. 대학 때 공부를 열심히 한 분들은 대학 시절로 돌아가셔도 됩니다. 자신이 어떤 식으로 공부를 했는지 곰곰이 돌아보시는 겁니다. 어떤 마인드와 자세,

태도를 가졌었는지요? 당시에 가졌던 마인드와 자세, 태도를 고스란히 복원해 지금 자신에게 주입시켜 보세요. 혹시 이걸 하는 데 애를 먹는다면 베라 왕이 자신을 위해 세운 원칙들이 하나의 가이드라인이 될 수도 있을 겁니다.

Lesson #1 당신 자신을 소중히 여기는 마음을 가져라
Lesson #2 자신에게 가장 잘 맞는 '드레스'를 고수하라
Lesson #3 우리 주변에는 배울 수 있는(또 배워야 하는) 것들로 가득 차 있다
Lesson #4 '열심히' 일하는 것을 대신할 수 있는 것은 없다

요컨대 '자신을 존중하는 마음'과 더불어 '자신을 알아가고자 하는 자세'를 밑바탕에 깔고 자신에게 주어진 것들을 최선을 다해 공부해나가라는 겁니다. 미우치아 프라다의 경우 전자(前者)와 관련하여 우리에게 이러한 조언을 건네지요.

> "저는 제 인생에 두 번 실수한 것 같아요. 다른 사람의 충고를 들었을 때 실수를 했어요. 그래서 저는 실수를 하더라도, '자신이 내린 결정으로 인한 실수'를 하라고 권하고 싶어요. 저는 자유에 대한 큰 믿음이 있어요. 스스로가 선택한 끝에 생긴 실수는 괜찮아요. 하지만 남의 말을 듣다 범하는 실수는 재앙과도 같아요. 가장 중요한 결정을 할 때는 여러분 자신이 갖고 있는 최상의 마음가짐(best mind)과 최고의 지혜(best brain)로, 자유롭게 결정하세요. 다른 사람의 비판은 신경 쓰지 말고 말이죠."

이것은 그녀가 언젠가 패션에 대해 언급한 말과 일맥상통하는 면이 있습니다. "패션은 자기표현이자 선택입니다. 누가 '옷을 어떻게 입어야 좋을지 모르겠다'고 하면 '먼저 거울을 보고 자신을 연구하라'고 말해줍니다." 결국 다른 걸 하기 전에 자기 자신부터 알라는 겁니다. 자신 안에 감춰진 재능과 개성이 뭔지를 하나하나 면밀히 따져보라는 거지요. 이러한 요소들이 어우러져 만들어내는 자기만의 사고(思考), 바로 여기에서 나오는 판단을 따라가라는 얘기입니다.

베라 왕은 이것을 한층 더 쉽게 풀이합니다. 그것도 '열정'이라는 키워드 하나로 말이지요.

> "열쇠는, '그 무엇' 혹은 '모든 것'과 사랑에 빠지는 데 있습니다. 여러분의 마음이 거기에 담겨있다면 분명 여러분의 생각도 거기에 담겨있을 겁니다. 여러분이 어떤 것에 열정을 갖고 있다면 그것을 더 잘하고자 하는 것은 물론, 더 열심히 하고자 할 게 틀림없습니다."

베라 왕은 어렸을 적에 피겨스케이팅 선수였습니다. 그것도 아주 잘나가는 선수였지요. 잘 나가는 만큼 자신에 대해서도 잘 알고 있었던 것 같습니다. 자신이 무엇을 사랑하고 또 무엇에 미쳐있는지, 무엇이 자신에게 딱 맞는지를 말입니다. 그녀는 매일 새벽 4시에 일어나 스케이트를 타고, 경쟁자들보다 10분이라도 더 연습하는 것 외에는 다른 생각을 한 적이 없다고 합니다. 자신을 정확히 알고 있었으니 헌신(dedication)을 할 수밖에요. 하지만 공부와 훈련을 다 잘할 수 없다는 걸 깨달은 그녀는 결국 스케이팅을 관두게 됩니다. 그러면서 스스로에게 일생일대의 질문을 던집니다.

> "(스케이팅이 그랬던 것처럼) 어떤 일이 나에게 완전히 빠질 만큼의 만족감과 성취감을 가져다줄까?' 가만 생각해보니 패션 밖에 없더군요. 옷만큼, 아니 옷 말고 사랑하는 것이 없었습니다."

이렇게 '자신을 존중하는 마음'과 더불어 '자신을 알아가고자 하는 자세'를 마스터하고 나면 우리에게 남는 숙제는 딱 하나입니다. 죽을 둥 살 둥 공부하는 거지요. 베리 심플.

공부? 사실 짜증낼 일이 아닙니다. 오히려 우리가 고마워해야 할 일이지요. 회사로부터 월급 받으면서 덤으로 공부할 기회까지 얻으니 이것보다 좋은 일이 어디 있겠습니까? 학습 대상이 다 회사 안에 있으니 우리는 그저 열심히 찾아내기만 하면 됩니다. 찾아내는 족족 다 삼키려고 노력해보세요. 물론 소화는 해가면서.

베라 왕은 자신의 입사 1년차 때의 모습을 회상하면서 당시의 일상에 대해 털어놓은 적이 있습니다. 우리 모두 이런 경험을 했고, 또 지금도 하고 있을 거라 봅니다. 다만 각자가 여기에 임하는 태도가 다를 뿐이겠지요.

> "보그지(VOGUE) 1년차 때 제가 했던 일이요? 딱 하나. 복사였습니다. 제가 꿈꿔온 일과는 거리가 멀었죠. 아버지가 그런 저

를 보면서 한 마디 해주시더군요. "계속 해라. 너는 지금 경영이라는 것을 밑바닥부터 배우고 있는 중이다." 지금에 와서 돌이켜보면 아버지의 말씀이 옳으셨습니다."

일을 하면서 우리는 종종 이런 생각을 합니다. "혼자 잘난 척하기는. 말 안 해도 다 알아. 입 좀 닫으라고." "맡겨보라고. 내가 설마 너보다 못하겠냐?" 정도의 차이는 있겠지만 기본적으로 자신이 다 할 수 있다는 생각 자체는 크게 다르지 않을 겁니다. 더 이상 배울 것도 없고 남의 도움도 필요 없다고 생각해버리는 거지요. 그런데 연륜이라는 게, 노련미라는 게(결국 진가라는 게) 괜히 튀어나오는 말일까요? 경력 20-30년차 직원도 배워야 살아남는 시대에 여러분이라고 배울 게 없다고요?

베라 왕은 보그지에서 하루하루를 보내면서 '모든 순간이 다 중요하다' '제아무리 오만한 디자이너라 해도 배울 점은 있다'라는 마음으로 일했다고 합니다. 그러면서 그 어떤 것도 가리지 않고 다 했다는 말을 덧붙이지요. 걸레질부터 모델들의 간식 부탁까지 그냥 하라면 무조건 했다(그야말로 까라면 까는)고 합니다. 자신에게 부여된 '공식 직함'을 완전히 버린 채 일에 임했다는 거지요. 그 정도로 모든 일에 철저히 개입하고 관여하면서 자신이 흡수해야 하는 중요한 노하우들을 하나하나 배워나갔다고 합니다.

말이야 바른말이지 열심히 배우거나 말거나 그 결과는 다 자신에게 돌아갑니다. 단지 내공으로 자리 잡느냐 손해로 남느냐의 차이일 뿐이지요. 쉬운 일이든 어려운 일이든, 시간이 오래 걸리든 짧게 걸리든 하나하나에 신중하게 집중하는 자세를 가져야 합니다.

"뭐든지 열심히 해라. 그것이 너를 어디로 데려가는지 지켜봐라. 아무것도 하지 않는다면 남이 아닌 너 자신을 탓해야 할 것이다." 베라 왕의 아버지가 그녀에게 건넨 조언입니다. 그녀가 복사를 '고작 그따위' 일로 여길 수 있었음에도 불구하고 그것을 열심히 해 그 중요성을 깨달을 수 있었던 건 바로 이러한 조언을 그녀 스스로 소화했기 때문일 겁니다.

좋아서 공부하는 건 물론, 싫어도 공부하고 필요 없다고 느껴도 공부하세요. 공부하지 않고서는 결코 성공할 수 없습니다. 아니, 성공 이전에 진가 자체를 발휘할 수 없지요. 진가라는 건 공부라는 준비과정을 통해 뽑어질 수 있는 성질의 것이니까요. 공부와 성공의 관계에 대한 베라 왕의 생각에 귀 기울이면서 자신의 공부관 및 성공관을 재점검해보는 건 어떨는지요?

"저는 단 한 번도 제 자신이 성공할 거라고 생각한 적이 없어요. 마찬가지로 실패에 대해서 실망한 적도 단 한 번도 없어요. 성공은, 최종결과에 대한 게 아니에요. 오히려 자신이 성공에 이르는 과정에서 무엇을 배우느냐에 대한 거죠."

#2 이륙기 먹은 것 엣지있게 다 토해내기

앞서 베라 왕이 자신을 위해 세운 원칙들을 정리해드린 바 있지요. '뭔가 의아한데. 원칙이 하나 빠진 거 아냐?'라고 생각했을 분들도 있을 거라 봅니다. 실은 그 마지막 원칙을 지금 이 순간을 위해 아껴뒀습니다.

Lesson #5 사랑받고, 존경받으며, 누구나 따르는 □□ □□□를 만들라

정답은 '자기 브랜드'입니다. 자기 브랜드라. 어떻게 하면 자기 브랜드를 만들 수 있을까요? 요즘 브랜드만큼 흔해빠진 단어도 없지만 브랜딩은 여전히 모두가 안고 있는 과제인 듯합니다. 그만큼 그것을 하기가 쉽지 않다는 뜻이겠지요. 그런데 결론만 말씀드리자면 자기 브랜드를 만든다는 것, 그리 복잡하게 생각하지 않아도 될 것 같습니다. 적어도 회사에 소속되어 있는 상태라면, 자기 브랜드를 만든다는 건 결국 자기가 하고 있는 일을 잘해내는 것을 말합니다. 그것도 누가 보더라도 이의를 제기할 수 없을 정도로 자-알 말입니다. 요컨대 자기 분야에서 진가를 발휘한다는 것 자체가 곧 자기 브랜드입니다.

문제가 하나 있다면 진가를 어떤 식으로, 어떻게 발휘해야 하냐는 겁니다. 잘해야 한다는 건 누구나 알고 있는 사실이지만, 그건 어떻게 보면 무척이나 공허한 말이지요. 자기만의 차별성이 덧붙여져야 좀 더 일리 있는 말이 되지 않을까요?

우선 브랜드라는 단어로 포문을 연 만큼, 미우치아 프라다가 생각하는 브랜드가 무엇인지 살펴보지 않을 수 없을 것 같습니다('자기 브랜드'로 간주하고 살펴봐도 무방합니다).

"브랜드란 저희가 하는 일과 정신과 개성을 표현하는 그 무엇 아닐까요? 저희가 추구하는 새로움의 방향이 브랜드 아닐까요? 요즘과 같이 세계화 시대에서 흔들림 없이 변화를 추구하면서 핵심을 향해 나가는 것, 그것이 브랜드라고 생각합니다."

진가라는 것은 우리가 평소에 공부해온 것과 해온 일, 그 안에 녹아 있는 자신의 정신과 개성 등 모든 것이 합쳐진 결과물을 말합니다. 여기에 딱 한 가지 요소를 추가해야 한다면 그것은 '새로움'이겠지요. 미우치아 프라다 식으로 얘기하자면, 각자가 갖고 있는 정수(精髓·core)로부터 뽑아내고 발전시킨 새로움 말입니다.

보고서를 만들 때 우리는 그냥 보고서 하나를 만드는 게 아닙니다. 자기만이 갖고 있는 혼과 열정과 실력을 정밀하게 담아내고 있는 거지요. PT를 할 때도 이메일을 보낼 때도 프로젝트나 미팅을 진행할 때도 사과를 할 때도 다 마찬가지로 적용되는 얘기입니다. 결국 중요한 순간에, 냉철한 자세로, 누구도 흉내 낼 수 없는 자기만의 고유한 '컬러'가 반영된 실력을 발휘해야 한다는 겁니다. 그러니 당부컨대 '기회는 두 번 다시 오지 않는다'는 마음자세로 자기만의 진가를 발휘하시길 바랍니다. 물론, 회사에서 오래 살아남고 싶다면요.

ps) 진정 자신의 매운 맛을 보여주고자 한다면 기본적인 것들을 지키기 위해 노력하세요. 기본적인 것들이 뭔지 아직도 여전히 알쏭달쏭하다고요? 미우치아 프라다가 주는 다음의 팁들이 약간의 도움이 될지도 모르겠습니다.

[관찰] "저는 늘 사람을 관찰합니다. 무슨 옷을 어떻게, 왜 입었는지를 살펴봅니다."

[철학] "경쟁자는 모두이자 또 아무도 없어요. 경쟁자가 있기는 하겠지만, 우리는 매우 구체적이고 특별한 철학이 있기 때문에 우리 갈 길을 갈 뿐입니다."

[기준] "샤넬은 옷을 사는 사람이 타인들에게 중요하게 대접 받도록 만들어준다고 하더군요. 프라다는 옷을 사는 사람이 우선 편하고 좋은 느낌을 갖게 만들지요. 다른 사람이 아니라 바로 자신을 위해 옷을 사게 만드는 것이 프라다입니다."

11

샌드위치

Sandwich

DR. COOK'S RECIPE

11

11

위아래가 있기에 당신이 있다

식빵이, 사실은 앙꼬다

> 관계란 택함을 받는 것인 동시에 택하는 것이며, 피동인 동시에 능동이다.
> —마틴 부버(철학자)

패자의 역습

여러분, 샌드위치 좋아하시나요? 뭐, 특별히 싫어할 분은 없지 않을까 싶습니다. 시간에 쫓길 정도로 바쁠 때 혹은 밖에 나가서 식사하기 귀찮을 때 주로 간식 겸 가벼운 식사로서 안성맞춤이지요. 보통 제대로 식사를 하는데 한 30분에서 1시간 정도가 걸린다면, 샌드위치는 한 5분, 10분 정도 걸리나요? 그야말로 '음미'의 대상이 아닌 그냥 '꿀꺽 삼키는' 대상인 셈입니다.

여기에서 엉뚱한 질문 하나 드리겠습니다. 샌드위치에서 가장 중요한 재료가 뭘까요? 여러분은 샌드위치를 드시면서 어떤 재료를 가장 중요하게 생각하시는지요? 아마 비등비등한 대답이 나오지 않을까 싶습니다. "햄이요." "치즈요." "에그요." 맙소사. 복잡하게 할 거 없이 아예 햄, 치즈, 에그 한꺼번에 다 넣기로 하지요. 어쨌든 핵심은, 우리 모두가 중요시하는 것이 '식빵 사이에 들어가는 재료'라는 겁니다. 흥미로운 점은 이 세상의 어떤 사람도 "저는 식빵이 제일 중요한데요."라고 하진 않는다는 겁니다. 왜일까요? 간단합니다. 식빵을 재료라고 생각한 적이 없기 때문입니다.

자, 이제 샌드위치를 직장 안으로 들여와 봅시다. 샌드위치를 '업무' 혹은 '업무의 결과물'이라고 생각해보는 겁니다. 이러한 전제 하에 다시 물어보겠습니다. 샌드위치에서 가장 중요한 재료가 뭘까요? "추진력이요." "정보수집능력이요." "문장력이요." 역시 복잡하게 할 거 없이 세 가지 다 한꺼번에 넣기로 하지요.

아주 기가 막힌 샌드위치가 만들어질 게 틀림없…습니까? 글쎄요. 확률은 50:50일 것 같습니다. "왜 이리 박하지? 나머지 50은 대체 어디서 굴러온?" 설마가 여러분을 잡을지는 모르겠습니다만, 빙고. 식빵입니다. 여러분이 별로 신경 쓴 적도 없고 굳이 신경 쓸 필요도 없다고 생각한 것, 바로 여러분의 상사(위 식빵)와 부하(아래 식빵)에게 달려 있다는 얘기입니다. 식빵이 없다면 애당초 샌드위치란 것 자체가 성립이 안 되겠지요. 그냥 오믈렛이지. 아무튼 식빵을 긍정적으로 포지셔닝하겠다는 게 제 샌드위치론의 주요 관점(이자 입장)입니다.

식빵의 중요성에 대해서는 공감하면서도 그것을 부정적으로 포지셔닝하는(Positioning) 분들도 물론 계실 겁니다. 2007년 1월말 경에 이건희 삼성전자 회장이 당시 그룹 회장 취임 20주년을 맞이하여 이런 발언을 했지요. "지난 20년 동안 삼성이 커져서 좋기는 한데, 앞으로 20년이 더 걱정이다. 일본은 앞서가고 중국은 쫓아오는 사이에서 샌드위치로 끼어 있다."

이 발언도 직장 안으로 들여와 볼까요? 삼성을 여러분 자신, 일본을 상사, 그리고 중국을 부하라고 해봅시다. 중국을 상사로, 일본을 부하라고 해도 상관없습니다. 정리해보면 "상사는 앞서가고 부하는 쫓아오는 사이에서 샌드위치로 끼어 있다." 혹은 "부하는 앞서가고 상사는 쫓아오는 사이에서 샌드위치로 끼어 있다." 이렇게 두 개의 명제가 나올 겁니다. 요컨대 상사와 부하의 관계가 서로 앞서거니 뒤서거니 하는 살벌한 경쟁관계 아니면 물고 뜯고 치고 박고 속고 속이는 천적관계라는 것.

여러분은 어느 쪽 샌드위치론을 지지하고 계신지요? 좀 당황스럽고 얼떨떨하지요? 잘은 몰라도 마음속으로는 제 샌드위치론을 지지하면서도, 실제로는 이건희 회장의 샌드위치론을 지향하거나 실천에 옮기고 있지 않을까 싶습니다. 쉽게 말해 양다리 걸치는 거지요. 다들 이론적으로는 응당 전자를 따라야 한다고 생각하지만, 막상 본판으로 들어가면 얘기가 완전히 달라진다는 걸 눈치챈다는 거 아니겠습니까?

식빵에 대해 한 번도 제대로, 곰곰이 생각해본 적이 없다는 것, 그와 더불어 그것에 대한 자기만의 입장과 기준을 정리해본 적이 없다는 것, 나아가서 당연한 것을 당연하게 만드는 쪽으로 노력을 기울여본 적이 없다는 것, 바로 이러한 문제의식에서 이번 편의 이야기는 시작됩니다. 당연한 것을 당연하게 생각하지 못한다면(않는다면), 실은 그 당연한 것은 그동안 당연하지 않았다는 게 됩니다. 참으로 당연하지 않은지요?

이건희 회장의 샌드위치론

이건희 회장 식으로 윗분들과 아랫사람들을 본다면 사르트르의 말처럼 '타인은 지옥'이 됩니다. 드라마 『하얀거탑』에서 장준혁(김명민 분)이 한 말 "여긴 사회고 조직이야. 함께 할 수 없으면 떨어질 수밖에 없는 낭떠러지 앞이란 말이야. 내가 일일이 다 끌어당겨줄 순 없는 거야."처럼 각자가 알아서 개인적으로(혹은 이기적으로) 적응하고 대응해나가야 한다는 게 되지요. "어차피 너는 너고 나는 나니까, 너는 네 일을 잘하고 나는 내 일을 잘하면 만사 오케이야."가 일상의 모습일 겁니다(조직 내 침묵현상(organizational silence)이 자연스레 뿌리내린 모습의 사무실을 연상하면 됩니다).

물론 전 비관론자는 아닙니다만, 대부분의 팀이 돌아가는 양상이 이렇지 않을까 싶습니다. 겉으로는 다 열심히 끌어주고 당겨주는 모양새를 갖추고 있지만 그 안을 자세히 들여다보면 사실 무서울 정도로 썩어 들어가고 있지요.

이런 환경에서 믿음, 팀워크, 배려 따위의 말? 말짱 헛소리에 불과합니다. 그야말로 얼어 죽을 믿음, 얼어 죽을 팀워크, 얼어 죽을 배려입니다. 아랫사람 입장에서는 윗사람이 있으나 마나한 눈엣가시로 보여 '이유 없는 반항'의 대상으로 여겨지겠고, 윗사람 입장에서는 아랫사람이 자신의 직위와 지위를 유지하기 위한 도구로 보여 '이유 없는 갈굼'의 대상으로 여겨지겠지요. 서로가 긴장하고 있는데 서로를 이끌어줄 여유나 여력이 생길 턱이 있겠습니까? 서로가 서로를 극복하는 데 시간을 다 쏟아부어도 모자를 판에 말입니다.

미국의 심리치료사인 글로리아 J. 에반즈의 어른들을 위한 동화 『담: 나와 당신을 위한 이야기』에 보면 다음과 같은 내용이 나오지요. 그동안 이건희 회장의 샌드위치론 같은 입장을 굳건히 지지해온 분이라면 한 번쯤 생각해볼 만한 거리가 눈에 들어오지 않을까 싶습니다.

> 처음 담을 쌓기 시작한 것이 언제인지 잘 모르겠어요. 담을 쌓아놓으면 사람들이 날 귀찮게 하지 못할 거라고 생각한 바로 그때부터인 것 같아요. 내게 담은 경계선, 아니 보호막 같은 것이었지요.
> 나는 사람들에게 나의 담을 자랑하고 싶었어요. 담의 각 부분을 어떻게 쌓아 올렸는지도 이야기해주고 싶었거든요. 그러나 아무도 멈춰서 나에게 말을 걸지 않았어요. 어떤 이들은 마치 나와 담이 있다는 사실조차 모르는 듯 그냥 지나쳐버렸어요. 간혹 힘없이 담 곁에 서서 내가 담 쌓는 것을 바라보는 사람도 있었어요. '저들은 내가 쌓은 담이 부러운 거야.' 결국 나는 그들 모두를 미워하게 되었어요.

허병민, 혹은 여러분 모두의 샌드위치론

'허병민의 샌드위치론'이라고 부를 것도 없습니다. 너무 일에 빠진 나머지 잠시 잊고 지내왔을 뿐, 사실은 여러분 모두의 샌드위치론이라고 부르는 게 맞지요. 더 정확히 말하자면 모두의, 모두에 의한,

모두를 위한 샌드위치론 쯤이 될 겁니다.

그런데 모두의 샌드위치론, 그 출발점은 과연 어디에 놓여 있을까요? 바로 '우리는 모두 같다. 그럼에도 모두 다르다.'는 문장에 놓여 있지 않을까요?

우리는 상대방이 자신과는 다르다는 사실을 쉽게 잊어버리는 것 같습니다. 완전히 똑같진 않다 해도 적어도 자신과 비슷할 거라고 착각하는 우를 범하곤 하지요. 안타깝게도 남이 나와 다르지 않다고 생각할 때 문제가 생기기 시작합니다.

다른 걸 다 떠나 일단 도움을 청하지 않습니다. 왜? 자신과 별반 다를 게 없다고 생각하는데 상대방에게 기대할 게 있겠습니까? "내가 하고 말지." 혹은 "내가 해야 안심이 돼." 식으로 생각한다는 겁니다. 당연히 남에 대한 관심이 서서히 없어지게 되지요. 관심이 없어지니 그를 이해하지 않게(굳이 이해하려고 하지 않게) 되고요.

이해가 없는 상황에서 배려가 나올 리 만무합니다. 배려라는 건 관심과 이해가 반드시 선행되어야 나올 수 있는 거니까요. 물론 그 순서는 사람에 따라 조금씩 차이가 있을 수 있습니다. 하지만 순서가 어찌되었든 간에 요는 커뮤니케이션과 팀워크가 와르르 무너지게 된다는 거지요.

여러분, 오늘도 꼿꼿하게 고개를 들고 "너는 나와 같다"고 주장하고 있나요? 그래서 살림살이 좀 나아지셨습니까? 오늘도 "내 할 일은 되던 안 되던 내가 알아서 다 할 거고, 오로지 나만이 할 수 있어"라고 강조하고 다니십니까? 그래서 살림살이 좀 나아졌나요?

좋든 싫든 여러분이 인정하고 싶든 인정하고 싶지 않든지, 사람들은 다 다릅니다. 비슷하다고 해도 다르고, 똑같아 보여도 다릅니다. 다르기 때문에 서로 기대할 것도 많고, 이해해나가야 할 것도 많으며, 관심을 기울일 부분도 많은 거지요.

그나마 럭키한 건, 회사 일이란 게 이렇게 굴러가도록 잘 짜 맞춰져 있다는 것. 서로가 다르기 때문에 그걸 아는 상사는 자신이 필요한 것을 이루기 위해 부하들에게 의지하고, 부하는 자신이 필요한 것을 이루기 위해 상사들에게 의지하는 겁니다. 연륜의 차이든 경험의 차이든 실력의 차이든 뭐든, 그 차이가 크든 작든 관계없이 갭이란 게 엄연히 존재하기 때문에 서로 도울 수밖에 없다는 거지요.

'맛있는' 샌드위치 만들기 or 샌드위치 '맛있게' 먹기

이제 문제는 간단해졌습니다. 끝내주게 맛있는 샌드위치를 만들고 싶다면 그만큼 맛있는 식빵을 준비하면 됩니다. 그런데 막상 회사 안에 들어와 보면 맛있는 식빵을 준비한다는 게 그리 만만한 일은 아니란 걸 알 수 있지요. 다시 말씀드리지만 사람들의 생각, 성향, 성격, 능력이 다 다르기 때문입니다. 만약 식빵이 자신이 예상한 것만큼 맛있지 않다면 약간의 버터를 발라 맛을 개선해야 합니다.

버터란 게 뭔가요? 동기부여(motivation)를 말합니다. 상대방이 여러분에게 기꺼이 도움을 주게 만드는 혹은 반대로 상대방이 여러분으로부터 기꺼이 도움을 받도록 만드는 힘이지요. 앞으로 차차 다루겠지만, 그건 겸손, 관심, 이해, 배려라는 여러 가지 이름으로 대변될 수 있습니다. 버터 없이 빵 맛이 나아진다는 건 사실상 거의 불가능에 가까운 일이지요. 실제로 집에서 맛없는 빵을 갖고 시도를 해보든, 회사에서 상사나 부하를 데리고 시험을 해보든 그 결과는 크게 다르지 않을 겁니다.

그런데 맛있는 식빵을 준비하는 것도 중요하고, 맛없는 식빵을 맛있게 만드는 것도 중요하지만 진짜로 중요한 일은 따로 있습니다. 맛있는 식빵이든 맛없는 식빵이든 식빵 자체를 발견하는 일이지요. 맛있는 샌드위치는 엄연히 둘째 문제입니다. "식빵을 발견하지 못하는 마당에 뭔 놈의 샌드위치?" 안 그런가요?

[요리 가이드라인 #2] 컴퓨터도 끄고 휴대폰도 꺼라. 주위의 인간적인 것들을 발견하라. 여러분 주위에 있는 사람들을 발견해야 한다. 당분간 아날로그 생활을 하면서 무엇이 인생에서 가장 중요한 것인지 찾을 필요가 있다.

—에릭 슈미트(前 Google 회장)

식빵 찾는 일을 귀찮아하는 분들에게(사실 이런 분은 그냥 회사에서 나가주는 게 자신에게도 회사에게도 도움이 되는 일입니다만) 그것을 쉽게 찾기 위한 간단한 힌트를 드릴까 합니다. 다음의 질문을 스스로에게 던

저보십시오.

내일 당장 상사(부하)가 내 앞에서 사라진다면? 그것도 영원히.

쉽게 말해 오늘이 상사(부하)와 함께 하는 마지막 날이란 겁니다. 완전 해피하시겠습니까? 해피하지 않을 것 같은 분들, 후회가 가득 남을 것 같은 분들, 무엇보다도 맛난 샌드위치를 꼭 먹고 말겠다는 의지가 가득 넘칠 만큼 충만한 분들만 저하고 같이 식빵 찾으러 갑시다.

식빵 찾는 법 #1 | 겸손

식빵을 정말로, 절실하게 찾고 싶으신가요? 그럼 그것을 위한 대전제, 즉 가장 중요한 선결조건부터 해결하세요. 겸손해지십시오. 자신이 모든 걸 다 알 수도 없고 다 할 수도 없다는 사실을 인정하는 겁니다. 그 말은 자신이 완벽하지 않을 수도 있다는 사실을 인정한다는 뜻입니다. 그러한 자세로 자신의 현재 수준을 받아들일 수 있게 되면 남의 도움을 자존심이나 질투심 없이 요청할 수 있게 됩니다.

"에이, 작가 양반도 참. 별 거 아닌 걸 갖고 참 대단한 것인 양 무게 잡는 덴 선수야, 선수. 거 하라는 대로 할 테니 폼 좀 잡지 마쇼. 지금 당장 내 부족함 인정하겠소. 그게 뭐 그리 대수라고. 그리고 뭐? 쓸데없이 자존심 부리지 말고 남의 도움을 요청하라고? 오케이. 오늘부터 바로 실천하지 뭐. 자, 된 거요?" 제가 폼 좀 잡아서 정말 죄송합니다만 생각처럼, 생각만큼 그렇게 쉽게 될 것 같다면 저도 굳이 손 아프게 이렇게 적고 있진 않겠지요.

무슨 일이든 하는 건 어렵지 않습니다. 마음만 먹으면 되니까요. 마음을 먹는 게 진짜 어려운 일인데, 마음을 먹는다는 건 결국 스스로 납득하는 과정을 밟는다는 겁니다. 다시 말해 자신을 낮추고 자신을 좀 더 제대로, 정확하게 이해한다는 겁니다. 그래야 더 오래, 일관된 태도로 자신의 부족함을 인정하든 남의 도움을 인정하든 실천할 수가 있지요. 정리컨대 자신에 대한 이해의 출발점이 바로 겸손에 있다는 겁니다.

[요리 가이드라인 #3] 골드만 삭스에서 일하면서 저는 성공한 사람과 그렇지 못한 사람을 줄곧 지켜보았습니다. 그러면서 훌륭한 리더가 갖추어야 할 덕목이 무엇인지 알게 되었지요. 훌륭한 리더는 열린 태도를 견지하고, 조언을 구하고 받아들여야 하며, 태도가 겸손해야 합니다. ―행크 폴슨(前 골드만삭스 CEO, 前 미국 재무부 장관)

노파심에서 말씀드리지만 겸손해지라고 해서 비굴해지라는 것이 아닙니다. 정정당당하고 자신 있게, 그리고 떳떳하게 자신이 불완전하다는 사실을 시인하라는 얘기입니다. 결국 자신을 존중하라는 말에 다름 아니지요. 자신을 진심으로 존중할 때 남을 존중할 수 있고, 그의 생각과 의견에 귀를 기울일 수 있으니까요. 그게 잘 안 되는 분들을 위해 일종의 위로 겸 격려 차원에서 연세대 경영학과 정동일 교수의 글을 들려드릴까 합니다.

1% 부족한 리더가 성공합니다. 아이러니컬하게도 자신의 약점을 구성원들에게 선별적이고 솔직하게 공유하고 도움을 요청하는 리더가 완벽한 리더보다 더 성공적인 경우가 많습니다. 왜 그럴까요? 모든 것이 완벽해 보이는 리더는 하급자로 하여금 심리적 거리감을 느끼게 합니다. 완벽한 리더는 그들이 모든 것을 스스로 할 수 있다는 인상을 주기 때문에 하급자로서 리더를 도와야 한다는 생각을 할 수 없게 만들지요.

이제 좀 마음이 넉넉하고 여유로워지셨나요? 혹시 몰라 이채욱 前CJ 부회장의 조언을 덤으로 보태드릴까 합니다. "사람들이 내게 성공의 원인을 물을 때마다 '내가 모른다는 것을 안다는 사실', 그게 나의 가장 큰 장점이라고 말한다." 그리고 보면 겸손에는 타인을 향한 겸손뿐 아니라 자신을 향한 겸손도 포함되어 있는 것 같습니다. 자신이 모른다는 것을 안다는 사실, 그것을 고개 수그리고 인정한다는 건 자신에게 겸손하다는 걸 말하고, 그것을 100% 인정하고 현실에 안주하지 않기 위해 남에게 배우겠다는 건 타인에게 겸손하다는 걸 말하지요.

겸손에 대해 생각이 정리가 됐다면 이제 남은 일은 남에게 도움을 구하면서 그로부터 배우는 겁니다. 그런데 이것도 생각만큼 그렇게 쉬운 일은 아닙니다. 아니, 쉬운 일이 아닌 것처럼 보인다는 게 더 정확한 말일지도 모르겠습니다. 사실 알고 보면 무척 쉬운 일인데, 많이들 그것을 어렵고 복잡하게 만들어버리는 실수를 범하니까요. 적지 않은 분들이 남으로부터 도움을 얻지 못하는 건 크게 두

가지 이유에 기인합니다.

우선 가장 기본적이면서도 기초적인 이유는, 앞에서도 잠깐 언급했듯이, 부탁을 아예 하지 않는다는 데 있습니다. 영화 『제리 맥과이어』에서도 나오는 말이지만 "내가 당신을 도와줄 수 있도록 당신이 나를 도와줘야 해요."라고, 자신이 뭘 원하는지 상대방에게 알려주지 않는데 어떻게 상대방이 그걸 알 수 있겠으며, 나아가서 어떻게 도와줄 수 있겠습니까? 그걸 알아서 눈치채주길 바란다면 그거야말로 지독하게 이기적인 거지요. 그래서 이에 대한 해답이 뭐냐고요? 앞서 언급해드린 겸손에 대한 내용들을 열심히 정리하면 됩니다.

또 다른 이유는 부탁을 하긴 하는데 정작 부탁을 해야 할 사람이 아닌, 누가 보더라도 완전히 엉뚱한 사람에게 가서 하는 데 있습니다. 무슨 심보고 무슨 심정에서인지는 당사자만이 알겠지요. 솔직히 저도 예전에 이런 행동을 종종 하곤 했습니다만, 나중에 가만히 생각해보니 이것은 자존심-증오-열등감-자기보존감-보상심리 등의 여러 가지 찌꺼기들이 얽히고설킨 문제더군요. 그래서 이에 대한 해답이 뭐냐고요? 마찬가지로 앞서 언급해드린 겸손에 대한 내용들을 열심히 정리하면 됩니다.

"뭔 말하는 이유마다 다 겸손에 대한 내용만 정리하면 된대? 정말 그것만 하면 단가? 일단 하라고 해서 하긴 하는데, 뭔가 영 찜찜하네. 혹시 당신, 같이 식빵 찾자고 해놓고 혼자 손 떼는 거 아냐?" 설마 그럴 리가요. 식빵을 찾기 위한 준비운동, 즉 '겸손 익히고 터득하기'를 마쳤다면 이제 좀 더 신중한 자세로 식빵 찾기에 주력해

봅시다. 참, 혹시라도 아직 준비운동 중이시라면 다음 단계로 넘어
가는 건 삼가해주셨으면 합니다.

식빵 찾는 법 #2 | 관심

까뮈는 그의 저서 『시지프스의 신화』에서 "단순한 '관심'이 모든 것
의 기원이다."라고 밝혔습니다. 이것이 벌써 70년도 넘은 얘기네요.
이 얘기를 21세기 경제학으로 불러 들여온 사람이 바로 『관심의
경제학(The Attention Economy)』을 지은 토머스 데이븐포트(Thomas
Davenport) 뱁슨대학 경영학과 교수입니다. 그는 한 매체와의 인터뷰
[32]를 통해 다음의 몇 가지 중요한 레슨을 우리에게 전한 적이 있지요.

- 관심이란 이제 비즈니스에서 가장 귀중한 '자원'이다.
- 핵심은 두 가지다. 첫째, 당신 스스로 이 소중한 '관심' 자원을 어떻게
  배분해서 유익하게 사용할 것인가? 둘째, 다른 사람의 관심을 잡아오
  려면 어떻게 해야 하는가?
- 이제 모든 개인의 성공, 혹은 조직의 성공은 얼마나 다른 사람의 관심
  을 끌어오느냐, 또 얼마나 자신의 관심을 잘 배분하느냐에 달려 있다.

이제 회사 안에서 나 홀로 북 치고 장구 치고 하는 것은 불가능해
졌습니다. 한 명의 천재가 만 명에서 수십만 명을 먹여 살린다는 말

---

32 "[Cover Story] '관심의 경제학' 저자 토머스 데이븐포트 교수"(조선일보, 2009. 6. 6)
에서 인용했음.

따위는 이미 한물간 애기가 되어버린 지 오래입니다. 사람, 그것도 한 사람에 포커스를 맞춘 이야기보다는 서로 생각과 의견을 주고 받는 과정에서 튀어나오는 통찰력, 그것을 통해 거둬지는 혁신, 그리고 이 모든 과정 속에 녹아있는 창의력이라는 요소들이 자기 자신을 살린다(결국에 가서는 주변을 살린다)는 이야기가 더욱더 설득력이 있는 시대가 되어버렸습니다. 다중지능이론을 주창해 전 세계 교육계에 센세이셔널한 바람을 몰고 온 하워드 가드너(Howard Gardner) 하버드대 교수도 "천재성이란 개인의 능력이나 성취의 정도일 뿐만 아니라 '다른 사람들'과 '작업'이라는 요소들이 유기적으로 상호작용하여 만들어내는 사회적 현상이다."라고 함으로써 이러한 흐름을 뒷받침했지요. 바로 이 모든 이야기의 중심에 '관심'이라는 메인 주제가 자리 잡고 있습니다.

관심이라. 새삼스럽긴 합니다만, 회사에 처음 들어와서 OJT를 받았던 때가 문득 떠오릅니다. 신입의 특권! 주변을 맴돌면서 거의 10분-20분 단위로 이것저것 챙겨주는 '도우미'가 저에게도 있었지요(이런 일은 주로 한 기수나 두 기수 위의 선배들의 몫이란 거 다 아실 겁니다). 그는 고맙게도 저를 직원들에게 소개해주고(다른 팀에 질 수야 없으니 보통 과대포장해서 자랑을 하곤 하지요), 사무용품이란 사무용품은 다 챙겨주고, 컴퓨터 및 이메일 시스템에 대해 설명해주고, 주의사항이며 권고사항이며 회사 내 핵심정보(누가 진상이네, 멘토감이네, 예쁘네, 싹싹하네 등)를 다 공유해줬습니다.

사실 말이야 바른말이지 이분만이 아니었지요. 그 당시만큼은 회사 안의 모든 사람들이 마치 저를 위해 존재하는 마냥 다들 과분할 정도로 많은 관심을 보여줬습니다. "와우, 역시 회사를 택하길 잘했어. 세상에 회사생활이란 게 매일매일 이렇게 관심과 주목을 받는 곳일 줄이야."라면서 호들갑을 떨던 때가 바로 엊그제 같네요. 순진하게도 당시에 저는 회사의 핵심가치가 '관심'인 줄 알았습니다.

그런데 아뿔사. 이것이 정확히 맞아떨어지는 건 아니라는 사실을 깨닫게 된 건 OJT 기간이 끝난 한 달 뒤부터였지요. 처음에 느꼈던 따뜻함, 관심, 온화함 등의 가족적인 분위기는 OJT 기간으로 끝이었습니다. 회사에 들어오기 전에는 "회사는 '벽'이다." 식의 암울한 얘기를 들었고, OJT를 거치면서 그 얘기가 순전히 뻥이라는 믿음을 갖게 되었지만, 막상 바닥에 진입해보니 "뻥이 아니라 팩트(fact)였구나"라는 확신이 들더군요. '경영학 서적에서 종종 나오곤 하는 '벽 없는 조직'이란 표현은 이론적인 말장난이었나 보군.' 저도 모르게 피식 웃음이 나왔습니다.

관심의 급강하. 소위 '관심차'에 적응하느라 아주 죽을 맛이었습니다. 천재가 어떻게 평범해질 수 있는지(저를 두고 하는 말이 아닙니다), 열정이 넘치던 사람이 어떻게 열정이 전무한, 무감각한 사람으로 전락하는지를 배울 수 있었던 소중한 시간이었습니다. 땡 큐, 컴퍼니.

그런데 제가 OJT 기간을 반추하게 된 건 제가 이 기간 동안 얻은 것, 그리고 이 기간 이후에 잃은 것이 자연스레 제 머릿속에 떠올랐기 때문입니다. 그리고 제가 얻은 것과 잃은 것을 좌지우지했던 게 뭔지 새삼 떠올랐기 때문이지요. 전자가 열정, 소속감, 자부심, 자신감 등의 여러 가지 단어들로 표현될 수 있다면, 후자는 딱 한 단어로 표현될 수 있을 겁니다. 바로 다름 아닌 '관심'이지요.

제 경험을 통해서도 얻을 수 있었고, 또 주변 사람들의 경험을 종합해봤을 때도 나오는 결론입니다만, 역시 동료들이 자신에게 관심을 가져주면, 혹은 반대로 자신이 동료들에게 관심을 가지면 일은 더 잘 될 수밖에 없는 것 같습니다. 어차피 일이란 게 결과적으로(그리고 본질적으로) '그룹 플레잉'이기 때문입니다. 겉으로는 잘 보이지도 드러나지도 않지만 서로 아주 촘촘히 엮여져 있지요. 그래서 우선 좋으나 싫으나 우리는 상대방에게, 그리고 그의 일에 진심어린 관심을 기울여야 합니다.

[요리 가이드라인 #4] 진심으로 대하라. 관계를 맺는 형식보다 중요한 게 본질이다. 상대방을 배려하고 아끼고 우선시하는 등 진심으로 대할 때 나의 마음이 고스란히 전달된다. 의례적인 멘트나 행동은 깊이가 얕아 금방 바닥을 드러낸다. —박경림(MC/방송인)

관심 가지치기 → 이해 + 배려

안철수 ▥안철수연구소 이사회 의장이 언젠가 한 강연에서 "돈으로 살 수 없는 것? 신뢰 자산이다. 짧게 보지 말라."고 한 적이 있습니다. 돌이켜보면 제가 회사생활을 한 몇 년 동안 가장 후회하는 일이 있다면 그건 아마도 주변 동료들에게 그다지 관심을 기울이지 않았다는 것일 겁니다.

상대방에게 관심을 가져본 적이 실제로 몇 번 없으니 상대방 또

한 저에게 관심을 기울이지 않았을 것이고, 상대방을 이해하거나 배려하고자 한 적이 많지 않으니 상대방 또한 저를 이해하거나 배려하고자 하지 않았을 겁니다. 세상만사 다 기브 앤 테이크(give & take) 혹은 테이크 앤 기브(take & give)인데도 이런 간단한 사실을 간과, 아니 무시해왔다는 게, 솔직히 지금에 와서야 고백합니다만, 뼈저리게 후회됩니다. "이것만 좀 더 신경을 썼어도…" 하면서 상념에 잠긴 적도 꽤 있지요.

남에게 관심을 가져야 한다는 것, 모르는 분 없지요? 왜 그래야 하는지도 상식적인 선에서 이미 어느 정도 공유가 되었을 거라 봅니다. 상대방에게 관심을 갖는다는 건, 결국 그를 이해하겠다(이해하기 위해 노력하겠다)는, 그리고 그를 배려하겠다(배려하기 위해 노력하겠다)는 말과 같습니다.

관심이니 이해니 배려니 운운하기 전에 한 가지 오묘한 사실을 짚고 넘어가야 할 것 같습니다. 여러분 혹시 이런 생각을 해본 적 있는지요? "나를 가장 잘 이해해주는 사람이, 나를 가장 떨게 했던 적(敵)이라니!"(영화 『영웅』에서) 적인 줄로만 알고 있었는데 알고 보니 나를 누구보다도 가까이서 지켜봐 온 사람이었다는 겁니다. 이런 경험 많이들 해봤을 거라 봅니다. 기왕이면 아예 표현방식도 좀 부드럽고 납득이 가는 쪽으로 해줬으면, 하면서 입맛 다셨겠지요. 자, 이제 이 경험을 그대로 거꾸로 갖고 가봅시다.

여러분이 아랫사람(윗사람)이라면 윗사람(아랫사람)과 입장을 바꿔 놓아 보는 겁니다. 입장을 바꾸기 전엔 전혀 보이지 않던 것들이 하나둘 수면 위로 부상하게 될 겁니다. 입장을 바꿔봐야 하는 건 상대방의 신발 속에 들어가 보지 않고선 그가 이해나 배려를 필요로 하는지 필요로 하지 않는지, 어떤 이해나 배려를 바라는지, 왜 그것을 바라는지를 알 수 없기 때문이지요. 상사든 부하든 자기 입장을 잘 아는 사람에게 신뢰가 가는 건 당연한 이치입니다.

상사(부하)가 어떤 업무 방식을 선호하는지, 그의 강점과 장점은 무엇이며 거기서 무엇을 배울 수 있는지, 동시에 그의 약점은 무엇이며 그 약점을 보완하기 위해 내가 할 수 있는 건 무엇인지를 꾸준하고 착실하게 업데이트해나가야 합니다. MC 강호동의 경우 한 인터뷰[33]에서 후배를 얻는 기술이나 사람을 얻는 기술이나 크게 다르지 않다고 밝힌 적이 있습니다. 그는 과연 자신이 말하는 그 '기술'을 어떻게 행동으로 옮겨왔을까요?

거창하게 후배를 키운다기보다 후배의 캐릭터를 연구하고 살려주려고 애써요. 저 역시 선배님들이 저의 캐릭터를 끄집어내 줬기 때문에 성장할 수 있었습니다. 어떤 친구끼리 대비시키거나 조합해보면 효과가 있을지를 연구해요.

아랫사람에 대한 말이 나온 김에 아예 뽕을 뽑을까요. 회사에 있으면서 우리는 주로 위를 쳐다보지 아래를 쳐다보진 않습니다. 다시 말해 아랫사람의 생각이나 고민에 귀를 기울이기보다는 윗사람의 입장을 눈치 보는데 더 많은 시간과 노력을 투자한다는 거지요.

---

33 『유재석처럼 말하고 강호동처럼 행동하라』(두리미디어, 2008)에서 인용했음.

이것이 나쁘다는 건 아닙니다. 단지 '팀워크(team+work)'를 고려했을 때 뭔가 부족하고 불완전하다는 것뿐이지요.

이렇게 생각해봅시다. 아이디어라는 건 어디에서 나올까요? 어느 조직이든 새로 들어온 혹은 들어온 지 얼마 되지 않은 사람들로부터 많이 나오지 않을까요? 왜일까요? 이들에게는 새로운 관점과 시각이라는 '무기'가 있기 때문입니다. 머릿속이 철저히 백지(白紙)의 상태인 이들은 실무를 아직 제대로 겪어보지 않았기에 특별히 뭔가에 익숙해지지도 않았을 겁니다. 그런 이들이 문제점이나 개선점을 더 잘 찾아내는 건 지극히 당연한 거지요.

이처럼 윗사람들이 놓칠 수 있는 것들이 이들의 머릿속에 보관되어 있는 거라면, 우리가 해야 할 일은 자명합니다. 그것을 하나씩 꺼내는 거지요. 바로 이러한 작업을 순조롭게 하기 위해서 우리는 앞서 소개된 메커니즘을 염두에 두어야 하는 겁니다. 그것을 마음속으로 다시 한번 음미해보세요.

관심 가지치기 → 이해 + 배려

상대방을 자신의 주관적인 시각에서가 아닌, 있는 그대로의 그가 온전히 드러나는 객관적인 시각에서 이해할 수 있도록 노력해보세요. 편견이나 선입견, 고정관념이 있을 때와 없을 때를 비교해보면 그 갭이 커지면 커질수록 그만큼 커뮤니케이션과 팀워크의 갭이 벌어진다는 걸 알 수 있지요. 또 기왕에 상대방을 이해하는 거 그것을 본질적인 관점에서 뒷받침해줄 수 있는 배려를 실천할 수 있도록 노력해보세요. 다시 말해 상대방에게 '함께 있으면 일하기 편하다'는 느낌을 주라는 얘기입니다.

리더십이든 팔로워십(followership)이든 이것은 둘 다 '기술'에 대한 것이 아닙니다. 오히려 '믿음'에 대한 것이지요. 마찬가지로 이것은 둘 다 회사에서 정해놓은 시스템이나 규칙, 규정에 대한 것이 아닙니다. 엄연히 '이해'에 대한 것입니다. 당신이 내 고민과 걱정거리를 이해해주고 나의 가능성을 믿어준다는 것, 그 안에 일꾼을 자원봉사자로 만드는 모티베이션이 담겨 있지요.

[요리 가이드라인 #5] 직원들이 하는 일 중 내가 그들보다 잘할 수 있는 일은 거의 없을 겁니다. 혹은 아예 할 수도 없는 일들이죠. 나는 그들이 하는 일에 존경을 표함으로써 그들이 자긍심을 갖도록 하고 싶습니다. 만약 내가 그 일들을 할 수 있다면, 나 스스로에게도 존경심을 보일 것입니다. 내가 직원들에게 의지한다는 것을 그들이 느끼기를 원합니다. ─주디스 앤 아이젠(주디스 앤 크리에이션즈 회장)

식빵 활용 노하우

물론 사람마다 자신이 원하는 이상형의 식빵이 다 다르긴 하겠지만, 이제 식빵은 찾은 것 같습니다. 그렇다면 이 식빵을 좀 더 맛나게 하기 위해 혹은 좀 더 맛있게 먹어치우기 위해 무엇을 어떻게 할 것인지에 대해 고민할 차례입니다. 이것을 위해 우리가 바로 착수해야 할 일은 딱 세 가지입니다. 학습, 참여, 그리고 공유(개방).

① 학습

총 다섯 군데의 회사를 다니면서 저는 마음에서 우러나오는 관심 없이 그저 훈수만 둔 훈수꾼들과 더불어 마음에서 우러나오는 관심을 토대로 업무를 진행하는 방향성에 대해 전반적인 조언들을 던져준 멘토들을 만났습니다. 지금 와서 생각해보면 어쨌든 참 고마운 분들이었지요.

A 회사의 팀장님은 비록 겉으로는 이래저래 많은 표현을 하진 않았지만 항상 눈웃음과 미소와 든든한 토닥거림으로 자신의 마음을 대신했으며, B 회사의 팀장님은 정말 대단하다고 할 정도로 일관되게 무뚝뚝하고 무관심하고 무표정한, 그야말로 무미건조·무색무취의 리더십을 보여줬으며, C 회사의 팀장님은 잘했든 잘못했든 항상 존중감을 갖고 제 이름을 또박또박 불러주면서, 감정의 강약을 철저하게 컨트롤해가며 전략적이면서도 지혜로운 쪽으로 병 주고 약 줬으며, D 회사의 대표님은 하루에 한 번씩 저를 찾아 일은 잘하고 있는지, 무슨 문제는 없는지, 특별히 해줄 건 없는지를 여러 차례 물으면서 제 사기를 체크했습니다. 이 외에도 다양한 사수와 팀장, 동료 및 아랫사람들을 겪었지요.

제가 느낀 것? 배우려면 장점만을 골라내 제대로 배워야겠다는 것. 그러기 위해선 훈수꾼과 멘토를 명확히 분리해 후자로부터 철저히 배워야겠다는 것. 결국 잘 배워야겠다는 얘기입니다. 각각의 경우와 관련해서는 프레인의 여준영 대표와 하이트진로음료의 조운호 대표(前 웅진식품 부회장)이 해주는 말에 귀를 기울여볼 것을 권합니다.

- 맥킨지 컨설턴트에게 묻지 말고 자수성가한 창업자에게 물어보세요. 윤리 선생님 말고 착한 친구를 따라하세요. 뭐든 훈수만 두는 사람들 말은 다 헛소리입니다.
- 훈수꾼과 조언자를 구분하세요. 훈수꾼은 '아니면 말고' 식으로 책임을 회피하는 사람이지만, 조언자는 당신이 처한 상황을 진심으로 이해하고, 언제나 당신 편에 서서 경험과 지식과 지혜를 나눠주는 사람입니다.[34]

② 참여 & 공유(개방)

그동안 회사를 다니면서 "내가 팀장(사수)이 되면, 이것만큼은 꼭 실천해야지." 하면서 속으로 벼르던 일이 하나 있습니다. "다른 건 몰라도 인간적으로 이건 나와 남을 위해 꼭 하고야 말겠어."라는 독한 마음을 먹게 만든 것이 하나 있지요.

아웃사이더. 정말이지 왕따 당할 짓도 하지 말고, 왕따를 만들지도 말자. 저는 저 스스로를 왕따로 만드는(제가 보기에도 이해가 안 가는) 행동들을 한 적이 있고, 동료가 팀 안에서 왕따가 되는 걸 목격한 적도 있으며, 저도 모르는 사이에 제가 남을 의식적·무의식적으로 왕따시킨 적도 있습니다.

제가 느낀 것? 왕따를 예방하려면 저 스스로 열심히 참여하고 또 상대방을 열심히 참여시켜야겠다는 것. 그러기 위해선 나 자신을, 일을 완전히 개방해 뭐든 열심히 공유해야겠다는 것. 결국 협의, 협조, 협업 등

---

34 『아무도 하지 않는다면 내가 한다』(책바치(와우밸리), 2004)에서 인용했음.

'협(協)' 자가 들어가는 건 무조건 열심히 해야겠다는 얘기입니다. 각각의 경우와 관련해서는 잭 웰치®GE 회장과 월트 디즈니 이매지니어³⁵들이 해주는 말에 귀를 기울여보실 것을 권합니다.

- 권위적인 것보다는 친근함으로 상대의 마음을 열게 하고 동참하게 만드세요. 상대를 위해 자신은 언제든지 도울 준비가 되어 있다고 전해 동반자 관계를 만드세요. 상대의 의견이나 아이디어를 수용해 창의력을 극대화하세요. 그리고 일방적인 지시나 전달을 통해 상대를 설득하려 하지 말고 대화 과정 중에 상대로부터 더 좋은 대안이 나온다면 자신도 설득될 준비가 되어 있다는 것을 알려 상대의 적극적이고 창의적인 참여를 유도하세요.³⁶
- 팀워크란 아이디어를 패스해 슬램덩크를 이루어내는 것입니다. 창조적이 되는 방법은 두 가지입니다.

  첫째 모든 사람의 말을 듣는 것. 둘째 누구의 말도 듣지 않는 것. 헤밍웨이가 파리에서 썼던 방법을 쓰세요. 창조적인 사람 주위를 어슬렁거리는 겁니다.³⁷

---

35 이매지니어(Imagineer)는 월트 디즈니의 독특한 일꾼들로 새로운 테마파크의 창조 및 개발을 담당한다. '상상하다'(Imagine)와 '엔지니어'(Engineer)를 합친 말로, '상상하고 실천하는 사람' 정도로 번역할 수 있다. 1955년 미국 캘리포니아에 디즈니랜드를 열고, 롤러코스터를 놀이기구로 대중화한 장본인들이다. 특정한 자격을 갖춰야 붙여지는 호칭이기도 하다. [예스24 '저자소개'에서 인용]
36 『GE처럼 커뮤니케이션하라』(일빛, 2004)를 참고해서 인용했음(문장은 약간 편집했음).
37 『파란 코끼리를 꿈꾸라: 월트 디즈니 창의력의 비밀』(용오름, 2005)를 참고해서 인용했음(문장은 약간 편집했음).

[요리 가이드라인 #6] 영웅과 고독한 특수대원은 더 이상 필요 없다. 진정한 힘은 다양한 사람들의 재능을 알아보고, 그것을 이용해서 조직의 근본 목표를 충족시키는 것이다. —피터 디지아마리노(IntelliVen CEO)

물론 약간의 의아함을 가진 채 "참여와 공유(개방), 둘 중 어떤 것에 더 우선순위를 둬야 하나요?"라고 물을 분들도 있을 겁니다. 그런데 사실 이건 의아함을 갖고 볼 사안이 아닙니다. 닭이냐 달걀이냐 식의 문제도 아니고요. '공유(개방)'라는 플랫폼을 깔아놓으면 '참여'라는 문제는 저절로 해결됩니다. 안 그런가요?

그런 측면에서 봤을 때 다음에 소개해드리는 레고의 사례[38]가 우리에게 시사해주는 바는 적지 않습니다. 이것은 기업이 해커들을 자기편으로 만든 일화로 종종 회자되곤 하지요. 레고를 여러분 자신으로, 소비자와 경쟁사를 동료 직원으로 놓고(물론 그 반대의 경우도 가능하겠지요) 쭉 한번 읽어나가 보세요. 제 의도를 금방 눈치 채리라 봅니다.

1998년 움직이는 레고 로봇 '마인드 스톰'을 개발했을 때다. 소비자들이 제어장치 프로그램을 해킹해 마음대로 바꾸어 인터넷에 올렸다. 레고의 기술을 무단으로 도용한 셈이지만, 레고 경영진은 숙고 끝에 오히려 소비자들이 이를 마음껏 활용하도록 오히려 프로그램 원본을 공개해 버렸다. 그런데 그 뒤

---

38 "[Cover Story] 재미만 놔두고 다 바꿨다 '진화의 교과서'"(조선일보, 2009. 6. 20)에서 인용했음.

소비자들이 경쟁적으로 프로그램을 업그레이드시키는 과정에서 성능에 엄청난 혁신이 일어났다. 예전에는 단순 동작만 가능했는데, 이후에는 계단 오르기 등 복잡한 동작도 가능하게 됐다. 그러나 만약 다른 경쟁사가 프로그램을 베끼면 큰일 아닌가? 이 질문에 대해 크누드스톱 사장은 "경쟁사가 베끼는 사이에 소비자들이 더 좋은 제품을 개발할 것"이라고 일축했다. "요즘처럼 정보가 널린 세상에는 비밀이라는 게 없다고 봐요. 오히려 적극적으로 자신의 정보를 개방하고 공유하는 기업만이 살아남게 될 겁니다."

이것이 소위 집단지성(collective intelligence)이라는 겁니다. 자신의 것을 많이 내놓으면 내놓을수록 상대방의 기여를 끌어내기가 쉬운 법이지요. 반대로 자신의 것을 숨기면 숨길수록 협업이나 협조를 끌어내기보다는 오히려 반대로 '이거, 협상해야 하는 거 아냐'라는 오해만 불러일으켜 참여와 공유를 다 막게 되는 결과를 초래합니다. 쉽게 말해 이리저리 눈치 보고 머리 굴리고 수작부리면 남도 똑같이 따라하게 되기 때문에 부정적인 도미노 현상(no 공유/개방 → no 참여)이 발생한다는 겁니다. 그래도 괜찮겠습니까?

식빵이, 샌드위치의 '맛'이다

만약 누군가가 저에게 "지금까지 살아오면서 기억에서 잊히지 않는 경험이 뭐냐"고 묻는다면 저는 1초의 망설임도 없이 "가수활동"이라고 말하겠습니다. 거기에 어떤 특별한 추억이 어려 있기 때문은 아닙니다. 연예인으로서 받았던 부러움 어린 시선 때문도 아닙니다. 제 성격이 180° 바뀌었기 때문입니다. 물론 잊지 못한다고 했으니 좋은 쪽으로 바뀌었다는 뜻이겠지요. 가수활동을 하기 전엔 심각하다 할 정도로 독불장군, 고집불통, 자만·거만의 선두주자였다면 가수활동을 마무리할 쯤엔 '당신 먼저', '만사 유연'의 마인드가 배어있는 사람이 되어 있었으니까요.

다 팀 리더 덕분입니다. 그는 마치 아버지인 양 저를 속속들이 파악해 틈나는 대로 "이걸 이렇게 고치는 게 좋겠다" "저걸 해보는 게 어떻겠니" "그거, 다시 한번 생각해봐" 식으로 조언들을 건네면서 절 독려했지요. 그는 제가 짜증을 내든 말든, 듣든 말든 전혀 신경 쓰지 않았습니다. 그저 자기 할 일을 한다는 식으로 매번 표정 하나 바꾸지 않고 조언을 해줬지요. 그 결과 그동안 아무도 바꿔놓지 못한 제 성격이 조금씩 바뀌기 시작했습니다(사실 제가 봐도 기적입니다).

"안구에 습기가 차네요. 인간승리여요. 이게 기억에서 잊히지 않는 경험인가요? 지금 장난하나요?" 이런 반응이 나올까봐 걱정했던 겁니다.

인간극장을 보여드리려는 게 아닙니다. 그 이후가 훨씬 더 중요하지요. 그렇게 성격이 조금씩 바뀌면서 저는 제 밑에 있는 멤버들을 챙기기 시작했습니다(네, 저도 놀랐습니다). 그뿐이 아닙니다. 가수활동을 정리하고 난 후부터는 저를 따르는 주변의 후배들에게 조금씩 눈길을 주기 시작했다는 것. 신기하게도, 하지만 정말 다행스럽게도 말입니다.

여러분. 샌드위치는 말이지요, 원래부터 맛있었는지도 모릅니다. 앞서 '맛있는 샌드위치 만드는 법'과 '샌드위치 맛있게 먹는 법'에 대해 다루면서 '식빵 찾기 운동'을 벌이는 등 온갖 방정을 다 떨었지만, 바른말로 얘기해 식빵은 항상 우리 앞에 놓여있었지요. 바로 앞에 있는데도 불구하고 그것을 똑바로 보지 못하고, 보고 있으면서도 좀 더 그럴듯한 걸 찾느라 아닌 척하는 등 자신을 속여 왔던 것뿐입니다.

요컨대 우리가 정말로 주의를 기울여가며 세심하게 돌이켜봐야 했던 건 다름 아닌 바로 우리 자신이었다는 것. 뒤늦게나마 느끼는 게 조금이라도 있다면 식빵이 아닌 자기 자신에게 다음의 질문을 던져보세요. 어떤 대답을 할 수 있을 것 같나요?

그는 나와 함께 (다시) 일하고 싶을까?

앞서 어른들을 위한 동화 『담: 나와 당신을 위한 이야기』로 이야기를 풀어나간 만큼, 이 동화로 이야기의 매듭을 지어볼까 합니다. 앞으로는 샌드위치가 좀 더 맛있게 느껴지기를 진심으로 기원하면서.

돌을 치울수록 빛이 더 많이 들어오더군요. 빛이 들어와 나를 밝게 비췄어요. 나는 드디어 뚫린 담 사이로 사방을 둘러볼 수 있게 되었죠. 오랫동안 보지 못했던 이슬, 무당벌레, 햇빛 그리고 가냘픈 풀잎을 볼 수 있었어요. 전에는 볼 수 없었고, 들을 수 없었던 소리들도 새롭게 만나게 되었죠.

명세프의 30초 요리팁 ①
정운찬 前 국무총리·前 서울대 총장

❝그러고 보면 지옥이든 천당이든, 그것은 우리가 마음먹기에 달려 있습니다. 똑같은 사람을 만나도 누구는 사랑을 하고, 누구는 증오를 하게 되는 것과 같은 이치이지요. 그것을 결정하는 마음의 바탕은 예의와 배려에요. 욕심 앞에서는 예의를 차릴 자리가 없고, 자신만을 내세우면 배려할 틈이 없습니다. ❞

명세프의 30초 요리팁 ②
윈튼 마살리스 트럼펫 연주가

❝팀원 간의 갈등은 언제나 있습니다. 우리의 업무에는 이러한 갈등을 관리하는 것도 포함되지요. 누구든 일을 할 때 갈등이나 긴장이 전혀 없다면 그것은 그 일을 진지하게 받아들이지 않는다는 뜻이에요. 물론 우리 팀에도 온기와 친숙함이 있습니다. 우리는 서로를 건설적으로 비판하고, 간혹 싸우기도 하지만 감정의 찌꺼기가 남는 일은 없어요. ❞

저는 사람하고 일을 하는 것이지 시스템하고 일을 하는 게 아닙니다.
결국 인간적인 접촉이 중요한 거지요. **—요르마 올릴라(노키아 명예회장)**

간단한 질문 하나 드리겠습니다. 여러분은 회사에 왜 들어오셨나
요? 왜 하필 지금, 다른 곳이 아닌 회사를 다니고 계신지요?

회사를 오래 다니든 말든 그건 중요한 게 아니고, 결국 여러분 모
두 성공하고 싶어서입니다. 그놈의 성공 때문에 지금의 고생을 감수
하고 있는 거겠지요. 자, 나중의 일은 나중의 일이고 우리 지금의 일
에만 집중해봅시다. 성공하기 위해서 회사를 선택한 거라고요? 좋
습니다. 그렇게 알고 묻겠습니다. 뭐부터 먼저 해야 할까요? 그냥 툭
까놓고 말해 무엇에 가장 심혈을 기울여야 할까요? '이것'이 없이
는 도저히 성공하지 못한다고 할 정도로 중요한 것, 그게 과연 뭐
겠냐는 겁니다.

그동안 이 문제에 대해 스스로 생각하고 정리할 기회는 많이 드
린 것 같으니, 우리 거두절미하고 정답을 공유해봅시다. 이에 대해
이견이 있으신 분은 없을 거라 믿고 싶습니다.

회사를 다니다 보면 지극히 평범한 사람들이 있는가 하면 반대로 상당히 출중한 사람들도 있다는 걸 알 수 있습니다. 저는 회사에 들어오기 전까지는 회사란 곳이 전자로 득실거리는 곳인 줄 알았습니다. 하지만 웬걸요? 후자도 적지 않게 눈에 들어오더군요. 재미있는 건, 시간이 지나면 지날수록 그 숫자가 조금씩 늘어나면서 나중에 가서는 거의 모든 사람들이 저보다 뛰어난 거 아닌가라는 생각을 하게 되었다는 겁니다. 이미 1등을 차지한 위너(winner)와 같은 마음으로 입사를 했으나 시간이 흐를수록 '이러다 꼴등 하는 거 아냐'라는 초조함과 불안함을 가진 루저(loser)로 전락하고 있었다는 얘기지요. 그게 사실이 아닌데도 말입니다.

물론 실제로 저보다 앞서나가는 사람들도 있었겠지요. 그리고 저보다 능력이 출중한 사람들도 있었겠고요. 하지만 요는 그게 아닙니다. 요는, 제 마인드에 모든 문제의 뿌리가 있었다는 겁니다.

잘 나가는 사람들은 분명히 어떤 장점들을 갖고 있기 때문에 잘 나가는 것일 텐데, 그렇다면 그들과 연대를 맺어 그걸 가까이서 지켜보면서 배우면 됩니다. 하지만 아쉽게도 제 생각은 거기까지 미치지 못했습니다. '같잖은 것들. 나보다 앞서나갈 수 있다고 생각해? 내가 한 놈, 한 놈 다 밟아주고 말겠어!' '나보다 잘난 것도 없는 것들이. 어디 한번 두고 보자고.' 이쯤 되면 동료가 아니라 뒷다리 잡는 적(敵)이지요. 그들은 분명 이유 있는 위너였고, 저는 분명 이유 있는 루저였던 겁니다.

지겹다고 할지 모르겠지만, 혼자서 모든 걸 다 할 수는 없습니다. 아무리 능력이 뛰어나다 해도, 그것을 뒷받침해주는 상사나 부하들이 없는 한 일을 완벽하게 해내는 데에는 한계가 있습니다. 그래서 팀이란 게 있는 거고, 위계질서와 직급·지위란 게 있는 거지요. 서로가 서로를 뒷받침해주고 리드해주고 보충해줘야 하니까요.

　　'관계'를 사전에서 찾아보면 그에 부합하는 영어 단어들이 다음과 같이 나옵니다. 한번 살펴보세요. 제가 이번 편에서 전달해드리고자 한 취지와 맥락을 발견할 수 있을 겁니다.

① [관련] connection, relation, relationship
② [이해관계] interest, concern
③ [관여] participation

세상 모든 일에 다 적용되는 얘기겠지만, '나는 관계한다. 고로 존재한다.'라는 표현만큼 회사생활을 잘 대변해주는 표현도 없을 듯합니다. 제 아버지가 언젠가 저에게 이런 말을 들려주신 적이 있지요. 벌써 10년 가까이 된 얘기라 정확하진 않습니다만, 대충 이런 얘기였던 것 같습니다. "상사가 틀려도 상사가 옳다. 상사가 잘못해도 상사가 옳다. 상사가 기분 나쁜 말을 해도 상사가 옳다. 상사는 언제나, 무조건 옳다." 당시에 속으로 키득키득 웃으면서 "웃기는 소리군." 하고 대수롭지 않게 넘겼던 기억이 납니다. 지금에 와서 생각해보면 아버지가 무슨 생각으로, 그리고 어떤 의도로 그런 말씀을 하셨는지 조금은 이해가 됩니다.

물론 상사가 다 옳을 수는 없습니다. 인간이기 때문에 실수를 할 수도 있고 잘못 판단할 수도 있지요. 하지만 그가 맞냐 틀리냐가 문제는 아닐 겁니다. 문제라고 생각하는 건 사실 그의 밑에서 일하고 있는 여러분뿐입니다. 그리고 많은 부분 그것은 여러분의 머릿속에서 벌어지고 있는 상사에 대한 감정적 시뮬레이션일 가능성이 높습니다.

요컨대 상사가 맞든 틀리든 중요한 건 상사가 아닙니다. 중요한 건, 결국 일을 제대로 진행해서 처리하는 거지요. 그러기 위해서는 여러분이 그를 뒤에서 받쳐줘야 합니다. 이것이 바로 회사 안에서의 '관계'라는 거지요.

1+1

지극히 정상적인 사고를 갖고 있는 사람이라면 2라고 대답할 겁니다. 자기가 최고라고 생각하고 남의 의견이나 능력 따위는 있으나 마나한 거라고 생각하는 사람이라면 1이라고 대답하겠지요. 관계의 의미에 대해서 조금이라도 생각해본 사람이라면 ∞라고 대답하지 않을까요?

이것이 바로 그 유명한 시너지(synergy)입니다. 자신의 능력도 물론 중요하지만, 그것이 윗사람과 아랫사람들의 능력과 연계될 때 무한대로 확장될 수 있다는 것, 이러한 믿음과 신뢰가 우리가 그동안 귀가 따갑도록 들어온 팀워크의 정체 아니겠습니까?

세계적인 디자이너 톰 포드(Tom Ford)[39]는 언젠가 이런 말을 한 적이 있습니다. "정보를 많이 갖고 있을수록 '인간 경험'에 더 쉽게 적응할 수 있을뿐더러, 주변에서 벌어지는 일들의 인간적인 측면을 더 많이 발견할 수 있습니다." 관심-학습-공유(개방)-참여라는 관계의 메커니즘이 이제 이해가 되는지요? 일을 위해서는 자신을 돌아보는 건 물론 상대방 또한 돌아봐야 합니다. 그것도 고개만 까딱 돌리는 게 아닌 온몸 전체를 다 돌려 그의 말과 행동과 입장과 기준, 그로부터 흡수할 수 있는 건 뭐든지 다 흡수해야 합니다. 이 말은 자신과 자신의 일이 중요하듯이 상대방과 그의 일 또한 중요하다는 걸 분명히 표현하고, 또 그에 걸맞는 도움의 손길을 건네야 한다는 말과 일맥상통합니다.

불행하게도 이게 다가 아닙니다. 가장 중요한 숙제가 하나 남아있지요. 이 모든 것을 가능하게 만들기 위해 우리가 해야 하는 것. 이것이 없다면 지금까지 떠들어댄 내용들이 다 도로 아미타불이 아닐까 싶을 정도로 중요한 것. 다름 아닌 '솔직하고 진솔하게 다가가기'입니다.

지금까지 말한 것들이 다 '무엇을 어떻게 해야 하는가'와 관련되어 있었다면 '솔직하고 진솔하게 다가가기'는 실질적으로 그 '무엇'과 '어떻게'를 굴리는 원동력이라고 할 수 있습니다. 마치 우리가 아

---

39 1994년 구찌의 크리에이티브 디렉터로 지명되면서 파산 위기에 처해 있던 구찌를 1990년대 가장 인기 있는 브랜드로 복귀시켰다. '모든 화려한 것들을 표현하는 최우선 요소는 편안함과 단순함이다'를 패션 철학으로 삼고 있다. [네이버 백과사전에서 인용]

무리 많은 인맥을 쌓는다 해도 그것이 본질적인 관계에 초점이 맞춰져 있지 않다면 그건 그냥 두 명의 스트레인저 간의 일시적인 담합에 불과한 것처럼, 우리가 아무리 팀워크와 협동심을 발휘한다 해도 그것이 본질적인 관계에 초점이 맞춰져 있지 않다면 그건 그냥 기계적이고도 일시적인 롤플레잉에 불과할 겁니다. 요컨대 진실성 없이는 팀워크고 뭐고 없습니다. 그야말로 사상누각(沙上樓閣)이라는 거지요.

최근에 저는 이러한 메시지가 담긴 글을 하나 발견했습니다. 다음은 그동안 여러분에게 몇 차례 소개해드린 바 있는 제일기획™ 팀장님의 싸이월드 미니홈피 게시판에 올라와 있는 글입니다. 제목은 '방명록을 없앴습니다'입니다. 이것을 읽으면서 제가 말씀드리고자 하는 관계의 의미와 의도를 곱씹어보는 건 어떨까요?

제가 쓰는 답변의 글들이 너무나 형식적인 게 싫어서입니다. 저답지 않게 "ㅋㅋㅋ. 우와. 알랴뷰. 오예" 이런 닭살 돋는 말들을 한다는 게 다른 사람들을 속이고 있는 기분이 들어서. 방명록과 친근한 관계는 절대 비례하지 않는다는 걸 알았고요. 제가 보는 세상을 그냥 만들고 같이 이야기하는 건 얼마든지 방명록이 없어도 되니까요. 그리고 저는 스타도 아니고. 오늘은 몇 명이 방명록에 들어왔나 그게 중요한 게 아니니까요. 넓게 사귀기보다는 깊게 사귀고 싶어서. 방문한 사람을 배려해서 어쩔 수 없이 답글을 해야 하는 게 싫어서. 모두에게 공개된다는 게 무슨 의미일까. 결국은 형식적일 수밖에. 단발적인 생각들을 바꾸기 위해서 방명록을 쓰다 보니 메일을 안 쓰게 되는 것도 한 이유입니다. 그동안 방명록에 많은 글들을 남겨주신, 저를 좋아하시는 분들에게 정말로 미안합니다. 여러분들 때문이 아니라 제 자신 때문에 없애는 거니까 이해해주시고요. 저와의 대화는 다른 식으로 표현해주세요. 형식적인 방명록만 없앨 뿐입니다. 그래도 저는 항상 저일 뿐입니다. 언제나 변함없이 저는 저에게 소중한 사람들에게 제 자신의 살아가는 모습을 솔직하게 보여주고 이야기할 것입니다.

"좋은 얘기네. 공감도 가고. 의도도 알겠어. 그런데 궁금해서 하는 말인데 팀 브라운 아저씨는 언제 등장하는 거야?" 성급하시기도 하셔라. 다 단계가 있는 법. 우선 '관계'를 마스터해야 다음 단계로 넘어가든 말든 하지요. "'나는 관계한다. 고로 존재한다.' 그래, 당신의 의도 잘 알겠어. 그러니 이제 뜸 좀 그만 들이고 브라운 아저씨를 끌어들인 이유나 좀 알려달라고." 오케이.

분위기도 바꿀 겸, 간단한 질문 하나 드리겠습니다. 여러분은 세계에서 가장 창조적인 인물이 누구라고 생각하는지요? 뭐, 거의 대부분 머릿속에 스티브 잡스를 떠올리지 않을까 싶습니다. 그렇다면 또 다른 질문. 세계에서 가장 창조적인 기업은 어디라고 생각하시는지요? 이거 역시 별다른 이견 없이 대부분 애플 혹은 구글이라고 할 겁니다.

그러나. 저는 세계에서 가장 창조적인 기업이 애플이 아닐뿐더러, 세계에서 가장 창조적인 인물도 스티브 잡스가 아니라고 생각합니다. 디자인 쪽을 공부했거나 그쪽에 종사하고 있는 분들은 너무나 잘 알고 있겠지만, 저는 오히려 애플의 첫 마우스뿐만 아니라, 삼성 모니터, 아모레퍼시픽 패키징 제품, Marriott 스위트, P&G 치약 튜브 등을 디자인하고 현대카드의 브랜드 컨설팅 및 GS홈쇼핑의 브랜드 재정비 작업 등을 주도한 디자인 & 혁신 컨설팅기업 IDEO가 현재 세계에서 가장 창조적인 기업이라고 생각합니다. 그리고 이 집단을 이끌고 있는 리더인 팀 브라운이 세계에서 가장 창조적인 인물이라고 생각합니다.

속으로 '그래도 세계가 다 인정하는 스티브 잡스인데…'라고 하면서 궁시렁거리며 반문하고 있을 분들을 위해 『잡스처럼 일한다는 것』에서 나온 창의성과 관련된 그의 발언 하나를 소개해드릴까 합니다. 잡스에 대해 다루지 않아 섭섭하겠지만, 그의 역할은 어디까지나 IDEO와 팀 브라운을 알리기 위한 것인 만큼 양해해주시면 고맙겠습니다.[40]

> 창의성은 단순히 여러 가지 요소들을 연결하는 것입니다. 창의적인 사람들에게 무언가를 어떻게 해냈느냐고 물으면 그들은 약간의 죄책감을 느낄 겁니다. 정말로 무언가를 해낸 것이 아니라 그저 무언가를 본 것이기 때문이지요. 얼마 후면 그들이 본 것이 명백하게 느껴지기 시작합니다. 그들의 경험을 서로 연결하여 새로운 것으로 종합해낼 수 있기 때문입니다.

---

40 솔직히 스티브 잡스에 대한 자료는 지나칠 정도로 넘쳐난다고 생각되기에 굳이 저까지 종이를 낭비해가며 그를 소개할 필요는 없다고 생각합니다.

그리고 그러한 능력은 남들보다 많은 경험을 한 데에서, 혹은 자신의 경험에 대해 남들보다 많이 생각한 데에서 오는 것이지요.

이런 생각이 들지도 모르겠습니다. "갑자기 웬 창의성 타령이지? 창의성과 관계 사이에 무슨 숨겨진 비밀이라도 있나?" 앞서 관계의 중요성과 관련하여 언급한 '나는 관계한다. 고로 존재한다.'라는 명제에 다들 동의했다고 보고 아주 깔끔하고 명료하게 대답해드리겠습니다.

관계가 창조한다.

우리가 주변 동료들에게 관심을 가져야 하는 건 어쨌든 일의 원활한 추진을 위해서입니다. 그것을 위해 솔직해야 하고 진실해야 한다는 말도 덧붙여드렸습니다. 그렇다면 이 모든 과정을 제대로 마쳤을 때 우리가 얻게 되는 게 뭘까요? 맞습니다. 창의성(creativity)입니다. 잡스의 발언을 소개해드린 이유가 바로 여기에 있습니다.

우리의 목표는 상대방과 그가 하고 있는 일을 자신과 자신이 하고 있는 일과 연결(connect)하는 겁니다. 그 과정을 유심히 지켜보면서 거기에서 배우고 개선하고 조정해야 할 것들을 하나 둘 찾아내야 합니다. 요컨대 서로의 경험, 무엇보다도 서로의 감정을 연결해 일에 대한 몰입, 나아가서 완벽하고도 완전한 일처리를 해내야 하는 겁니다.

당연하고도 바람직한 얘기지만, 동시에 현실적으로 불가능한 얘기처럼 들린다고요? 그렇게 말하는 분들이 있을 것 같아 팀 브라운과 IDEO를 끌어들인 겁니다. 만약 여러분이 아랫사람을 돌봐야 하는 입장이라면 다음에 소개해드리는 팀 브라운의 경험담이 하나의 티핑 포인트(tipping point)로서 약간의 도움이 되지 않을까 싶습니다. 한번 들어볼까요?

제가 디자이너로서 처음으로 일했던 곳은 영국의 한 낡은 목공기계 업체였습니다. 이 회사는 그동안 단 한 번도 디자이너를 채용한 적이 없었죠. 저는 6개월이 넘는 시간 동안 사내의 모든 장비들을 재설계해야 했습니다. 작업이 끝나갈 때쯤 회장이 저에게 와서 한마디 하시더군요. "이보게, 팀. 자네가 회사에 들어온 이후로 지금까지 해온 일들이 아주 맘에 드네. 그래서 아예 영국에 있는 모든 사업부를 같이 돌면서 직원들에게 디자인에 대한 조언을 해줬으면 하네." 이때가 제가 21살인가, 22살 때였습니다. 영국의 한 큰 회사의 회장이란 사람이 어려도 한참 어린 사람이 한 일을 인정했던 거죠. 어떤 이유에서인지는 몰라도, 그는 제가 하는 일을 전적으로 신뢰했습니다. 덕분에 저는 그가 타는 재규어에 동승해 며칠 동안 많은 공장들을 돌아다닐 수 있었습니다.

저에겐 이것이 매우 소중한 경험이었습니다. 중요한 아이디어든 새로운 아이디어든, 혹은 그야말로 최고 수준의 아이디어든 좋은 아이디어는 조직 내 어느 곳에서든 튀어나올 수 있다는 걸 배웠죠. 말이야 바른말이지 저는 그 회사에서 '가장 비중이 낮은' 직원이었습니다. 하지만 회장은 제 아이디어가 다른 직원들과 공유하기에 충분히 매력적이라고 판단했던 겁니다. '조직 내에서 최고의 아이디어가 어디에서 나올지는 아무도 모른다'는 것, 이것이 제가 그때 이후로 가져온 믿음입니다.

결국 우리가 해야 할 일은 멋진 아이디어라는 느낌이 들 경우 그것을 하루빨리 선수 치는 거고, 실제로 멋진 아이디어라고 판명될 경우 그것을 적극적으로 독려하고 공유하고 발전시키는 겁니다. 중요한 건 직급이나 지위가 그 사람이 가진 아이디어의 비중을 결정짓지 않게 막는 겁니다.

어떤가요? 혹, 자신의 입사 초기 시절이 떠오르나요? 세상이 전부 내 것 같았던 그때, 주변 사람들이 자신의 능력을 알아보고 이것저것 도움을 줄 거라고 생각했는데 보기 좋게 배신당했던 그때의 기억이 새록새록 떠오르는지요? "나 때는 저런 대우와 대접을 받지 못했지. 내가 뭐가 아쉬워서 이제 와서 내 아랫사람들에게 저런 특혜를 베풀어줘? 날 바보로 아는 거야?" 혹시 이런 생각을 갖고 있다면, 잠시 숨을 고른 후 다시 생각해봤으면 합니다.

억울할 거 하나도 없습니다. 오해를 풀어드리자면, 그리고 분노를 좀 누그러뜨리자면 이것은 특혜를 베푸는 게 아닙니다. 게다가 온전히 아랫사람을 위해서만 하는 배려도 아닙니다. 그의 재능을 알아보고 그를 이끌어주고 띄워준다는 것, 그것은 1차적으로 아랫사람과 그가 진행하는 일을 위해서지만 넓게 보면 자기 자신을 위해, 나아가서 팀 전체를 위해서(회사는 둘째 치고)지요.

아랫사람이 잘되면 그를 보살피고 고무시킨 여러분이 윗사람으로부터 인정을 받게 되니 좋고, 그가 일을 잘하면 여러분이 진행하는 일에도 여러 가지 면에서 도움이 되고 또 영향을 미쳐 좋습니다. 윗사람은 또 윗사람대로 그의 윗사람으로부터 좋은 평가를 받아 좋고, 그것이 다시 여러분과 여러분의 아랫사람에게 긍정적인 기운을 불어넣어 좋습니다. 그야말로 누이 좋고 매부 좋고, 매부 좋고 누이 좋은 과정의 선순환인 셈이지요.

"무슨 말인지는 알겠는데, 좀 더 구체적인 사례를 들어보고 싶은걸." 디자인 컨설턴트로서 그동안 수많은 세계적인 리더들과 일해 온 팀 브라운은 한 인터뷰에서 P&G의 A. G. 래플리 회장과 작업하면서 얻은 교훈을 공유한 적이 있습니다. 앞서 소개해드린 팀 브라운 본인의 경험과 비교해가며 읽어보는 것도 나쁘지 않을 듯합니다.

저는 래플리 회장이 은퇴할 때까지 지난 7-8년 동안 그와 함께 많은 시간을 보냈습니다. P&G 디자인 이사회의 멤버로서 저는 그와 더불어 여러 팀들과 4개월마다 만나면서 그간 진행된 여러 프로젝트에 대해 상담을 했지요. 래플리 회장은 새로운 아이디어를 떠올리는 과정에 아주 적극적으로 참여했습니다. 물론 그는 회장이라는 지위를 이용해 그 과정을 좌지우지하는

식으로 자신의 의견을 제시하진 않았습니다. 그보다는 아이디
어감을 적극적으로 밀어주는 식으로 지원(support)을 했지요.

리더십 스타일에 관한 한 저는 그로부터 많은 것을 배웠습니
다. 핵심은 역시 '비독재(非獨裁)'. 래플리 회장은 자신의 역할을
직원들에게 '무엇이 좋은 아이디어인지 나쁜 아이디어인지'를
알려주는 게 아닌 '무엇에 포커스를 맞춰야 하는지'를 끊임없
이 상기시켜주는 것으로 한정 지었습니다.

일(Work) 맛 떨어지게 아랫사람을 좌지우지하려 하지 말고 한 걸음
물러선 채 그를 지켜보면서 지원해줄 것, 다시는 보고 싶지 않을 정
도로 오만방자하게 지적하고 비난하기보다는 방향성이 담긴 건설적
인 비판을 해줄 것, 나 혼자 모든 걸 독차지하겠다는 양 그의 수고
를 당연하게 생각하는 합법적인 범죄를 저지르는 대신 그의 공은
철저하게 그에게 돌려줌으로써 팀을 위해 지속적으로 공헌할 수 있
는 모티베이션을 심어 넣는 윈원 전략을 실시할 것 등 기왕에 머리
를 굴리는 거 바람직하게 굴리세요. 윗사람의 머리는 이렇게 굴러
가야 하는 게 맞습니다. 위라는 자리가 주는 의무이자 권리이지요.
　서로가 서로를 백업(back-up)해주는 문화에서는 자기만이 다 안
다는 혹은 윗사람들이 다 굴린다는 식의 사고가 통하지 않습니다.
마찬가지로 자기만이 최고인 혹은 '윗대가리들'이 전권을 행사하는
분위기 속에서는 서로를 백업해주는 문화가 만들어질 수 없지요. 내
가(남이) 좀 부족하더라도 남이(내가) 그 빈 공간을 메워주면 된다는

확신, 남을 끌어내리기보다는 그의 자존심과 자존감을 세워줘 평소의 실력과 더불어 그의 안에 내재된 잠재력까지 끌어내는 탄탄한 상호신뢰 속에서 참여와 협업이 나오게 되는 겁니다.

"잠깐. 좀 헷갈리기 시작하는데. 공유(개방)는 어느 단계에서 나와야 하는 거였더라." 여러분이 혹은 동료들이 윗사람으로부터든 아랫사람으로 부터든 일하고 싶은 마음을 수혈받았다면 공유는 저절로 나오게 됩니다. 그렇게 본다면, 신뢰와 참여·협업 사이가 되겠지요. 하지만 신뢰가 쌓이지 않은 상태라 해도 서로 공유라는 절차를 밟아나감으로써 신뢰가 쌓일 수도 있습니다. 실제로 회사가 돌아가는 상황을 염두에 둘 때 대부분의 사람들이 현실적으로 후자를 더 쉽게 받아들일 거라고 봅니다만, 어쨌든 중요한 것은 순서가 아니라 서로를 전적으로 믿을 수 있는가, 서로 같이 일하고 싶어 하는가, 내 몫만큼이나 남의 몫, 팀 몫도 소중히 여기는가일 겁니다.

이야기의 맛을 더하기 위해 여기서 IDEO 직원들의 공유법을 공유해드릴까 합니다. 제 생각일 수도 있지만 아마 그동안 여러분이 접해온 여타의 세계적인 기업들의 사내 공유법과는 다소 다르지 않을까 싶습니다. 한번 검토하면서 벤치마킹해보는 것도 나쁘지 않을 것 같은데, 어떤가요?

우리는 몇 년 전에 튜브(Tube)라는 하나의 독특한 지식공유 플랫폼을 만들었습니다. 이것의 기본 뼈대는 협업이지요. 그 중앙에는 하나의 웹사이트가 자리 잡고 있는데, 여기에 IDEO 전 직원의 홈페이지가 담겨 있습니다. 제(팀 브라운) 홈페이지를 예로 들자면, 지금까지 제가 해온 모든 프로젝트와 제가 쌓아 온 모든 경험, 앞으로 3개월간 하게 될 일의 목록 및 개인 블로그가 수록되어 있습니다. 회사에서 진행되는 모든 프로젝트, 그리고 클라이언트를 위해 우리는 스토리(story)를 기록해 둡니다. 우리가 문제를 어떻게 분석해서 풀어냈는지, 그 과정을 통해 무엇을 배웠는지, 그리고 누가 참여했는지를 알리지요.

이쯤에서 좀 엉뚱한 질문 하나 드려볼까 합니다. 여러분이 지금의 회사를 박차고 나갔다가 다시 원래대로 돌아왔다고 칩시다. 전에 같이 일하던 사람들(결국 현재 같이 일하는 사람들)과 다시 일하고 싶을 것 같습니까? 가만 보니 엉뚱한 게 아니라 좀 으스스하네요.

어떤가요? 다시 같이 일하고 싶다는 생각이 드나요? 그런 마음이 생기는지요? 흔쾌한 예스가 아니라면(아마 거의 열에 아홉 즉각적으로 노우라고 할 것 같습니다만) 왜 그런 건가요? 무엇이 여러분으로 하여금 ⁗팀원들을 멀리하도록 했는지를 떠올려 하나의 목록으로 정리해보세요. 지금까지 나온 관심, 신뢰, 학습, 공유(개방), 참여 등의 여러 가지 단어들을 곁들여가며 정리해나간다면 많은 도움이 될 겁니다.

이직이란 말이 나온 김에 마저 얘기하자면, 이직하려고 마음을 먹은 사람들에게는 팀 브라운이 다음에 들려주는 이야기가 가볍게 들리지만은 않을 것 같습니다. 그러나 설사 여러분이 이직에 관심이 없다 해도, 즉 지금 다니고 있는 회사에 만족한 나머지 계속 남고 싶다 해도 이 이야기가 가볍게 다가오지는 않을 것 같습니다. 왜냐고요? 여러분이 이미 여러 편에서 동의한 바 있듯이, 여러분 모두가 성공을 원한다고 했는데 거기에 도달하기 위한 에센스가 바로 이 이야기에 압축적으로 반영되어 있기 때문입니다. 회사를 어떤 식으로 다녀야 하며, 거기에 어떻게 적응해나가야 하는지를 적절히 알려주고 있는 그의 이야기에 귀를 쫑긋 세워보시길 바랍니다.

Q: 사장님께서 생각하시는 최고의 면접 질문은 무엇인가요?

A: 제가 항상 쓸모가 있다고 생각하는 질문은 "당신은 누구와 일을 해봤습니까?"입니다. 만약 지원자가 그동안 함께 일한 사람들의 업무내역을 많이, 그리고 재빨리 댈 수 있다면 저는 그가 얼마나 협조적이고 협력적인지를 알 수 있습니다. 하지만 만약 그 대답이 엉뚱하게도 "저는 이 일도 했고, 저 일도 했으며, 나아가서 그 일도 책임을 맡고 진행했습니다." 식이라면 저는 슬슬 걱정되기 시작합니다. 그가 대체 어떤 사람들과 어떤 식으로 일해 왔는지를 전혀 알 수가 없기 때문이지요.

그는 셋 중 하나일 가능성이 높습니다. ①그다지 협력적이거나 협조적이지 않다. ②주변 동료들의 아이디어를 퍼뜨리거나 활성화시키는데 능하지 않다. ③재능을 효과적으로 발휘하지 못한다. 그는 분명 남들에게 영감을 주는 훌륭한 인재일 겁니다. 하지만 협동과 협업이 잘 되는 조직, 소위 '잘 굴러가는' 조직 안에서는 실력을 제대로 발휘하지 못할 겁니다. 이 지원자가 갖추고 있지 않은 세 가지가 바로 제가 원하는 인재의 조건입니다.

여러분은 그동안 어떤 사람들과 일해 봤나요? 어떤 사람들과, 어떤 일을, 어떻게 처리해왔습니까? 사실 이 질문만큼 당연한 질문이 없는데도 꽤나 어색하게 다가오는 건 왜일까요? 그건 아마도 우리가 '함께 일한다'는 것에 익숙하지 않기 때문이 아닐까요? 어차피 인사평가는 개인별로 받게 되니 마음속으로 '당신 일은 당신 일이고 내 일은 내 일'이라고 생각하는 거겠지요. 아니면 '같이 일한다'는 걸 너무나 당연하게 생각하는 나머지 그 말에 대한 감을 잊어버린 걸 수도 있습니다. 이러나저러나 '같이'보다는 '혼자'가 더 편하고 자연스럽게 다가오는 게 사실입니다. 자신이 모든 공을 독차지하지 않더라도 말입니다.

저는 팀 브라운의 생각과 의견에 전적으로 공감합니다. 여러분이 다른 곳도 아닌 회사라는 철저히 '인간 중심적인' 곳에 다니고 있는 이상 자신이 혼자서, 스스로 어떤 일을 어떻게 하고 있는지는 크게 중요하지 않습니다. 아니, 더 정확하게 말해 설사 그게 중요하다 하더라도 자신이 남과 어떤 일을 어떻게 하고 있는지만큼 중요하지는 않습니다. 자신이 혼자서, 스스로 어떤 일을 어떻게 하고 있는지는 결국 남과의 관계, 즉 그와의 협업 속에서 빛을 받게 되어 있으니까요.

이 이야기를 집합론으로 한번 풀어볼까요? 아래의 내용들을 하나씩 읽어보세요. 맞다고 생각하면 ○를, 틀리다고 생각하면 X를, 반만 맞다고 생각하면 △를 오른편에 있는 괄호 안에 써넣으면 됩니다. 만만하게 볼 문제는 아닐 겁니다. 오랜만에 머리를 좀 굴려야 할 거고요. 하지만 정리를 해놓고 나면 사우나에 갔다 온 것처럼 머리가 한결 개운해질 겁니다. 참, 시간제한은 없으니 여유를 갖고 푸셔도 됩니다. 단, 머리를 계속 굴려야 한다는 점만 잊지 마세요.

혼자서 하는 일 ∈ 남과 함께 하는 일 (　　)

혼자서 하는 일 ∍ 남과 함께 하는 일 (　　)

혼자서 하는 일 ⊂ 남과 함께 하는 일 (　　)

혼자서 하는 일 ⊃ 남과 함께 하는 일 (　　)

혼자서 하는 일 ⊆ 남과 함께 하는 일 (　　)

혼자서 하는 일 ⊇ 남과 함께 하는 일 (　　)

다 푸셨나요? 이제 머리를 긁적이며 이런 말을 하시겠지요. "근데, 정답은 어디 있나요?" 정답은 없습니다. 제가 여러분에게 정답을 알려드릴 필요도, 그럴 이유도 없습니다. "산수 공부시킨 거냐"고요? 저도 산수를 죽도록 싫어하는 마당에 설마 그럴 의도였겠습니까? 그래도 열심히 푸셨을 거라고 보니 정답은 알려드리는 게 도리겠지요? 괜히 알려드리지 않았다가 책을 덮어버리는 사태가 벌어질 수도 있으니 말입니다.

정답은, 여러분 머릿속에 있습니다. 웃기려고 하는 소리가 아니라 사실입니다. 회사에 들어올 때부터 거기에 있었고, 책을 읽고 있는 지금 이 순간에도 거기에 있습니다. 그리고 앞으로도 거기에 있을 거고요. 여러분은 그저 그 사실을 잊고 있었던 것뿐입니다. 더도 덜도 말고 그냥 잊고 지냈던 것뿐, 그게 다입니다. 마치 우리가 주변의 가족이나 친구들을 생활 속에서 당연하게 여기는 나머지 그들의 비중과 중요성을 깜빡 잊어버리는 것과 같지요.

참 다행스러운 건, 동료들이 어디로 가진 않는다는 겁니다. 잠시 삐지거나 서운해하거나 마음속에 담아두긴 하겠지만 여러분 곁을 떠나진 않는다는 거지요(스카웃되거나 관두거나 하지 않는 이상). 그러니 더 늦게 전에 잊어버린 기억을 원래의 자리로 돌려놓기 위해 노력해보는 건 어떨는지요? 그들과 함께 제대로 일하기 위해서, 무엇보다도 자신을 위해서 말입니다.

[Extra Tip #1] IDEO로부터 한 수 배우다

처음부터 IDEO를 끌어들인 건 제 책임이니 끝까지 책임을 질까 합니다. 구글이나 네이버 같은 사이트에서 검색해보면 IDEO와 관련된 자료는 넘쳐날 겁니다. 다 디자인·컨설팅과 관련된 자료들이지요. 디자인에 관심이 없는 분이라면 어떤 자료를 찾아야 할지, 또 그것을 어떻게 활용해야 할지 참 막막할 겁니다. 더더군다나 이번 편의 주제와 부합되는 자료를 찾는 것도 참 만만치 않을 거라고 봅니다. 저 또한 이런저런 자료를 찾아 정독하면서 과연 어떤 자료가 이번 편과 맥이 닿아 있으면서도 여러분에게 도움이 될지 고민을 많이 했습니다.

시기는 대략 2008년 말과 2009년 초 사이인 것 같습니다만, IDEO는 한 초등학교와 협업을 해 아이들이 지식을 얻는 데 영감을 주는 '탐구-학습' 커리큘럼을 뽑아내는 프로젝트를 진행한 적이 있지요. 그 결과가 담긴 자료"가 여러분에게 도움이 되지 않을까 싶어 공유합니다.

교실을 팀으로, 아이들(학생들)을 자기 자신 혹은 아랫사람(윗사람)으로, 선생님을 윗사람(아랫사람) 혹은 자기 자신으로 놓고 읽어나가 보세요. 특히 아이들과 선생님을 자기 자신, 윗사람, 아랫사람으로 놓고 시뮬레이션해보면 적지 않은 경우의 수가 나올 겁니다. 일일이 대입해가면서 벤치마킹해보세요. 나름 도움이 될 겁니다."

디자인은 아이들의 공부에 도움이 될까?
21세기의 교실 경험을 창조하기 위한 일곱 가지 팁

☑ 밀지 말고 당겨라

학생들이 많은 질문들을 할 수 있는 환경을 조성하세요. 그 질문들을 이해와 통찰력으로 승화시킬 수 있도록 도움을 주세요. 우리는 그동안 교육을 '지식을 전달하는' 것으로 이해해왔습니다. 진정한 배움은 학생이 자신에게 주어진 문제를 해결해야겠다는 욕구가 생길 때, 그리고 그에 대한 해답을 찾을 수밖에 없을 때 일어납니다.

---

41 "IDEO's Ten Tips For Creating a 21st-Century Classroom Experience"(Metropolis Magazine, 2009년 2월호)에서 발췌·인용했음. 참고로 여러분의 이해에 도움이 되도록 필자의 인칭 사용법(그 문맥적 의도는 그대로 살린 채)을 약간 바꿨습니다. 예를 들어 원문이 "선생은 디자이너다. 그들로 하여금 창조하게 하라.(Teachers are designers. Let them create.)"면 "선생은 디자이너다. 직접 창조하라." 식으로 바꿨다는 거지요.
42 내용에서 등장하는 '부모·지역사회' '온난화·교통·폐기물 관리·의료보험·빈곤' '과학·산수·문학' 등의 단어들의 경우 여러분이 직접 다른 단어로 대체해볼 것을 권합니다.

☑ '소프트 스킬'이라고 부르지 말라

창의성, 협동심, 커뮤니케이션 능력, 공감력, 적응력 등의 재능은 그냥 '갖추면 좋은 것'이 아닙니다. 그것은 도전으로 점철되어 있는 21세기의 글로벌 경제 환경 속에서 살아남기 위해 우리가 반드시 갖춰야 하는 핵심역량입니다.

☑ 똑똑한 척은 이제 그만

참여 학습은 깔끔하게 정돈된 곳에서만 일어날 수 없습니다. 손을 더럽혀야 합니다. 직접 느끼고, 체험하고, 쌓아나가야 하지요. 지금처럼 상호성이 지배하는 환경 속에서는 선생의 역할도 바뀔 수밖에 없습니다. 다시 말해 학생들에게 정답을 알려주는 전문가에서 학습을 촉진시키는 책임자(enabler)로 그 역할이 바뀌어야 한다는 겁니다. 연단에서 내려와 학생들과 접촉할 수 있는 공간을 만드세요. 바로 옆에서 지켜보고 독려하는 가이드로서 역할을 해나가시는 겁니다.

☑ 선생은 디자이너다

직접 창조하세요. 선생이 직접 뭔가를 함으로써 학습에 참여하는 환경을 만드세요. 규범적인 규칙(prescriptive rules)에서 허용적인 안내(permissive guidance)로 대화의 초점을 바꿔나가세요.

☑ 학습공동체를 만들라

학습은 학생의 머릿속에서만 일어나는 게 아닙니다. 그것은 다른 학생들과 선생들, 부모, 지역사회, 나아가서 세계와의 상호작용을 통해서 일어나지요.

☑ 고고학자가 아닌 인류학자가 되라

고고학자는 유물이나 유적 등을 조사함으로써 과거를 이해합니다. 즉, 그들은 '무엇이 일어났는지'라는 사실에 관심을 갖지요. 반면 인류학자는 사람들이 지닌 가치와 욕구, 욕망을 이해하기 위해 노력합니다. 만약 여러분이 미래를 위한 새로운 해법을 디자인하고자 한다면 사람들이 무엇에 관심을 갖고 있는지를 이해해야 합니다. 거기에 포커스를 맞춰 디자인해야 한다는 거지요. 정답을 찾으려 하지 말고 연결(connect)을 하려 하세요.

☑ 미래를 배양하라

글로벌 온난화, 교통, 폐기물 관리, 의료보험, 빈곤, 교육 등의 토픽을 공부하고 그것에 대한 해결방법을 궁리함으로써 학생들이 세계를 만들어가는데 각자 자기만의 역할을 찾을 수 있도록 도와주세요. 문제의 정답을 찾는 게 중요한 게 아닙니다. 오히려 야망과 참여, 책임 등의 덕목을 배울 수 있는 곳에 그들이 있다는 게 중요한 겁니다. 물론 과학과 산수, 문학 등의 과목을 배울 수 있다는 건 말할 것도 없겠지요.

[Extra Tip #2] 윗사람과 아랫사람에게서 한 수 배우다

머리 아프게 해드려 죄송합니다만, 기왕에 시작한 거 좀 귀찮더라도 제대로 뽕을 뽑읍시다. 저는 개인적으로 다양한 경제·경영서를 읽으면서 매번 경험하는 것이, 정말이지 엄청난 기업과 CEO들이 벤치마킹 대상으로 등장하지만 항상 좌절감 혹은 실생활과의 괴리감을 느낀다는 겁니다. 본받고 배울 점들이야 수두룩하지만, 책을 덮고 나면 그것들을 실천에 옮기기는커녕 제대로 기억해내지도 못합니다. 여러분은 어떤지 모르겠습니다만, 저는 의지박약인지 둘 다 잘 안 되더군요. 하지만 한편으로는 책에서 그 대단한 기업과 CEO들을 소개한 데 이어 숨 좀 돌릴 수 있게, 각자가 처한 상황에 맞는 벤치마킹 거리도 소개해놓았다면 어땠을까, 라는 생각도 듭니다.

그래서 여러분이 스스로 시뮬레이션해볼 수 있게끔 간단한 벤치마킹 게임을 하나 준비해봤습니다. 주인공은 물론 여러분이고요(이 말을 잊지 마세요). 마음에 들지는 모르겠지만, 적어도 많은 생각을 하게 될 거라 믿습니다. 자, 딱 한 번만 더 머리 아파봅시다. 끝나고 나면 아픈 것도 금방 가실 테니 지레 겁먹지 않으셔도 됩니다.

[기초학습] 좋은 놈, 나쁜 놈, 이상한 놈[43]

협업	장점	이유	단점	이유
나 + 좋은 부하				
나 + 나쁜 부하				
나 + 좋은 상사				
나 + 나쁜 상사				

---

43 여기에서 나오는 '좋은 상사(부하)'와 '나쁜 상사(부하)'에 대한 개념 정의 또한 여러분의 몫입니다.

[심화학습] 이보다 좋을 순 없다 vs. 이보다 나쁠 순 없다

협업	장점	이유	단점	이유
나 + 좋은 부하 + 좋은 상사				
나 + 나쁜 부하 + 나쁜 상사				
나 + 좋은 부하 + 좋은 상사				
나 + 나쁜 부하 + 나쁜 상사				

아, 하마터면 가장 중요한 질문들을 깜빡하고 넘어갈 뻔했네요.

① 여러분은 어떤 부하(상사)입니까?

② 상사(부하)에게 어떤 부하(상사)로 비쳐졌으면 하는지요?

③ 반대로 어떤 부하(상사)로 비쳐지지 '않았으면' 하는지요?

④ 여러분은 좋은 놈과 나쁜 놈, 이상한 놈 이 셋 중에서 어떤 '놈'에
   속하는지요?

⑤ 끝으로, 어떤 놈으로 기억되고 싶습니까?

다 피와 되고 살이 되는 질문들인 만큼 이 기회에 냉정하게, 아주 냉
정하게 자신을 돌아보는 계기로 삼았으면 합니다.

디저트

Dessert

회사에서 1년을 버티지 못하면,
당신은 그 어떤 일도 해낼 수 없다

처음부터 자신이 좋아하는 일을 할 수 있는 운 좋은 사람은 별로 없다.
많은 사람들이 회사에 들어가더라도 자신이 좋아하는 일만 할 수는 없
다. 즉, 많은 사람들이 어쩌다 보니 지금의 일을 하게 된 것이다. 그렇다면
자신이 그 일을 진정으로 좋아하도록 노력하는 것 말고는 방법이 없다.
—이나모리 가즈오(교세라 창업자·명예회장)

그렇습니다. 이것은 제가 과거에 회사를 옮길 때마다 주변의 선배들
로부터 들었던 얘기이자 저 스스로 뒤늦게 깨달은 사실입니다. 회사
에서 1년을 버티지 못하면 다른 어떤 곳에서 무슨 일을 하더라도 절
대로 오래 할 수 없을뿐더러 자신이 기대하는 만큼의 성공을 거둘
수도 없습니다. 그런데 그 기간이 더도 덜도 말고 딱 1년이라는 것인
데, 왜 하필 1년일까요. 그 이유는 간단합니다. 우리가 어떤 곳에서
일하더라도 그곳은 사람에 의해 움직이는 곳일 테고, 사람이 움직
이는 곳이라면 거기에서 요구하는 자격조건은 어느 곳이든 큰 차이
가 없을 텐데 그것을 판단할 수 있는 기준이 되는 기간이 바로 1년
이기 때문입니다. 1년을 버틴다는 것, 그것은 우리가 직장인으로서

갖춰야 할 최소한의 기초적인 요건들을 갖추고 있는가를 판가름할 수 있는 기간으로써 의미가 있습니다.

저는 회사를 다니면서 틈틈이 정리해둔 다이어리를 토대로 직장생활에서 가장 중요한 것이 무엇인가를 복습하는 마음으로 이 책을 썼습니다. 이미 눈치 채셨겠지만 그동안 꽤 회자된 직장인의 생존 전략, 예를 들어 변화, 혁신, 창조, 상상력 등에 대한 이야기는 거의 다루지 않았습니다. 제가 첫 직장에 들어간 게 벌써 17년 전이라 지금과는 상황이 많이 달라서일 수도 있겠지만, 그보다는 직장생활에서 진정 중요한 건 이러한 것들이 아니란 사실을 깨닫게 됐기 때문입니다.

누군가가 저에게 "그래서 결국 당신이 말하고자 하는 직장생활을 잘하는 방법이 뭔데?"라고 묻는다면 저는 한마디로 압축해 "기본으로 돌아가라"고 말하겠습니다. 여기에다 한마디만 더 얹는다면 "깨진 유리창 법칙을 명심하라"고 말하겠습니다. 쉽게 말해 우리가 작고 사소한 것들을 무시하다 보면 나중에는 이것이 하나둘 모여 자신에게 큰 화로 돌아올 수도 있다는 말입니다. 그러니 첫째도 기본, 둘째도 기본, 셋째도 기본입니다. 처음부터 끝까지 기본에 충실해야 합니다.

혹시 제가 이 책에서 다룬 소재 가운데 여러분이 처음 들어보는 것이 단 하나라도 있었나요? 없었을 겁니다. 지겹도록 많이 들어온, 누구나 다 아는 식상한 소재들이지만 직접 실천한 적이 없거나 실천하는 데 애를 먹어온 것들 아닌가요. 저 또한 회사를 다니는 동안 다양한 자기계발서들을 읽으면서 매번 똑같은 악순환을 되풀이했습니다. 읽고 나서는 뭔가 달라지고 개선될 것 같았는데 실생활로 돌아오면 전혀 나아지는 게 없었지요.

마지막 회사를 나온 지 어느덧 10년이 훌쩍 넘었지만 이 책에는 제가 회사를 다니면서 겪었던 이러한 소모성 악순환을 정리하고자 하는 의도와 의지가 담겨 있습니다. 그래서 지금 이 순간에도 회사에서 조금이라도 더 잘나가기 위해, 잘 적응하기 위해 고민하고 좌충우돌하고 있는 직장인들에게 저와 같은 시행착오를 겪지 않기를 바라는 마음에서, 우리가 좀 더 의미 있고 후회 없는 회사생활을 하려면 무엇을 어떻게 해야 하는지를 솔직하게, 무엇보다도 제 자신이 느낀 그대로 하나하나 써내려가며 봤습니다. 제가 통과해온 '회사가 시험하는 열두 가지 테스트'를 하나씩 읽어나가면서 여러분은 어떤 느낌을 갖게 될지, 또 현재 써내려가고 있는 자신의 좌충우돌 회사 적응기에 어떻게 적용하고 활용할지 무척 궁금합니다. 언젠가 기회가 된다면 커피 한 잔 같이 나누면서 제 이야기보다 훨씬 멋지고 신날 여러분의 이야기에 귀를 기울여보고 싶습니다.

트위터 본사에 걸려 있는 슬로건 '내일은 더 나은 실수를 하자 (Let's make better mistakes tomorrow)'처럼, 여러분을 기다리고 있는 회사에서의 내일이 더 많은, 유쾌하면서도 유익한 실수들로 가득하기를 바랍니다.

굿 럭. 모쪼록, 즐거운 식사였기를.

이 책은 2010년에 출간된 《1년만 버텨라》의 개정판으로서, 저자가 이 작품을 처음에 기획할 때 의도한 '직장을 요리하다'라는 컨셉을 그대로 살린 버전입니다.